现代警官高等职业教育规划教材

强制隔离戒毒场所安全防范实务

QIANGZHI GELI JIEDU CHANGSUO ANQUAN FANGFAN SHIWU

主　编◎王金仙

副主编◎贾秋海

撰稿人◎（以撰写内容先后为序）

　　贾秋海　王金仙　张建刚

中国政法大学出版社

2015·北京

图书在版编目（ＣＩＰ）数据

强制隔离戒毒场所安全防范实务 ／ 王金仙主编. —北京：中国政法大学出版社，2015.2
（2022.7重印）

ISBN 978-7-5620-5898-4

Ⅰ. ①强… Ⅱ. ①王… Ⅲ. ①戒毒-安全管理-中国-教材 Ⅳ. ①D669.8

中国版本图书馆CIP数据核字(2015)第024507号

出　版　者	中国政法大学出版社
地　　　址	北京市海淀区西土城路 25 号
邮　　　箱	fadapress@163.com
网　　　址	http://www.cuplpress.com (网络实名：中国政法大学出版社)
电　　　话	010-58908435(第一编辑部) 58908334(邮购部)
承　　　印	固安华明印业有限公司
开　　　本	720mm×960mm　1/16
印　　　张	13.5
字　　　数	250 千字
版　　　次	2015 年 2 月第 1 版
印　　　次	2022 年 7 月第 3 次印刷
定　　　价	29.00 元

现代警官高等职业教育规划教材
编审委员会

编写说明

　　警官类高等职业教育如何实现与政法行业人才需求零对接，是目前一个亟待解决的重大课题。山西警官职业学院坚持"就业导向、能力本位"的宗旨，在专业建设、课程建设、实践教学条件建设、师资队伍建设、教学信息化建设和教学质量监控等方面做了大量有益的探索，取得了较大成效，本次推出的系列规划教材正是其中一项改革尝试。本套教材在编写过程中，坚持"课岗融合"理念，力求兼顾高等职业教育教学和干部培训需要，在教学内容和教学结构重组方面作了大胆的改革与创新，希望通过本套教材的实践，进一步推动教学过程的职业化、项目化和任务化，为提高教育教学质量奠定良好基础。

　　本系列教材的主要特点有：

　　1. 校行合作编写，职业特色明显。本系列教材注重校行合作，所有教材均有行业专家或一线骨干教师参与编写和审稿，从教材内容的选取到专业术语的组织，均经过行业人员的审核把关，突出了相关职业或岗位群所需实务能力的教育和培养，保证了教材与行业实际工作的对接，具有很强的实用性。

　　2. 体例设计新颖，方便学生学习。本系列教材针对各课程教学目标需要，在体例上设置了学习目标、引导案例（或新闻素材）、案例评析、实务训练、延伸阅读、思考练习等相关教学项目，引导学生快速掌握学习内容，促进学以致用，丰富教学形式，拓宽学习视野，促进巩固提高。

　　3. 理论联系实际，注重能力培养。本系列教材针对警官类高职学生的特点，以职业岗位需求为导向，选用了大量的案例、资料和实务素材，将我国现行法律、法规、司法解释和岗位工作标准要求，与案例、材料分析、实务操作紧密结合，使学生能够更为直观地体会法律的适用，体验工作的情境和流程，增强学生的综合能力。

本系列教材共9本，在其编写过程中借鉴吸收了相关教材、论著成果和网络媒体资料，中国政法大学出版社给予作者们大力支持和指导，责任编辑在审读校阅过程中更是付出了辛勤的劳动，在此一并表示谢忱！由于受作者的理论水平和实践能力限制，加之时间紧、任务重，教材中难免出现不足和疏漏，敬请专家、学者、实践工作者批评指正。

现代警官高等职业教育规划教材编审委员会
2014 年 12 月

前　言

《强制隔离戒毒场所安全防范实务》是司法职业教育戒毒专业的一门核心课程。该教材的编写，紧密结合强制隔离戒毒工作实践，以基层民警职业岗位（群）的相关安全防范工作过程和工作任务分析为基础，以培养职业能力为主线，选取和序化教材内容、设计学习单元，突出教材内容的职业性、教学活动的实践性和教学效果的针对性。

本教材内容包括理论和实务两部分。理论部分简要介绍强制隔离戒毒场所安全防范的概念和目的、指导思想和基本原则、组织体系和责任目标、工作机制和法律法规，以及强制隔离戒毒场所安全防范工作的问责，为学习者明确将来的工作性质并做好相关实务工作奠定基础；实务部分围绕强制隔离戒毒场所安全防范工作处理实务及技巧，提炼典型工作任务，设计学习单元，让学生学习强制隔离戒毒场所安全防范的具体方法和措施，训练其相应的基层安全事故预防与处置能力。本教材中所涉及的内容包括：学习单元6个、学习任务32个、讨论案例52个、讨论材料6个、实训项目4个、拓展学习2个、拓展训练4个。本教材也适用于高职高专法律类相关专业选用，同时还适用于在职民警业务培训。

本教材由主编王金仙拟订编写提纲和编写计划，王金仙、贾秋海共同统稿并修改、定稿。

本书编写人员如下（以撰写内容先后为序）：

贾秋海（山西省太原第一监狱）：学习单元一；

王金仙（山西警官职业学院）：学习单元二、四、五、六，学习单元三学习任务九；

张建刚（山西省太原新店强制隔离戒毒所）：学习单元三学习任务七、八、十。

本书的编写参考和借鉴了大量的教材、学术著作和网络媒体资讯，并吸收和借鉴了学者、专家的研究成果，对此谨向原作者致以衷心的感谢。同时，本书的编写还吸收了校内特别是实务部门专家的宝贵建议，对此深表感谢。限于编写者的理论水平和戒毒工作实践经验，书中出现疏漏甚至错误在所难免，敬请读者谅解和指正。

王金仙

2014 年 12 月

目录CONTENTS

学习单元一　强制隔离戒毒场所安全防范概述

学习目标

● 通过本单元的学习，了解强制隔离戒毒场所安全防范的概念、目的、组织体系、法律法规，掌握强制隔离戒毒场所安全防范的基本手段和基本原则，领会强制隔离戒毒场所安全工作机制。

重点提示

● 强制隔离戒毒场所安全防范的概念、手段、原则、工作机制。

 学习任务一　强制隔离戒毒场所安全防范的概念和目的

一、强制隔离戒毒场所安全防范的概念

根据现代汉语词典的解释，所谓安全，就是没有危险、不受侵害、不出事故；所谓防范，就是防备、戒备，而防备则是指做好准备以应付攻击或避免受害，戒备则是指防备和保护。

安全防范，是指做好准备和保护，以应付攻击或者避免受害，从而使被保护对象处于没有危险、不受侵害、不发生事故的安全状态。显而易见，安全是目的，防范是手段，通过防范的手段达到或实现安全的目的，就是安全防范的基本内涵。

强制隔离戒毒场所安全防范，亦即强制隔离戒毒场所的安全防范工作，是指强制隔离戒毒场所为确保场所安全稳定，从制定完善的安全管理制度入手，通过人防、物防、技防等安全防范手段的综合运用，对强制隔离戒毒场所安全事故隐患进行有效预防、控制，并对突发事件进行应急处置的一项基础性工作。

这一概念的基本要素包括以下四个方面：

1. 强制隔离戒毒场所安全防范的实施主体——强制隔离戒毒场所及其民警。

2. 强制隔离戒毒场所安全防范的目的——保证强制隔离戒毒场所处于没有危险、不受侵害、不发生事故的安全状态。

3. 强制隔离戒毒场所安全防范的核心内容——预防、控制和处置安全事件。或对强制隔离戒毒场所安全风险、事故隐患或事件的探测、延迟与反应。探测（Detection），是指感知显性和隐性安全风险或事件的发生，并发出报警；延迟（Delay），是指延长和推延安全风险或事件发生的进程；反应（Response），是指组织力量为制止和处置安全风险或事件的发生所采取的快速行动。

4. 强制隔离戒毒场所安全防范的基本手段——人防、物防、技防和联防。

（1）人防，是强制隔离戒毒场所安全防范最核心、最根本的手段。主要是利用人们自身的传感器（眼、耳等）进行探测，发现妨害或破坏强制隔离戒毒场所安全的目标，作出反应；用声音警告、恐吓、设障、武器还击等手段来延迟或阻止危险的发生，在自身力量不足时还要发出求援信号，以期待作出进一步的反应，制止危险的发生或处理已发生的危险。

（2）物防，是强制隔离戒毒场所安全防范最基础、最关键的物质屏障。主要作用在于推迟危险的发生，为"反应"提供足够的时间。信息化条件下的物防，已不是单纯物质屏障的被动防范，而是越来越多地采用高科技手段，一方面使实体屏障被破坏的可能性变小，增大延迟时间；另一方面也使实体屏障本身增加探测和反应的功能。

（3）技防，是对人防和物防手段功能的延伸和加强，是对人防和物防在技术手段上的补充和加强。它既能够融入人防和物防之中，不断增加人防和物防的高科技含量，切实提高强制隔离戒毒场所安全防范的科学探测能力、有效延迟能力和快速反应能力；又能够促进强制隔离戒毒场所人防、物防、技防和联防相结合的"四防一体化"建设，真正发挥强制隔离戒毒场所安全防范体系的整体功能和作用，达到预期的目的。

（4）联防，即联合防范，是强制隔离戒毒场所与当地人民政府、驻军、武警、企事业单位、民兵组织协商制定联防制度，健全联合互动工作机制，定期组织演练，提高联防联动、应急处置能力；净化场所周边环境，构建各司其职、密切协同的大联防格局，提高整体防范能力；积极与当地党、政、工、青、妇及社会各界联系，邀请有关单位和人士来所开展帮教活动，最大限度地化解不安全、不稳定因素。

5. 强制隔离戒毒场所安全防范工作是强制隔离戒毒场所各部门相互配合、相互协作的一项系统性工作，也是强制隔离戒毒场所各部门常抓不懈的一项基础性工作。

二、强制隔离戒毒场所安全防范的目的

强制隔离戒毒场所安全防范的目的在于：确保强制隔离戒毒场所秩序的安全与稳定。

从狭义上讲，强制隔离戒毒场所安全防范的目的，就是要达到"戒毒人员无逃跑、无非正常死亡、无所内发案、无重大安全生产事故、无重大疫情发生、无所内吸贩毒"的"六无"目标，确保强制隔离戒毒场所、人员（民警、戒毒人员和其他工作人员）、财产的安全和场所秩序的稳定。确保强制隔离戒毒场所秩序的安全稳定，是强制隔离戒毒工作必须守住的一条底线。

从广义上讲，强制隔离戒毒场所安全防范的内容，包括场所管教安全、队伍安全、生产安全、资产安全、信访安全、舆情安全等诸多"大安全"内容。

新时期，国家和社会各界对强制隔离戒毒工作提出了更高的要求和期望，而新型毒品的泛滥，法律、法规、制度、规定的不完善，舆论媒体的负面效应，工作保障的不均衡，这些都给强制隔离戒毒管理工作造成了很大的风险和压力。

实际工作中，大多数戒毒人员在吸毒与戒毒的循环中耗尽了身体与家庭的希望，民警在风险与责任的重压下对安全隐患日渐麻木与习惯；新型毒品的泛滥，更使得场所内精神障碍等疑难怪病不断出现，考验着医务人员与管理者的智慧。

基于戒毒人员大多吸毒时间长、"多进宫"的特点，出现了戒毒人员毒瘾顽固、抗拒管理，安全风险增加的趋势，甚至出现向民警和其他人员传播艾滋病的恶意倾向，因此，提高强制隔离戒毒场所民警自我安全防范意识与自我防范能力，增强强制隔离戒毒场所民警的单警装备水平和安全保障设施，确保强制隔离戒毒场所民警的人身安全，已经成为强制隔离戒毒场所安全防范的一项突出的重要任务。

同时，随着国际国内形势不断变化，防止恐怖主义、分裂势力以及国内外敌对势力的渗透，防止别有用心的人对强制隔离戒毒场所进行冲击、破坏，也已成为维护和保障强制隔离戒毒场所安全的一项十分迫切的任务。

学习任务二　强制隔离戒毒场所安全防范的指导思想和基本原则

一、强制隔离戒毒场所安全防范的指导思想

强制隔离戒毒场所安全防范的指导思想是：始终坚持以邓小平理论和"三个

代表"重要思想以及习近平总书记在中央政法工作会议上的讲话精神为指导，深入贯彻落实科学发展观和禁毒工作的方针和政策，坚持党对戒毒工作的绝对领导，牢固树立和自觉践行社会主义法治理念，进一步推进强制隔离戒毒场所的法治建设，依法规范执法行为，提高教育矫治质量和效果，大力加强强制隔离戒毒场所安全稳定长效机制建设，构建全方位、多层次、立体式的安全防范系统，确保强制隔离戒毒场所的持续安全稳定，推进强制隔离戒毒场所各项工作的安全发展。

强制隔离戒毒场所作为国家强制隔离戒毒的执行机关，既是社会政治文明的窗口，也是维护社会稳定的重要力量。中共中央总书记、中央军委主席习近平指出："新形势下政法机关在保障人民安居乐业、服务经济社会发展、维护国家安全和社会稳定中具有十分重要的作用。要求政法机关把深化平安建设、推进法治建设、加强队伍建设作为基础性工程来抓，把建设平安中国、建设法治中国、打造过硬队伍作为政法工作的奋斗目标。"从这一层面的意义来讲，强制隔离戒毒场所的安全稳定是社会安全稳定的重要组成部分，维护强制隔离戒毒场所的安全稳定不仅具有全局性的意义，而且是推动社会主义司法制度自我完善和发展的必然要求。

同时，强制隔离戒毒场所作为教育人、挽救人的特殊场所，又是社会矛盾的集中地。强制隔离戒毒场所的安全稳定，在一定程度上可以说是一个国家和社会安全稳定的晴雨表，是国家和社会安全稳定与否的缩影和反映。从这一层面的意义来讲，维护强制隔离戒毒场所安全稳定，事关国家利益与形象，事关社会和谐稳定之大局。没有强制隔离戒毒场所的安全稳定，就会影响甚至损害国家利益与形象，就会影响甚至阻滞社会的和谐发展。

因此，安全防范是强制隔离戒毒工作的重中之重，是确保强制隔离戒毒场所各项工作顺利开展的前提、基础和保障，也是社会安全系统中的重要一环。强制隔离戒毒场所必须坚定不移地站在中国特色社会主义事业建设者和捍卫者的高度，担负起维护强制隔离戒毒场所安全和社会稳定的政治使命，在党中央、国务院和各级党委、政府的正确领导下，坚持以维护场所安全稳定为首任、以提高教育矫治质量为中心、以降低戒毒人员复吸率为目标，切实把维护强制隔离戒毒场所安全稳定工作摆在突出重要的地位，努力构建"思想防线牢固、人防部署严密、物防设施完善、技防手段先进、联防协调统一、应急处置高效"的集管理、防范、控制于一体的强制隔离戒毒场所安全防范体系，探索建立具有中国特色禁毒、戒毒安全管理制度及其运行机制，确保强制隔离戒毒场所持续安全稳定，维护国家尊严和人民利益，促进社会安全、和谐发展。

二、强制隔离戒毒场所安全防范的基本原则

所谓原则，是指高度概括的、符合规律的、本源性的价值规律。强制隔离戒毒场所安全防范的原则是指关于强制隔离戒毒场所安全管理工作内在的、高度概括的、本源性的规定，是强制隔离戒毒场所安全管理应当遵守的基本准则。强制隔离戒毒场所安全防范应遵循以人为本、依法管理、综合矫治、科学戒毒、关怀救助的原则。

（一）以人为本原则

以人为本即以人为"根本"。强制隔离戒毒场所的安全防范，应当坚持以人为本的原则。实践中，强制隔离戒毒安全管理贯彻以人为本的原则体现在以下两个方面：

1. 以民警为本。民警是强制隔离戒毒场所安全管理的主体，重视民警的职业成长，以物质和精神的激励调动民警的工作积极性和工作热情，增强民警的职业责任感、荣誉感和使命感，建立健全民警培训机制，提高民警应对安全风险和处置突发事件的能力。戒毒工作是世界性的医学难题，新型毒品的出现更是加大了管理、教育、医疗工作的难度。可以说，新形势下，强制隔离戒毒场所戒毒工作的风险与日俱增，社会和舆论对强制隔离戒毒场所负面信息的容忍度越来越低。要切实消除安全隐患，提高戒治效果，向社会和人民交出一份满意的答卷，必须有一支在管理、教育、医疗、卫生、心理、社会、生产等多学科领域有一定基础的专业队伍，以帮助戒毒人员戒除毒瘾、恢复健康、重返社会、正常生活为己任。以高效务实的作风勤勉工作，以公正廉洁的形象取信于社会和戒毒人员，以戒毒人员实实在在的戒治效果和戒毒操守期证明强制隔离戒毒场所及其管理者自身的价值和作用，从而得到社会认可。

2. 以戒毒人员为本。吸毒人员既是违法者，又是病人和受害者，对戒毒人员要惩罚，更要教育和救治。强制隔离戒毒场所民警应以不放弃、不抛弃的态度教育和挽救每一个曾经走入迷途的戒毒人员，积极改造戒毒人员的内心世界，矫治其违法违规意识，正确认识自己所处的地位，引导其实现自我管理。应强化文明管理，保障戒毒人员的权利与义务，教会他们在所内遇到紧急情况的处理办法。根据戒毒人员的心理状况及时为其提供心理咨询、法律服务等。针对每位戒毒人员的文化水平、个性特点、心理承受能力等因人施教、对症下药，做好个别化矫治，如通过开展广播电视教育、亲情教育、社会帮教等形式帮助戒毒人员树立正确的世界观、人生观、价值观和自律意识，通过个别谈话消除戒毒人员的不稳定情绪等。用戒毒人员的"意识稳"控制"行为稳"，从而实现强制隔离戒毒

所的平安。

贯彻以人为本的原则，一是通过系统科学的戒治，将戒毒人员及其亲属戒除毒瘾的意愿变为现实；二是充分保障戒毒人员的合法权益，使戒毒人员始终感受到政府和社会对他们的关爱，促使他们最终戒除毒瘾；三是在对戒毒人员的管理、教育、医护和社会帮教的方方面面，注重调动所有参与者的积极性，并强调各方的协调配合，激发科学戒治的潜力，整合戒毒资源，节约管理成本，提高戒治效果。

（二）依法管理原则

依法管理原则，即以戒毒法律法规及戒毒安全制度作为强制隔离戒毒场所安全防范的准则。

1. 依法收治，体现管理的法制化。要严格按照《禁毒法》和国务院《戒毒条例》规定的条件、程序做好戒毒人员的收治工作，对戒毒人员进行身体检查和入所安全检查，及时了解和掌握戒毒人员的基本情况，做好戒毒人员身心健康状况、戒毒反应、依赖程度和行为表现等方面的测评，作出毒品依赖情况的初步判断，从而采取有效的管理和教育。因此，这是戒毒的前提和基础，要使法治贯穿管理工作的始终。

2. 规范管理，体现管理的强制性。戒毒人员在心理上往往性格偏执、行为狂躁、自我中心意识强烈、消极厌世、自控能力差，因此，强制隔离戒毒场所有必要制定一系列强制性规定来规范戒毒人员的行为，保证强制隔离戒毒目标的实现。如分期、分区管理办法、通信探访探视规定、考核奖惩规定、生活卫生制度、诊断评估制度等。通过健全的规章制度，做到管理制度化、规范化，为戒毒工作营造良好的矫治氛围。

3. 落实制度，提高执法管理水平。严格落实各项规章制度是提高强制隔离戒毒场所执法管理水平，确保强制隔离戒毒场所安全的基本保障。一是要认真贯彻落实国务院《戒毒条例》及司法部《司法行政机关强制隔离戒毒工作规定》，健全和完善如收治、对戒毒人员的身体和物品安全检查、安装监控、应急报警、门禁检查和违禁品检测等安全技防系统，探访、探视、单独管理等安全管理制度。二是要落实好戒毒人员习艺劳动安全管理制度，如生产项目安全风险评估、安全生产7S管理、职业防护等制度。三是要严格落实戒毒人员就医制度，如麻醉和精神药品管理制度、所内就医及外诊、传染病预防等制度，保障戒毒人员生命和健康的权利。

（三）科学戒毒原则

1. 探索科学戒毒管理模式。科学认识毒品成瘾机制及戒断规律。研究表明，成瘾是由于反复使用某种致瘾源或反复刺激中枢神经，在一定的人格基础和外界条件下所引起的一种周期性或慢性中毒状态，以及发生的特有的嗜好和形成的难以舍弃的习性。近年来，有研究结果表明，成瘾是一种伴有意志或道德缺陷的自我伤害性疾病，与遗传因素密切相关。成瘾行为是一种非常复杂的脑疾病，是由个体、药物和社会等多种因素共同作用引起的。稽延性戒断症状与长期吸毒导致的大脑病理学改变有关。毒品成瘾者既是违法者、社会化进程的失败者，又是毒品的受害者和慢性、复发性脑疾病患者，是具有多种属性的复合体。

构建科学的戒毒工作标准体系。中央司法警官学院课题组在调研各地强制隔离戒毒所戒毒工作模式、深入分析毒品成瘾机制及戒断规律的基础上，建构了"三纵、四横"强制隔离戒毒工作标准体系。"三纵"指脱毒期、康复期和巩固期，"四横"指执法管理、医疗戒护、教育矫治、康复训练。明确了各个时期、各个环节戒毒工作内容及标准，为科学戒毒提供了重要依据。

2. 建立科学诊断评估标准。《禁毒法》第43条第1款规定，强制隔离戒毒所应根据戒毒人员吸食、注射毒品的种类及成瘾程度等，对戒毒人员进行有针对性的生理、心理治疗和身体康复训练。《禁毒法》第47条第2款规定，执行强制隔离戒毒1年后，经诊断评估，对于戒毒情况良好的戒毒人员，强制隔离戒毒场所可以提出提前解除强制隔离戒毒意见，报强制隔离戒毒的决定机关批准。"诊断评估"应综合考虑多方面的因素，包括戒毒人员本人的状况、吸毒和戒毒的动机、人格状况、家庭环境条件、戒毒人员以前吸毒和戒毒的经历，以及戒毒人员在接受强制隔离戒毒期间的表现等。

3. 提高戒毒专业化水平。一是要高度重视医疗戒护人员的作用，在处理具有高风险职业暴露的情况下，如出现艾滋病感染者发生流血事件等危机情况，医疗戒护人员应充分发挥职业特点，先进行基本的防传染处理，再进行其他工作。二是要充分估计强制隔离戒毒人员在接收调遣过程中的各种危险，制定完善的工作预案，确保第一时间启动，以解除危险。三是要高度重视强制隔离戒毒所信息化管理，推行强制隔离戒毒人员日常业务工作信息化管理，对重点戒毒人员实行动态化信息管理，对信息员、民管会实行网络信息管理。

贯彻科学戒毒原则，应以激发戒毒动机、提高毒瘾戒断率、降低复吸率为目标，创新戒毒工作方式方法，提升戒毒专业化、科学化水平，探索出符合规律、富有成效、具有特色的戒毒矫治体系。

（四）综合矫治原则

综合矫治原则，即控制性管理与矫正性教育相结合。

控制性管理，是强制隔离戒毒场所针对重点部位、重点环节、重点时段以及重点人员所实施的监督管理与安全防控的一系列措施，这是强制隔离戒毒场所安全防范的主要内容之一。

矫正性教育，则是指在对戒毒人员实施监控管理过程中，通过充分发挥矫正与教育的治本功能与作用，教育挽救戒毒人员，并从根本上化解和消除影响强制隔离戒毒场所安全稳定的人的思想因素的基本方法、途径和手段。因此，在强制隔离戒毒场所安全防范中，矫正教育的意义和价值，应当主要体现在以下几方面：

1. 对全体戒毒人员进行毒品危害、法制、政策和前途等思想教育，使绝大多数戒毒人员明确戒治目标，坚定戒治信心，增强守法意识。

2. 对全体戒毒人员进行安全知识教育和安全技能培训，促使戒毒人员充分认识强制隔离戒毒场所安全防范的极端重要性，及其与自身安全的密切相关性。从而教育引导戒毒人员不断增强安全防范意识和自保意识，并能够立足自我安全防范，积极主动配合强制隔离戒毒场所做好安全防范工作。

3. 切实加强激励教育与惩戒教育。对于戒毒人员中积极维护安全稳定，主动提供破坏场所安全或违法违纪线索和情报的，或者主动制止不安全行为、敢于同违法违纪行为做斗争的，强制隔离戒毒场所应当予以大力表彰，反之予以严厉惩罚。通过激励与惩戒，在戒毒人员中形成主动与违法、违纪行为做斗争的积极氛围。

4. 认真细致地开展对危险分子、难矫治人员和内控人员的排查和控制，特别要做好对危险分子、难矫治人员和内控人员的包夹控制与教育矫治工作，最大限度地化解人的不安全和不稳定因素。

5. 在发现戒毒人员有吸毒与违法犯罪行为时，及时制止或处置，并与公安机关取得联系，对违法犯罪行为进行侦查。

（五）关怀救助原则

据不完全统计，有75%以上的戒毒2次以上的戒毒人员对戒毒信心丧失，认为自己摆脱不了对毒品的依赖；73%以上适龄戒毒人员未婚或离婚；68%以上戒毒人员无亲戚朋友帮助或帮助很少，多数戒毒人员家庭社会支持系统面临崩溃或完全崩溃。社会歧视、亲人抛弃，会把戒毒人员推向死亡的边缘，增加社会不安定因素。强制隔离戒毒场所和民警应给予戒毒人员关怀和关爱，在承担戒毒人员生理脱毒、心理矫治、康复训练、道德法制教育的过程中，让他们感受到政府、社会没有放弃他们，给他们创造条件，重新做人；在亲情戒毒教育过程中让他们感受到父母的养育之恩，要他们珍惜生命，报答亲人，找回重新生活的勇气；在生活上也应尽量关心他们，通过亲属探访、亲情电话、亲情共餐、慰问等活动，使戒毒人员感受到关怀、温暖，让他们重树生活的信心；通过举办家属培训班、签订《帮教协议书》及社会团体、公益组织、热心人士等部门与人员参与，建立家庭社会支持系统，形成合力，帮助戒毒人员重返社会，正常生活。

让戒毒人员最终能顺利回归社会，跟正常人一样生活，就是强制隔离戒毒的目标。而达到这个目标最重要的前提，是关爱，以及以关爱为基础的管理和矫治。

 **学习任务三** 强制隔离戒毒场所安全防范的组织体系和责任目标

一、强制隔离戒毒场所安全防范的组织体系

为保证强制隔离戒毒场所安全防范工作的有效性，必须加强强制隔离戒毒场所安全防范的组织体系建设。

（一）强制隔离戒毒场所安全防范的组织体系

强制隔离戒毒场所安全防范工作实行所部、大队（医院）二级责任网络。党委书记、所长对场所安全防范工作负总责，负责指导、督促全所安全防范工作开展；分管所领导主管本职责范围内的安全防范工作，组织安全检查，整改排查出的隐患，落实防控措施。

通常情况下，根据职责不同，强制隔离戒毒场所可设以下安全工作组：

1. 队伍建设与综治安全工作组。主要由分管政工、纪检监察和工会工作的政委、纪委书记、工会主席负责，组织协调做好民警职工队伍建设、信访、信息、消防、社区治安、组织保卫等方面的安全防范和综合治理工作。

2. 管教安全工作组。主要由分管管理和教育的副所长负责，组织协调做好戒治管理、教育转化及其戒毒人员的生活卫生、医疗和防疫等方面安全管理和防范工作。

3. 生产经营安全工作组。主要由分管生产经营工作的副所长、总工程师和总会计师负责，组织协调做好戒毒人员的生产管理及其相关生产、营销、财务等职能部门的安全管理和防范工作。

4. 行政后勤安全工作组。主要由分管行政、基建、交通和后勤服务工作的副所长负责，组织协调做好行政管理、工程建筑、民生事业、道路交通和后勤保障等方面的安全管理和防范工作。

（二）强制隔离戒毒场所安全责任部门及其职责

强制隔离戒毒场所安全责任部门，有狭义和广义之分。

狭义的强制隔离戒毒场所安全责任部门，特指专门负责强制隔离戒毒场所安全管理工作的职能部门，即强制隔离戒毒场所管理科、警戒科。

广义的强制隔离戒毒场所安全责任部门，泛指承担有强制隔离戒毒场所安全防范职能和责任的所有单位和部门，包括负责队伍安全的政工口各部门；负责管教安全的管教口各部门；负责生产安全的生产口各部门；负责经营安全的企管、营销、财务等部门；负责治安、消防、基建、信访、信息、交通、医疗、公共卫生等安全的行政机关和后勤服务部门。

在具体的工作实践中，强制隔离戒毒场所安全防范的核心或重心，主要或集中体现在管理科、警戒科及各大队的安全管理与安全防卫职能上。

1. 管理科的职责。全面负责强制隔离戒毒场所的管教安全工作，健全管教安全责任制度，明确各类管教安全工作岗位的工作标准和责任，组织签订安全目标管理责任状，做到任务到人、责任到人，做到层层有压力、层层有动力。具体职责如下：

（1）负责贯彻执行法律法规，制定各项管理制度，定期组织所情、舆情动态分析，研究制定"六防"安全措施并检查落实。

（2）负责按照规定办理对戒毒人员的收治、调遣，办理各项手续，建立档案。

（3）负责按照规定办理有关戒毒人员奖惩、探访、探视、所外就医、诊断评估、解除强制隔离戒毒等审批手续。

（4）负责做好戒毒人员档案的建立、归档、保管、借阅等档案管理工作。

（5）负责接待有关外调人员，处理有关来信来访，公安机关因案情需要协查有关戒毒人员情况，应积极予以协助调查。

（6）负责安全排查督查制度的落实，定期不定期组织开展安全大检查、大排查活动，及时发现安全隐患，堵塞事故漏洞，并负责监督检查各项整改措施的落实情况。

（7）负责组织制定重大安全事故应急预案，与有关职能部门加强工作联系，密切协作，共同做好场所安全稳定以及处置突发事件等工作。

（8）负责与驻所检察室的联系工作，并接受当地检察机关、驻所检察室对业务工作的监督。

（9）负责为出所戒毒人员的诊断评估工作。做好帮教安置部门提供参考，完成帮教安置的衔接工作，实现强制隔离戒毒场所与社会的良性互动，共同降低

解除戒毒人员的复吸率。

（10）完成强制隔离戒毒场所领导和上级部门交办的其他工作。

2. 警戒科的职责。

（1）负责制定强制隔离戒毒场所安全护卫工作规章制度，定期不定期组织开展安全大检查、大排查活动，及时发现安全隐患，堵塞事故漏洞，并负责监督检查各项整改措施的落实情况。

（2）负责检查场所安全护卫警戒工作情况，并提出意见或建议。

（3）负责维护场所正常秩序及外来人员的管理、安全与稳定，防御外来人员的捣乱、袭击和破坏。

（4）负责管理所部大门及各大院门卫值班工作。

（5）负责执勤放哨，查岗巡逻工作，配合做好成批强制隔离戒毒人员转移、集会、出工、收工等护送工作。

（6）熟悉本所安全情况和周围环境，并同周边单位建立安全联防网络。

（7）对有逃跑、自伤、自残、自杀、投毒、行凶、骚乱、闹事等行为的重危人员，要熟悉情况，采取措施，及时监控；发生戒毒人员骚乱、闹事等，按所部制定的应急方案，立即出面予以制止；负责对脱逃戒毒人员的追找工作。

（8）协助纪检部门检查带班民警对安全防范管理措施的执行情况。

（9）负责全所护卫人员的学习和培训工作。

（10）积极完成领导交办的其他任务。

3. 医院的职责。

（1）贯彻执行有关的医疗卫生工作条例、规章制度，制定本所医疗卫生工作规划、计划，并负责组织实施。

（2）认真做好戒毒人员入所体检（身体检查和尿液检测）工作和所内卫生防疫工作。

（3）对戒毒人员的吸毒情况、毒品依赖程度进行诊断，科学制定脱毒治疗方案，并进行生理、心理护理及生理康复训练；对戒毒人员的稽延戒断症状进行治疗，必要时进行抗复吸药物治疗；对脱毒过程中的危机伴发症进行监测与及时处置。

（4）开展艾滋病等传染病的筛查及防护，严防所内严重传染病流行。

（5）负责药品的出入库登记、购置、盘点，防止流失，负责医疗设施的规划、建设和管理工作。

（6）做好戒毒人员疾病患者的医治工作，对疑难、急危病人及时组织会诊抢救，对无法就地诊断治疗的危重病人要按规定及时办理转诊手续。

（7）对戒毒人员的生理健康改善状况进行评估。

（8）严防医疗事故致残、致死事件发生。

（9）按时完成所领导交办的其他工作。

4. 大队民警的职责。

（1）认真落实所部各项规章制度，落实岗位职责，切实抓好以防逃、防吸、贩毒为重点的"六防"工作，完成各项管教指标。

（2）根据所部规定，对戒毒人员的奖罚提出处理意见，对违规违纪现象进行调查处理，对戒毒人员的定位及编组进行合理调配。

（3）认真落实安全生产责任制，确保生产安全。

（4）认真抓好本大队的生活卫生工作和防疫治病工作，不断提高服务质量。

（5）及时捕捉戒毒人员中可能发生的行凶、自伤、自残、自杀、逃跑等重大安全事故的苗头性、倾向性安全隐患，有效掌控所情动向与戒毒人员思想动态；及时向业务主管部门提交危险所情或危险信息的报告，并采取有效措施防止各种安全事故的发生。

（6）定期或不定期开展安全检查和隐患排查活动，及时消除各种安全漏洞、事故隐患和不稳定因素，确保戒毒人员三大现场安全与稳定。

（7）搞好对戒毒人员日常安全管理和信息员建设，严格落实对重点人员的管控措施，加强对危险分子、难改造人员等包夹控制与教育转化。

（8）按时完成所领导交办的其他工作。

二、强制隔离戒毒场所安全防范的责任目标

维护强制隔离戒毒场所安全稳定的责任目标及其价值，并不止于强制隔离戒毒场所安全稳定本身，更重要的价值追求，在于体现"为强制隔离戒毒场所中心工作服务、为社会大局稳定服务"的保障功能。

根据党和国家关于安全稳定工作的一系列部署，山西省强制隔离戒毒所按照强制隔离戒毒工作的职能与属性，将安全的具体责任目标确定为以下几个方面：

（一）管教安全

加强强制隔离戒毒场所基础设施及辅助设施建设，使其布局规范合理、功能齐全、质量可靠，强制隔离戒毒场所安全警戒设施达到司法部戒毒局《强制隔离戒毒所建设暂行规定》以及司法部《司法行政机关强制隔离戒毒工作规定》的要求。

进一步落实安全稳定制度，严格执行探视、探访、通信、门卫、安全检查、巡逻、单独管理、警戒具使用以及其他各项管理制度，抓好定期研判、隐患排

查、跟踪整改和责任落实，针对场所安全稳定的突出问题做到早发现、早解决，努力形成安全隐患治理整改、安全形势动态管理监控、应急处置高效联动的安全管理机制。健全完善场所安全防范体系和运行机制，实现管教工作"六无"目标。

健全强制隔离戒毒场所执法工作规范制度体系和运行机制，坚持依法治所，严格按照法律、规章规定的条件、程序，办理收治、减少（延长）戒期、所外就医及解除戒毒工作。在办理减少（延长）戒期、所外就医时不发生违法违纪案件。依法保障戒毒人员的人身安全、合法财产和辩护、申诉、控告、检举等权利。尊重戒毒人员人格，不发生体罚虐待戒毒人员的事件和戒毒人员非正常死亡事件。

健全强制隔离戒毒场所教育矫治工作制度和工作规范，对戒毒人员进行吸毒违法教育、毒品危害教育、权利义务教育、所规所纪教育、适应性教育、心理健康教育、形势政策教育、道德法制教育、文化教育、职业技术教育。创新教育矫治工作，加强心理矫治和场所戒治文化建设，实现教育矫治工作的针对性、实效性、多样性和开放性，实现所内毒品戒断率 100%，提高场所教育矫治工作水平。

建立社会帮教制度，亲属与戒毒人员签订帮教协议，每年定期举行社会团体、公益组织、热心人士等部门与人员进所帮教，帮助戒毒人员重返社会，正常生活。

健全强制隔离戒毒场所生活卫生安全管理制度和工作规范，确保不发生食品安全事故和重大疫情。切实完善戒毒人员健康档案，保障戒毒人员的基本医疗。严格执行《传染病防治法》，做好所内全员检测和艾滋病感染者集中管理与治疗，同时积极做好其他疾病防治工作，不发生戒毒人员传染病的爆发流行，不发生群体性公共卫生事件和重大疫情。戒毒人员性病检查率应达 100%，对患病戒毒人员应积极治疗。

健全完善戒毒人员诊断评估管理办法及实施细则，对戒毒人员诊断评估采用百分制计分方式，生理状况指标方面分值为 10 分、心理方面分值为 30 分、认知方面分值为 20 分、行为能力方面分值为 30 分、家庭和社会功能方面分值为 10 分。诊断评估结果为五方面得分之和（各项扣分不保底），得分在 90 分（含 90 分）以上的，视为戒毒效果良好，强制隔离戒毒所可以提出提前解除强制隔离戒毒的意见；得分在 60 分（含 60 分）以上的，视为戒毒效果合格，应当按期解除强制隔离戒毒；得分在 60 分以下的，视为戒毒效果不合格，强制隔离戒毒所可以提出延长强制隔离戒毒期限的意见。

（二）队伍安全

加强强制隔离戒毒场所两级领导班子建设，形成以坚持民主集中制为原则，团结协作、开拓创新、勤政廉政、求真务实的强有力的领导核心。按照习近平总书记关于实现"五个过硬"、中央政法委关于提升"五个能力"的总要求，深入推进学习型领导班子、学习型民警队伍建设，着力提高各级领导干部运用法治思维和法治方式维护场所稳定、创新戒毒管理、驾驭复杂局面、推动科学发展的能力。教育民警绝不能以言代法、以权压法、徇私枉法。加强党风廉政建设，加大惩防力度，不发生强制隔离戒毒场所领导班子成员被追究刑事责任的案件，不发生民警因体罚虐待戒毒人员、贪污受贿和渎职等被追究刑事责任的案件。

一是要加强警示教育，以强制隔离戒毒所发生的事故、事件组织学习，引以为戒，并做到举一反三，使民警常紧绷"安全无小事"这根弦。二是要加大对麻痹思想的纠查、清除力度，各级监管部门应加大检查监督力度，发现民警存在麻痹思想的应采取有效措施予以清除。三是要认真落实从优待警政策，要调动一切积极因素，增强民警的荣誉感、事业心与责任感。要采取绩效考核、建立奖惩机制、实行比武竞赛等多种方式，多种渠道调动民警的工作积极性。同时加大各项工作的透明度，对存在的问题提出批评，对做得好的民警及时进行表扬，以此增强民警工作的事业心与责任感。

（三）生产安全

建立科学、规范、适合强制隔离戒毒场所习艺特点的管理制度和快捷有效的经营决策与指挥机制，夯实安全管理基础，落实安全生产责任制和经济责任制，完成上级下达的各项生产安全和经济指标，确保生产性固定资产保值增值，提高强制隔离戒毒场所生产的经济效益与社会效益。

完善强制隔离戒毒场所安全生产设施和管理制度。劳动现场安全生产设施符合国家有关规定，安全生产管理的各项要求得到落实，没有重大安全事故隐患。严格执行操作规程、作业规程和安全规程，狠抓"三违"（违章指挥、违章操作、违反劳动纪律），不发生戒毒人员工伤死亡事故，杜绝重伤残以上安全生产事故。

劳动现场管理科学文明。实施全面质量管理等先进的管理办法和技术，抓好精细化管理和质量标准化建设，创造良好的作业环境，生产作业现场的粉尘、有害气体、通风、照明、噪声、温度等指标符合相关《安全规程》规定，做到环境整洁、物流有序、安全文明。

加强危险物品及易燃易爆物品的管理，严格执行分类隔离存放制度，规范发放、使用程序和审批手续，确保安全，杜绝事故发生。

（四）资产安全

切实加强国有资产管理，提升国有资产经营管理和抗风险能力，加强国有资产监督，确保国有资产不流失。强化风险意识，建立风险防范机制，解决企业在经营管理、财务管理、退税管理等方面的问题，充分发挥审计职能，多形式、多渠道管理监督，确保资产安全。

（五）信访安全

坚持"信访工作无小事"的观念，时刻把强制隔离戒毒场所辖区内的信访工作放在心上，抓在手上，落实在行动上。全力推动群众合理诉求有效解决，坚决维护群众合法权益。要充分发动群众、依靠群众、相信群众，将信访苗头解决在萌芽状态。要把公正廉洁执法作为执法工作的首要目标，努力提高执法公信力，树立良好执法形象。认真做好教育疏导工作，努力化解信访积案。进一步完善信访工作制度，提高应对突发事件的处置能力。杜绝非正常上访事件的发生，杜绝极端个案的发生。

（六）舆情安全

要认真做好网络舆情应对工作，完善舆情研判机制和应对预案，树立"舆情就是警情"的理念，通过收集舆情与其他信息，及时发现潜在的危机信息，防范危机的发酵。进一步加强系统门户网站管理，加强网评员队伍建设，完善联动工作机制，特别是对涉警方面的舆情要做到及时准确掌控、主动应对、有效应对，坚决不能造成负面影响。办好内部网站、刊物和简报，充分利用社会主流媒体和网络媒体，加大对强制隔离戒毒场所先进经验和先进典型的宣传力度，营造良好的舆论环境和外部环境。

健全完善强制隔离戒毒场所信息安全管理制度和工作规范，不发生网络媒体恶意炒作事件；不发生机要泄密事故，确保"零泄密"。

 学习任务四　强制隔离戒毒场所安全防范的工作机制和法律法规

一、强制隔离戒毒场所安全防范的工作机制

确保强制隔离戒毒场所持续安全稳定，促进社会和谐稳定，是强制隔离戒毒场所的首要任务，是做好强制隔离戒毒场所各项工作的前提。强制隔离戒毒场所在维护安全稳定工作中，应不断总结、科学提炼，逐步形成一套安全管理模式和运行机制。

强制隔离戒毒场所安全稳定长效机制的形成，既要从管理和制度层面体现前瞻性、针对性、实效性和科学性的特点，又要从宏观掌控和微观操作上体现指导性、系统性、层次性和可操作性的优势。

（一）强制隔离戒毒场所安全稳定长效机制的概念

在《现代汉语词典》中，"机制"一词泛指在一个系统中，各元素之间相互作用的过程和功能。它多用于自然科学，社会科学中一般可以理解为机构和制度。根据这一概念，我们可以把强制隔离戒毒场所安全长效机制定义为：为确保实现强制隔离戒毒场所安全稳定目标，按照一定规则运行，并经实践证明长期有效的强制隔离戒毒场所系统中各子系统、各项工作之间相互作用、相互影响的过程和方式。

（二）强制隔离戒毒场所安全工作机制的内容

通常情况下，强制隔离戒毒场所一般采取"所党委统一领导，班子成员分工负责，职能部门指导协调，各责任部门联合行动"的安全管理模式和运行机制。这种安全管理模式和运行机制的主要内涵包括：隐患排查机制、安全防控机制、应急处置机制、领导责任机制。

1. 隐患排查机制。坚持以加强和深化安全隐患排查为关键，构筑形成"所情分析、动态掌控、全面排查、心理评估"相结合的安全隐患排查机制，切实把安全隐患解决在始发阶段，把不稳定因素化解在萌芽状态。

（1）所情分析法。形成所情分析例会工作机制。强制隔离戒毒场所每月召开一次所情分析会，所长（政委）主持，全体所领导和职能科室、大队主要负责人参加。通过所情分析，掌握场所管教工作、民警思想动态、存在的安全隐患等情况，并提出相应的防控措施。每季度进行一次安全形势分析总结，每半年进行一次安全形势评估，切实掌握安全防范的主动权，做到对各种不稳定因素的预知、预判、预防，确保场所的安全稳定。

建立所情研判制度和工作规范。强制隔离戒毒场所应充分利用信息化条件和平台，健全完善强制隔离戒毒场所所情信息研判的规章制度，规范所情信息研判的运行模式，健全完善异常所情信息的日搜集制度，健全完善异常所情信息的分析和排查体系，有效发挥"信息预警、信息导防、信息促安"在强制隔离戒毒场所安全防范体系中的实战效能，及时确定安全防范工作的重点。如可通过对戒毒人员的安全隐患排查与危险性评估，建立具有逃跑、自杀、行凶等各类危险性行为倾向人员的"红色预警"档案；通过对戒毒人员违纪情况及思想动态的分析排查，找到尚未落实的制度、难以落实的制度、最易违反的制度、最易违反制度的时段、最易违反制度的民警等，及时进行整改，堵塞管理漏洞，从而确保戒毒人员在时间和空间上没有违法违纪的条件。

健全完善异常所情信息的预测体系，及时把握强制隔离戒毒场所的安全状况及其变化的规律。利用不同时段搜集的异常所情，结合相关数据、资料，运用科学的方法、技术进行分析比较。利用百分比的升降数据了解月、季、年度的戒毒人员的总体情况与违纪行为的动态变化，及时掌握戒毒人员的异常言行和场所阶段性或特定时期的所情特点，探索和把握安全管理秩序变化的规律（如异常所情多发的地点、多发的时间段、违纪行为的手段与特点等），预测、评估、推断安全事故出现的可能性、未来发展趋势和演变规律，并通过预警网络发出警示信号或指引，使强制隔离戒毒场所各级领导与基层民警能在不同的时空，随时了解掌握各层面、各方位的所情信息和事态发展的趋势，从而及时采取应对策略和控制措施，预防和减少所内突发事件的发生，消除安全隐患，或者延缓事态的恶性演变，确保场所的安全稳定。

（2）动态掌控法。健全完善戒毒人员思想动态分析研判制度和工作规范，形成思想动态分析例会工作机制。大队每周召开一次思想动态分析会，大队长主持，全体大队民警、内勤干事、教育干事和教导员参加。戒毒人员都是吸毒成瘾者，他们心态不平衡，自控能力差，抵触情绪大，常以自伤、自残、自杀、脱逃、打架闹事等方式对抗管理教育和治疗。如果民警对戒毒人员的思想活动和行为表现不能随时掌握，特别是对一些有计划、有预谋的行为不能及时掌握，势必给所内安全工作带来严重后果。因此必须通过同病室其他人员反馈、安全信息员的提供、个别谈话中索取，家属探访中搜集及民警观察等方式摸清戒毒人员思想动态，获取有价值的安全预警信息，并及时采取措施妥善处理。

强制隔离戒毒所安全事故主要是由于外部管理漏洞与戒毒人员自身行为共同作用造成的。其中，戒毒人员处于主导地位，在事故中起到举足轻重的重要作用。因此必须加强对戒毒人员的动态管控，密切掌握戒毒人员的思想动态，从而获取可靠的预警信息，以便及时采取措施将事故处置在萌芽状态，从源头上扼制事故的发生。

（3）全面排查法。健全所内危险人员、难矫治人员、内控人员的摸排、管控、教育制度，依法规范对所内危险人员的排查标准、排查方法、排查程序及其管理监控与教育转化的措施。完善安全检查与隐患排查制度，形成"民警每天排查、大队每周排查、所每月排查与节假日重点排查"的安全隐患排查工作机制，并坚持采取所领导突查、职能科室督查、大队定期自查与互查相结合的具体措施，全方位、多层次开展安全隐患排查工作。特别要加强对戒毒人员人身、物品、信件的排查和对重点部位、重点时段和重点环节的排查，严格防范毒品流入场所。同时，要对全所的戒毒人员进行危险性评估，切实把具有潜在危险性和现实危害性的戒毒人员，列入民警重点监控的视线，落实包夹控制措施，确保不发生管教安全事故。

（4）心理评估法。健全戒毒人员心理评估机制，完善戒毒人员心理评估与个别化矫治档案。在收治两周内进行心理测试诊断，建立心理健康档案。根据评估结果，将戒毒人员分为 A、B、C 三类。A 类戒毒人员，属于重点管理与矫治对象，应当加强监控管理和重点防范，并由心理矫治中心介入进行跟踪矫治；B 类戒毒人员，属于次重点管理与矫治对象，主要由大队民警与心理辅导员加强个别教育和个别化矫治；C 类戒毒人员，属于一般管理对象，采取常规的日常管理与教育矫治即可。

2. 安全防控机制。坚持以推进"四防一体化"建设为核心，构筑形成"人防严密、物防坚固、技防高效、联防可靠"的安全防控机制，确保强制隔离戒毒场所的持续安全稳定。

（1）人防严密。按照封闭控制、不留空隙的要求，对戒毒人员学习、生活、习艺、康复四大现场采取严控、直管、查患、堵漏方式做好戒毒人员的安全管控工作，切实做到"四大现场不离人，24 小时不脱管"，使戒毒人员始终处于民警的严密管理之下，落实好民警直接管理制度，加强现场管理和直接管理力度，拓宽信息来源和渠道，及时捕捉各种不良信号，随时做到"敌"动我知、未动先知，确保正常的教育矫治秩序。

第一，构筑以人为本的思想防线。强制隔离戒毒场所应当把牢固树立社会主义法治理念和以人为本的科学发展观，贯穿于强制隔离戒毒场所安全稳定工作全过程，贯穿于从严治警、精心育警、从优待警的全方面，切实提高民警维护安全稳定的忧患意识和责任意识。

第二，构筑直接管理的责任体系。强制隔离戒毒场所应当强化民警的现场直接管理，严格落实民警值班、现场带工、点名、查铺、巡更、安全排查等制度，切实将戒毒人员的一切活动始终置于民警的视线之内和掌控之中，确保将安全隐患消除在初始阶段。

第三，构筑深层次的防范体系。强制隔离戒毒场所应当加强对戒毒人员的教育，严格落实民管委、班组长、互帮小组等制度，并多层面开展检举、揭发所内外犯罪和违规违纪行为的活动，开展所规所纪整顿和防逃专项教育，严厉打击所内歪风邪气，净化戒治环境。

第四，构筑重感化的施教体系。强制隔离戒毒场所应当加强戒毒人员的生活卫生工作，着力改善戒毒人员生活条件，稳定戒毒人员思想，积极推行心理健康教育和矫治，实施心理危机测试、分析和干预，将戒毒人员产生危险心理和行为的因素消灭在未发之时。同时，采取多种方式，丰富所内文化生活，为戒毒人员提供愉悦身心、合理宣泄情绪的条件和渠道；大力开展职业技术教育，提高戒毒人员回归社会就业谋生的能力，增强戒毒人员的戒毒信心；开展亲情、社会帮教活动，用亲情和社会的关爱启迪戒毒人员良知，促进戒毒人员彻底戒断毒瘾。

所有这些防患于未然的管教安全合力和协调运转的工作机制，是充分发挥人的作用，筑牢以人为本的第一道防线，实现强制隔离戒毒场所安全治标与治本有机结合的重要举措。

（2）物防坚固。实体防范是强制隔离戒毒场所安全防范的重要屏障。在充分强调人防的核心性作用的同时，实体防范的基础性保障作用，也必须引起高度重视。

完善强制隔离戒毒场所的实体防御体系，形成外围封闭、照明、通讯、报警、监控等五大系统。根据司法部有关规定，健全强制隔离戒毒场所围墙内 5 米、外 10 米的警戒隔离区，安装周界报警装置、视频监控装置及智能监控报警系统，确保围墙、大门成为戒毒人员望而生畏、不可逾越的防线；并成立护卫队、配备警用车辆、加固防护门窗、提高单警装备水平和警务巡更的震慑力，有效预防各类事故的发生，筑牢安全防范的实体防线。

（3）技防高效。技术防范是人力防范、实体防范在技术手段上的补充和加强。目前，强制隔离戒毒场所安全技术防范系统主要包括：视频监控系统、周界防范系统、应急报警系统、门禁控制系统、电子巡更系统等。这些技防系统，不仅依赖于先进的技术装备和先进的技术手段，而且取决于使用这些先进技术装备和先进的技术手段的民警的能力水平。因此，根据信息化建设的要求，在不断加强、改进、提升和完善安全技术防范系统的科技含量，从客观条件上有效提高安全防范、应急处置与快速反应能力的同时，还应当重视和加强民警的能力素质建设，这是确保技术防范手段高效运行的根本所在。

（4）联防可靠。强制隔离戒毒场所应当与当地人民政府、驻军、武警、企事业单位、民兵组织协商制定联防制度，健全联合互动工作机制，定期组织演练，提高联防联动、应急处置能力；净化场所周边环境，构建各司其职、密切协同的大联防格局，提高整体防范能力；积极与当地党、政、工、青、妇及社会各界联系，邀请有关单位和人士来所开展帮教。

3. 应急处置机制。随着强制隔离戒毒场所戒毒人员构成的日趋复杂，戒毒人员教育矫治任务的日趋艰巨，强制隔离戒毒场所安全稳定的形势也日趋严峻。

强制隔离戒毒场所在维护安全稳定工作中，应建立实施《应对强制隔离戒毒场所突发事件预案》，完善报警、警力集结、现场处置、通讯联络等联合互动工作机制，定期开展以提高实战水平和处突能力为核心的反劫持人质和反逃跑等预案演练，提高召之即来、来之能战、战之能胜的处突能力和水平。

加强与社会部门的联合互动。强制隔离戒毒场所应当与当地人民政府、驻军、武警、企事业单位、民兵组织加强沟通与协调，切实将场所安全稳定工作与驻地社会安全稳定工作紧密结合起来，健全完善强制隔离戒毒场所与驻地社会安全部门《防恐处突和处置所内突发事件预案》及其联合互动机制，切实把强制隔离戒毒场所的防恐处突工作纳入驻地防恐体系，提高强制隔离戒毒场所的防恐能力和处突水平。

加强与周边群众的联防互动。强制隔离戒毒场所应当与周边村委会、派出所、驻地机关或组织加强沟通与协调，及时介绍所情变化和安全状况，提高周边群众的联防意识，切实将场所安全稳定工作与提高周围群众联防意识结合起来，构建形成强制隔离戒毒场所与周边群众联防的互动机制。在组织防逃演练中，周边村委会、派出所、驻地机关或组织可同时启动预案，参与进行设卡、搜捕、堵截演练，提高实战能力和处突效果。

4. 领导责任机制。坚持"谁主管、谁负责"、"谁执法、谁负责"的安全责任制原则，构建实施"主要领导亲自抓，分管领导具体抓，层层签订责任状，一级抓一级，逐级抓落实"的安全责任机制。

（1）健全组织领导机构。成立强制隔离戒毒场所安全工作委员会，安全工作委员会主任由所党委书记、所长担任，副主任由其他所领导担任，成员包括场所各部门的主要负责人。

（2）明确工作模式机制。坚持"四个纳入"和"一票否决制"，切实将强制隔离戒毒场所安全稳定工作纳入党委工作重点、领导决策议题、工作绩效考核和干部能力考察的范畴，并对场所安全责任事故实施"一票否决制"，追究责任单位和相关责任人的责任。

（3）狠抓"一把手"工程建设。明确以科室、大队为安全责任主体，各责任单位的"一把手"对安全负第一位责任，其他领导实行分工负责制，并通过签订《强制隔离戒毒场所安全目标责任状》，实施《安全风险抵押承包制》，强化各级"一把手"的安全职责和安全意识。

（4）完善责任目标考核。健全完善"谁执法、谁负责"的安全责任目标考核体系，实施《民警一岗双责制》和《民警绩效考核办法》，严格落实《强制隔离戒毒场所安全工作目标管理责任制》和《强制隔离戒毒场所安全目标责任考核办法》，形成"人人参与、层层负责"的安全工作格局。

（5）实施"反追究制"。严格对存在重大安全隐患、严重不负责任、工作推诿扯皮、制度措施不落实或落实不到位的单位，进行责任倒查与责任追究。除采取发《消除隐患通知书》、《纠正违纪通知书》、《限期整改责任书》外，根据责任主次，依法追究相关责任单位和责任人的责任，发挥"反追究制"的教育和警示作用。

（6）实施执法督查制。设立所长信箱、检举信箱等，确保内部监督的经常化；邀请人大、政协、政法机关对场所执法工作实施监督，并通过聘请执法、行风监督员、向戒毒人员家属发送公开信和征求意见书等措施，实现外部监督的制度化。通过完善执法监督体系，强化民警的执法意识和安全责任，及时堵塞和防范工作漏洞，防止执法安全事故的发生。

二、强制隔离戒毒场所安全防范的法律法规

（一）《宪法》

2004 年 3 月，我国第十届全国人民代表大会第二次会议通过了《宪法》修正案。《宪法》第 33 条第 2、3 款规定，中华人民共和国公民在法律面前一律平等。国家尊重和保障人权。第 38 条规定，中华人民共和国公民的人格尊严不受侵犯。禁止用任何方法对公民进行侮辱、诽谤和诬告陷害。为尊重和保障戒毒人员人格提供了宪法依据。

《宪法》第 41 条规定，中华人民共和国公民对于任何国家机关和国家工作人员，有提出批评和建议的权利；对于任何国家机关和国家工作人员的违法失职行为，有向有关国家机关提出申诉、控告或者检举的权利，但是不得捏造或者歪曲事实进行诬告陷害。对于公民的申诉、控告或者检举，有关国家机关必须查清事实，负责处理。任何人不得压制和打击报复。由于国家机关和国家工作人员侵犯公民权利而受到损失的人，有依照法律规定取得赔偿的权利。为戒毒人员合法的申诉、控告进而检举提供了依据。强制隔离戒毒场所应当依法保障戒毒人员的合法权益。

《宪法》第 52 条规定，中华人民共和国公民有维护国家统一和全国各民族团结的义务。第 53 条规定，中华人民共和国公民必须遵守宪法和法律，保守国家秘密，爱护公共财产，遵守劳动纪律，遵守公共秩序，尊重社会公德。第 54 条规定，中华人民共和国公民有维护祖国的安全、荣誉和利益的义务，不得有危害祖国的安全、荣誉和利益的行为。为强制隔离戒毒场所维护国家安全及保障场所信息安全提供了宪法依据。

《宪法》第 67 条第 20 项规定，全国人民代表大会常务委员会决定全国或者个别省、自治区、直辖市进入紧急状态。第 89 条第 16 项规定，国务院有权依照法律规定决定省、自治区、直辖市的范围内部分地区进入紧急状态。这对于完善我国紧急状态制度具有非常重要的意义。

（二）基本（普通）法

1.《中华人民共和国禁毒法》。2007 年 12 月 29 日，第十届全国人民代表大会常务委员会第三十一次会议通过了《中华人民共和国禁毒法》（以下简称《禁毒法》），并已于 2008 年 6 月 1 日施行。该法共 7 章 71 条。《禁毒法》的颁布实施，既是我国禁毒斗争长期实践总结的产物，更是推进我国禁毒工作法治化建设的里程碑。《禁毒法》作为我国第一部全面综合规范禁毒工作的重要法律，不仅规定了禁毒工作的方针和工作机制、毒品管制、禁毒宣传教育、禁毒国际合作以及法律责任，而且对戒毒措施作出了全面系统的规范。

2.《中华人民共和国突发事件应对法》。2007 年 8 月 30 日，第十届全国人民代表大会常务委员会第二十九次会议通过了《中华人民共和国突发事件应对法》。它对我国的自然灾害、事故灾难、公共卫生事件和社会安全事件等突发事件应对的运行机制、一般程序、保障系统和法律责任作了具体规定，共 7 章 70 条，内容包括总则、预防与应急准备、监测与预警、应急处置与救援、事后恢复与重建、法律责任、附则等。

3.《中华人民共和国安全生产法》。2002 年 6 月 29 日，第九届全国人民代表大会常务委员会第二十八次会议通过了《中华人民共和国安全生产法》。2014 年 8 月 31 日第十二届全国人民代表大会常务委员会第十次会议通过全国人民代表大会常务委员会关于修改《中华人民共和国安全生产法》的决定，自 2014 年 12 月 1 日起施行。修改后的《中华人民共和国安全生产法》共 7 章 114 条。内容包括总则、生产经营单位的安全生产保障、从业人员的安全生产权利义务、安全生产的监督管理、生产安全事故的应急救援与调查处理、法律责任、附则。

4.《中华人民共和国职业病防治法》。2001 年 10 月 27 日，第九届全国人民代表大会常务委员会第二十四次会议通过了《中华人民共和国职业病防治法》，并于 2011 年进行了修改。它对我国企业、事业单位等的劳动者在职业活动中职业病的预防与保护、职业病人的治疗与保障、法律责任等作了具体规定，共 7 章 79 条，内容包括总则、前期预防、劳动过程中的防护与管理、职业病诊断与职业病病人保障、监督检查、法律责任、附则。

自然灾害类的应急法律《防洪法》、《防震减灾法》，事故灾难类的应急法律《劳动法》、《消防法》，公共卫生事件类的应急法律《食品安全法》及社会安全事件类的法律《国家安全法》、《戒严法》、《人民警察法》等。

（三）行政法规、国务院文件

1.《戒毒条例》。2011年6月22日，国务院第160次常务会议通过了《戒毒条例》。为规范戒毒工作，对戒毒机构设置、戒毒人员的地位、自愿戒毒、社区戒毒、强制隔离戒毒、社区康复及法律责任作了具体规定，共7章46条。

2.《司法行政机关强制隔离戒毒工作规定》。2013年3月22日，司法部部务会议审议通过了《司法行政机关强制隔离戒毒工作规定》。它对我国强制隔离戒毒工作的目的、原则、戒毒人员合法权益的保障、场所设置、接收、管理、治疗康复、教育、解除等作了具体规定，共9章65条，自2013年6月1日起施行。

（四）部门规章、文件

1.《戒毒医疗服务管理暂行办法》。它对戒毒医疗服务及戒毒医疗机构资质的认定及登记、执业人员资格、执业规则、戒毒人员终止戒毒治疗的情形、戒毒医疗监督管理等作了具体规定，共6章49条，自2010年3月1日起施行。

2.《吸毒成瘾认定办法》。2010年11月19日经公安部部长办公会议通过，并经卫生部同意发布。它对吸毒成瘾的概念、吸毒成瘾人员的认定标准作了具体规定，共24条，自2011年4月1日起施行。

3.《戒毒药品管理办法》。它对戒毒药品的研制、临床研究和审批、戒毒药品的生产和供应、戒毒药品的使用作了具体规定，共5章25条，自1999年8月1日起施行。

4.《公安机关强制隔离戒毒所管理办法》。它对强制隔离戒毒所机构设置、入所、戒毒管理、医疗、教育、康复、出所等作了具体规定，共9章73条，自2011年9月28日起施行。

（五）地方性法规

1.《浙江省司法行政系统强制隔离戒毒管理工作执法细则（试行）》。它对强制隔离戒毒的管理模式、收治、安全管理、通信、通话、探访、探视、保护性约束措施、涉嫌犯罪、擅自离所、所内死亡的处理、所外就医、考核、奖惩、诊断评估、解除强制隔离戒毒等作了具体规定，共15章78条，自2009年12月30日起施行。

2.《山西省禁毒委强制隔离戒毒人员诊断评估暂行办法》。它就诊断评估的原则、组织、内容和标准、评估的程序、评估的结果及责任追究等作了具体规定，共7章26条，自2009年10月10日起施行。

讨论案例

讨论案例 1

邹某，男，34 岁，湖南省衡阳县人。2010 年 12 月 22 日，邹某因吸食毒品被衡阳县公安局决定强制隔离戒毒 2 年，2011 年 2 月 18 日，邹某被送到衡阳强制隔离戒毒所执行强制隔离戒毒，2011 年 5 月 4 日，从衡阳强制隔离戒毒所转入白泥湖强制隔离戒毒所，5 月 11 日，邹某被分配到三大队执行强制隔离戒毒。因邹某精神有严重疾病，且伤口感染，符合所外就医条件，6 月 3 日，省戒毒管理局同意邹某所外就医。6 月 3 日，其妻子作为担保人，为其办理了所外就医手续，并将其送往长沙市第八人民医院治疗。不料邹某在长沙拒绝治疗并于 6 月 4 日凌晨 6 点跳楼自杀身亡。6 月 7 日，其家属来到白泥湖强制隔离戒毒所，所里按照相关的法律法规，与家属协商了有关善后事宜。

6 月 9 日，白泥湖强制隔离戒毒所所长、政委、主管管教工作的副所长召集管教各大队、科室主要负责人召开专题会议，通报了邹某事故情况，并进行了总结和分析。

在对邹某的教育管理上，白泥湖强制隔离戒毒所进行服务型执法、综合型矫治，多次成功避免了邹某在所内自杀，体现在以下几方面：

1. 领导高度重视，省局及时指导是成功避免邹某所内自杀的关键。2011 年 5 月 4 日，按照省局指示，邹某等 6 人作为重点人员从衡阳强制隔离戒毒所转到白泥湖强制隔离戒毒所，下车时，他连自己的行李都不肯拿，表现异常，管理科科长伏某耐心细致地做其思想工作，对他说："我们在执行上力求公平公正，请你相信我们，相信自己。"邹某才肯将行李拿下车。到集训队后，管理科将邹某的情况向集训队民警作了交代，要求安排人员观察和夹控。副所长陈某也到集训队就这批转所的人员的转所教育做了特别的安排和部署。邹某到集训队后，到垃圾桶内捡槟榔渣吃，将大小便拉在裤子里面，民警找其谈话时，邹某沉默不语，不与民警交流。集训队将有关情况向管理部门进行了反映，管理科向省局作了报告。

5 月 11 日，衡阳转所的戒毒人员转所教育完成后，管理科在分配人员时，特意安排一个衡阳籍的戒毒人员和邹某一起分配到管教力量比较雄厚的三大队，想通过民警和同籍戒毒人员一起给其做思想工作，转变认识。

6 月 2 日，省局某局长来白泥湖强制隔离戒毒所视察工作，所长高某将该戒毒人员的有关情况及时向某局长作了详细汇报。某局长到三大队亲自接触邹某后，认为该戒毒人员精神有重疾病，且伤口感染，符合所外就医条件，同意所外就医。

2. 认真落实包夹监控方案，依法文明科学管理是成功避免邹某所内自杀的重要环节。三大队安排6名戒毒人员成立了专门的"夹控邹某小组"，实行定点管理、24小时监控。所领导、总值班室、大队领导和管教民警以及值班民警随时随地对邹某进行思想疏导，防止极端事件发生。5月，三大队院内正在贴瓷砖，邹某清醒时就帮着师傅拿瓷砖，不清醒时，就睡在瓷砖上。5月18日，邹某被瓷砖划破脚底，被夹控人员发现后，大队立即将其带到医院予以治疗。5月26日早晨，邹某用蚊香夹将自己的左手腕划破，伤及静脉血管。医院将其缝合处置后，送单独管理室予以单独管理。当日中午，该戒毒人员将伤口的缝线咬断，并用头猛撞单独管理室门口墙角，被值班民警发现。单独管理室民警立即将其送到本所医院治疗，本所医院立即将其送到湘阴县人民医院进行手术。随后对其头部进行了CT检查，邹某头骨并没有受损。无论在所内还是在湘阴县人民医院治疗期间，邹某拒不配合，多次用手或脚弄掉输液针头，所里专门安排6人三班进行24小时夹控和监护，确保了依法依规对邹某的全天候、全方位的直接管理，多次阻止了邹某自残自杀的行为。

3. 多方联动，观察甄别确定为重点人员，是成功避免邹某所内自杀的必要措施。邹某下到三大队后，有时表现得正常，思维显得很清晰，也与民警进行交流。但大多数时候显得精神不正常，拒绝洗澡，拒绝穿鞋，拒绝去食堂吃饭，拒绝和民警及其他戒毒人员交流，睡觉的时候不肯睡在床上，只肯睡地板。按照省局管理处的指示，在给予邹某关爱的同时，继续加强控管和观察甄别。本所管理科、集训队、三大队、教育科、心理矫治中心的领导和民警多次观察邹某后，一致认为邹某属于严重的精神抑郁症患者，对家人有严重的愧疚感，对生活完全失去了信心和勇气。本所就邹某戒治表现的反复无常，召开研判会，商量对策，确定邹某为重点人员，并按照本所对重点人员的管理办法，进行教育性管理。邹某在三大队所有日子里的一日三餐，都是大队安排专门的戒毒人员破例从食堂带饭给他吃；洗澡时由几个戒毒人员一起架着给他洗；晚上睡觉规定他睡在床上，可他自己总是要滚到地上睡，民警和戒毒人员不厌其烦地把他从地上抬到床上睡。自5月18日邹某被带到医院予以治疗，但其本人一直拒绝治疗的所有过程中，三大队在征得副所长陈某的同意后，由大队管教民警专门负责从所外超市购买营养品给邹某吃。所有这些细节性工作，都为避免邹某所内自杀起到了防患于未然的作用。

4. 及时与家属沟通，注重保全各类证据。充分利用监控等现代信息技术在安全稳定工作中的应用，是成功避免邹某所内自杀和有效处理善后工作的重要保障。邹某在本所任何一次"出事"，三大队和管理科都随时与其家人取得联系，争取家属的理解和支持，并互通信息。三大队除了做好邹某每周的矫治周记外，还专门有一个每天由夹控学员填写由民警签字的"夹控邹某登记本"，它详细记录了邹某每天吃喝拉撒的情况，以备对邹某的管教、医疗、证据提取等不时之需。白泥湖强制隔离戒毒所积极应对《国家赔偿法》出台后"举证责任倒置"的要求，充分利用监控等现代信息技术在安全稳定工作中的作用，在对邹某所有的教育管理的执法过程中，进行了全程录音录像，保存了邹某在单独管理室等地方的监控资料。当邹某的家人特别是其妻子王某在多次与三大队和本所其他民警打交道后，完全被民警们对邹某的真情关爱所感动。6月7日，其妻子王某、父亲邹某、姑父易某以及姑妈、舅舅、妹妹和妹夫来本所提出所谓赔偿要求，认为人在出所后死亡，要求本所考虑其家庭实际困难（邹某父母双全，另有一个12岁的女儿和8岁的儿子），给予经济救助，否则就要进行媒体曝光和网上炒作时，本所谈判处置组调出有关邹某在所的录音、录像、监控资料以及各种记录本，详细向其亲属进行了介绍，并宣讲了有关政策和法律法规。在确凿的证据和客观事实面前，特别是邹某的妻子王某用她的良知劝说家人不能无理取闹，并用大量事实证明白泥湖强制隔离戒毒所无过错责任后，通过近一天的谈判，本所与其亲属达成协议，事件得到了及时圆满的处置。

【讨论目的】通过讨论，学生能领会强制隔离戒毒场所安全工作的机制。

【讨论提示】结合本案例，谈谈白泥湖强制隔离戒毒所在预防与处置戒毒人员自杀的成功经验。

讨论案例2

2008年9月，吸毒人员徐某入所戒治。10余年的吸毒生涯让他失去亲情支持，悲观绝望、盲目无助的情绪极大地影响了他的戒治进度和效果。

民警通过近3个月主动与其父母10余次的电话沟通、5次邮寄该学员的戒治感悟、2次专程走访，终于打动其亲人。已经对儿子彻底失望的中年夫妻看到独子切实悔过的积极行动和阳光的心态后，重拾了对儿子的信心和包容。

有了亲情支持的徐某顿获重生动力，在成功戒治、回归社会之后，还当上了志愿者，并发挥自己的专长，建立公益网站。2009年底，徐某应邀回所，其坚定戒毒的信念和戒毒后重获新生的故事，感动了所有学员。

【讨论目的】通过讨论，学生能领会强制隔离戒毒的基本原则。

【讨论提示】认真阅读案例内容，谈谈对强制隔离戒毒场所安全防范基本原则的理解。

考核与评价

【考核题目】

1. 谈谈对强制隔离戒毒场所安全防范基本原则的理解。

2. 如何理解强制隔离戒毒场所安全防范工作机制是贯穿场所安全工作的一条主线。

【评价内容】

评价学生对强制隔离戒毒场所安全防范基本原则和安全工作机制的理解。

 拓展学习

1. 钱章喜、王新兰：《劳动教养与强制隔离戒毒中队工作实务》，清华大学出版社、华中科技大学出版社 2010 年版。

2. 陈鹏忠编著：《劳动教养与强制隔离戒毒场所安全防范实务》，清华大学出版社、华中科技大学出版社 2011 年版。

3. 山西省戒毒管理局编：《强制隔离戒毒工作手册》，2010 年 10 月。

4. 山西省戒毒管理局编：《强制隔离戒毒工作手册》（续编），2012 年 6 月。

5. 中央司法警官学院课题组："强制隔离戒毒工作标准化问题研究"，载《中国人民公安大学学报（社会科学版）》2011 年第 6 期。

学习单元二　强制隔离戒毒场所安全警戒

学习目标

　　● 通过本单元学习，了解强制隔离戒毒场所门卫、内卫、巡逻工作要求，掌握出入大门人员和车辆检查的方法，能处理门卫查验及巡逻中出现的异常情况，培养学生文明执法、严谨细致的工作态度。

重点提示

　　● 出入大门人员和车辆检查方法，门卫查验及巡逻中异常情况的处理。

　知识储备

　　强制隔离戒毒场所安全警戒主要包括门卫、内卫和巡逻工作，是场所安全最基础的工作。

一、门卫

　　门卫指所区外部安全的警戒护卫，及进出口守卫。进出口守卫，是指警戒护卫人员依据国家有关法律和所部的规章制度，对进出大门的人员、车辆、物资进行检查、验证、登记，以维护所区的治安秩序，保障人身和财产安全的一种警戒护卫工作。进出口守卫是一种定点式、控制式的警戒护卫活动，同时也是服务性质的警戒护卫活动。门卫值班民警的工作能力和工作态度，反映着强制隔离戒毒场所的治安状况好坏和精神文明程度。

　　司法部对强制隔离戒毒场所门卫物防、技防和人防方面都作了相关规定。

（一）物防要求

　　根据《强制隔离戒毒所建设暂行规定》的要求，强制隔离戒毒场所大门内外应当划定警戒线，留有内 5 米、外 10 米的警戒隔离带。大门须坚固，使用金属结构，保证大门在经受一般机动车辆撞击时主体结构不会损坏；门面使用金属材料密封，使内外不能对视，不得使用栅栏门。

大门作为进出场所的唯一通道，应分设通车和行人的大、小门。大门宜宽6m，高4.5m，大门内设二门，宜电动AB开闭，并具备A门和B门相互闭锁联动功能。通常情况下，AB门不能同时开启；应急状态下，AB门可以同锁或同开。

门卫值班室，应设在大门的一侧，并应安装安全防护装置，外门应为铁门，门窗应安装防护设施，室内应设有照明、通讯、报警、门控系统的控制装置。

（二）技防要求

大门值班室，应当安装视频监控、应急报警和门禁控制系统，该系统属于场所总监控系统平台下的一个分控系统，既能够实现与总监控系统平台的联动，也能够单独运行。

行人通道，应当安装带有数字密码和人体特征识别功能的电子门禁识别系统，附带金属探测器的安检设备。

行车通道，应安装视频监控系统，配备车底视频探头和照明设备，对进出车辆实施技术监控，防止戒毒人员藏匿车辆底盘逃跑，防止危险品、违禁品流入所内，或将所内的物品带出所外。

（三）人防要求

强制隔离戒毒场所大门，应设置民警值班警卫，民警值班警卫作为确保场所出入安全的"守护神"，必须高度重视门卫安全防控的极端重要性，时刻保持高度警惕，严格履行岗位职责，居安思危，死看硬守，确保万无一失。

1. 门卫安全管理制度。门卫安全管理由警戒科负责，设置专职民警履行门卫日常管理和值班警卫职责，严格落实以下安全管理制度：

门卫值班民警，实行24小时两班执勤工作制，每班必须保证2名民警执勤。门卫值班民警主要负责对大门的日常管理，对出入大门的人员、交通工具及其携带物品，进行证件查验和安全检查；并熟练掌握门禁系统、报警装置、通信设备等安全设施的操作方法，确保设施正常运行。当车辆、人员出入大门时，必须严格按照大小门、AB门闭锁操作的要求，严禁AB门同时开启。门卫值班民警在执勤期间，应当注意形象，宽严有度，热情大方，规范用语，文明执勤，保持良好的警容风纪；应当按规定和要求做好各项检查、监控、汇报、登记和记录工作，登记和记录应当详细和规范。门卫值班民警应按时到岗到位，严格履行交接班手续，尽职尽责；严禁交接班期间出现空岗；严禁在执勤期间发生误岗、脱岗、窜岗、打扑克、下象棋、玩游戏、看影碟等影响执勤的行为或从事与执勤无关的其他活动。门卫值班民警因玩忽职守、不负责任、不履行职责，造成戒毒人员脱逃或其他管教事故发生的，视情节严肃处理，构成犯罪的依法追究刑事责任。

2. 门卫岗位职责。门卫值班民警的岗位职责，主要是维护大门及其大门警戒区域的安全和秩序。具体负责如下工作：大门物防设施的安全管理与隐患排查；视频监控系统、应急报警系统和门禁控制系统的操作与管理；查验进出人员的身份、证件及其他凭证或相关证明；做好进出人员和车辆的安全检查、违禁品检查、登记、放行工作；对发生的异常情况采取应急措施；落实领导交办的其他相关工作。

3. 门卫查验的内容。

（1）对出入人员与证件的查验。出入大门的人员，必须持有出入证件。出入证件分为长期出入证和临时出入证两种，由警戒科统一配发。

长期出入证的配发范围：所领导；全体管教民警；政工、纪检、人事等相关业务部门需要经常进入管教区的其他民警；驻所检察机关人员；长期从事管教工作或其他业务工作的工勤人员；其他应当配发的人员。对持有长期出入证件的人员，应当编号造册、登记备案，底薄应填写持证人员详细情况。持证人员应妥善保管出入证，不得转借、涂改。出入证件丢失或损坏，应及时向警戒科申请补办，对其原证号及时注销。

临时出入证，是警戒科为临时出入场所的人员签发的一次性通行证件。临时出入证使用后，应由门卫值班民警及时收存，并交回警戒科处理。

大门设专职门卫值班民警负责出入证件的查验、收取、管理。出入大门的人员，应主动出示出入证件，经验证后，存入证件存放箱内，严禁将出入证件带入警戒区域内。

上级机关人员进入强制隔离戒毒场所，应出示由省戒毒局核发的《特别通行证》。无《特别通行证》的，须开具《人员临时出入证》，并由相关单位民警陪同。

进入强制隔离戒毒场所检查、参观、帮教、接受警示教育等活动的人员，应由业务主管部门或单位统一组织，集体行动，开具《人员临时出入证》，佩带贵宾卡，并由业务主管部门或单位的民警带领，方可出入。

进入强制隔离戒毒场所的外协人员，应当办理报批手续，并由责任民警带领出入，接受门卫检查。严格禁止外协人员为戒毒人员捎带书信等物品，严格禁止外协人员将移动电话（或其他移动通信工具）、现金、便服、毒品等违禁品带入场所。外协人员违反上述规定的，禁止再次进入场所；情节严重的，移送司法机关依法处理。

外诊、外调、提审或收治、解除戒毒人员出入大门时，门卫值班民警应严格查验相关手续，进行出入门交接记录，并对戒毒人员进行检查验身，严防违禁品流入所内。

特别要注意的是，门卫值班民警要做好出入人员与出入证件的身份核实与查对工作。出入人员在经过门禁系统的安检、指纹及面部识别的同时，也应进行人工的身份核实与查对，确保安全无误后，方可放行。

（2）对出入人员携带物品的检查。出入大门人员所携带的物品，必须进行严格的安全检查，一律不准将手机等通信工具（移动电话、固定电话子母机或其他能与外界联系的通信工具）带入场所；防止将危险物品、违禁物品流入场所；严禁携带枪支、弹药、危险品、违禁品进入场所。

门卫值班室内，应设置手机存放专柜，进入场所的民警、工勤人员，可将手机等通信工具存入手机柜；进入场所的外来人员，应将携带的手机、枪弹及其他危险品、违禁品交由门卫值班民警保管或存入贵宾专柜。

除经批准的新闻工作者外，其他任何人员不得携带录音机、摄像机、照相机等进入强制隔离戒毒场所或戒毒人员作业场所。允许携带录音机、摄像机、照相机等进入场所或戒毒人员作业场所的新闻工作者，不得违反规定录制、拍摄与批准采访活动无关的内容。

（3）对进出车辆的验证与检查。凡进入场所的车辆，必须持有由管理部门签发的《车辆临时出入证》。《车辆临时出入证》应当由用车单位的带车民警填写。填写内容包括：用车单位、司机姓名、身份证件、驾驶证号、车辆牌号、进所事由、联系方式等。《车辆临时出入证》经警戒科领导审批签字后生效，特殊情况下，需经所分管领导批准。

门卫值班民警应当认真查验进出车辆的审批手续及通行证，驾驶人员出入证，车辆只允许司机一人随车进入，其余人员经人行通道接受检查进入；门卫值班民警应对车辆的驾驶室内、前机盖、后备箱、顶部及底盘进行细致的检查，防止危险品、违禁品带入。确认安全后，方可放行。发现可疑情况，妥善处理，并迅速向上报告。

门卫值班民警应对进出车辆进行详细的登记。记录内容包括：用车单位、带车民警、司机姓名、身份证件、驾驶证号、车辆牌号、进出事由、进出时间、联系方式等事项。

机动车辆进入强制隔离戒毒场所后，应当由责任民警随车进行全程监控。车辆停放时，车头应朝里。驾驶员离开车辆时，必须拔出点火钥匙，关闭车辆电源，摇上玻璃，锁好车门。禁止驾驶员与戒毒人员单独接触，禁止其为戒毒人员传递信息或物品。

车辆驶出场所前，必须接受严格的检查。客车必须严格检查驾乘人员身份和后备箱；货车必须严格检查驾驶室内驾乘人员身份、随车装载货物以及车辆底盘部分。防止戒毒人员藏匿于车载货物之中或攀爬于车辆底盘随车驶出场所大门实施逃跑。

进出强制隔离戒毒场所车辆检查，采用人工检查和技术监控相结合的方法。大门行车通道应配备车底视频监控探头和照明设备，防止戒毒人员藏匿车辆底盘部位随车脱逃。

二、内卫

所区内部安全的警戒护卫。内卫分警戒科和大队两个层次。

警戒科负责对自己所管辖的区域进行巡逻检查，并按照规定协助大队做好戒毒人员就餐、学习、开会的外围警戒工作。大队警戒护卫工作包括：

1. 督促检查民警三大现场直接管理情况、戒毒人员定岗定位情况，夜间对戒毒人员宿舍进行巡查。

2. 组织开展定期不定期清所，清理香烟、绳子等违禁品，检查工厂剪刀、食堂刀具等危险品固定情况、管理是否到位；监督职工、民工、外来师傅的非生产工具（包括手机、包类）不得进入戒毒人员习艺区；外来车辆关好车窗门，外来人员不得与戒毒人员接触。

3. 督促分管民警对新收治的戒毒人员及时控制和谈话教育，巡查单独管理人员、重点人员包夹措施是否落实，是否有攀高物等情况。

4. 督促值班民警按时起床，维护好戒毒人员洗漱、就餐、就寝等秩序；督促民警加强药品管理。

5. 督促探访现场亲情电话管理按规定执行。

三、巡逻

（一）巡逻的概念

警戒护卫人员巡逻，是指警戒护卫人员在其管辖范围内，采用徒步或其他方式，一边行进一边观察，全天候日夜巡查，用简单直接的方法发现、识别、确认和处置可疑人和各种突发事件的一种主动预防性的监视活动。通过巡逻，运用警戒护卫人员自身的力量和技术手段，采用某些策略预防违法及突发事件的发生或处理戒毒人员违规违纪行为。

警戒护卫人员巡逻具有保卫目标范围大、不确定因素多、巡逻运动量大、巡逻方法直接影响工作效果及主动性和责任心强等特点。

（二）巡逻的任务

警戒护卫人员巡逻的任务主要包括：维护正常治安秩序；保护重点目标的人身、财物安全；保护各类案（事）件或事故现场；犯罪案件发生时，及时抓获犯罪嫌疑人；平息意外冲突，处理好意外事故；执行守护安全防范任务。

（三）巡逻的方式

1. 巡逻队形。警戒护卫人员巡逻的方式，基本上采用徒步巡逻。责任区范围大或分散的，也可以采用自行车或机动车巡逻。巡逻的队形主要有一路队形（纵队）、一字队形（横队）、三角队形、梯形队形、"三点"式队形、"中"字队形六种。采取何种队形，要根据责任区地形、道路情况和巡逻距离灵活运用。

一路队形（纵队），即巡逻人员按巡逻线路鱼贯而行。一字队形（横队），即巡逻警戒护卫人员一字排开，横队并排前进。三角队形，即有二人在前、一人在后的倒三角，一人在前、二人在后的正三角和两侧三角三种。梯形队形，有左梯形和右梯形。"三点"式队形，是指在巡逻中，参加巡逻的人员以"∴"、"∵"式组合成巡逻队式。"中"字队形，是一种巡逻盘查站位，是指在巡逻中发现可疑人需进行查问时，采用"中"字形站位，将查问对象纳入"中"字当中，这样能有效地防止被查问对象夺路逃跑，在可疑人顽抗时又可以对其四面夹击。

2. 巡逻的基本形式。巡逻的基本形式主要分为徒步巡逻、骑车巡逻、驾车巡逻三种方式。

3. 巡逻时间的选择。巡逻时间可以是两班制运转模式，也可以为三班制运转模式。特殊时期、特定的气候条件下，可以增加巡逻班次。

4. 巡逻路线的选择。巡逻路线的选择应根据地理状况确定巡逻路线，对于事故、案件易发部位及重点区域，应保持必要的巡逻密度，采用多条巡逻路线覆盖整个区域。

巡逻路线的选择要求能最大限度地发挥警戒护卫人员与交通工具的效能，采取最佳配比形式；有效控制巡逻区域，形成巡逻网络；保证专项任务的完成；紧急情况下对于相邻路线及巡逻区域能够及时提供有力的支持，确保对重点目标和区域的控制。

巡逻的方法有定线巡逻和不定线巡逻。定线巡逻是指巡逻人员在一定时间内，按指定的路线，有规律地来回巡视、监视、检查。定线巡逻通常是巡逻人员由 A 点出发到 B 点，然后，再由 B 点沿原路返回 A 点，做顺线和逆线巡逻。不定线巡逻是指巡逻人员在其负责巡逻的区域范围内，根据巡逻任务的需要，自由选定巡逻路线。不定线巡逻有利于提高工作效率，有利于发挥巡逻人员的积极性和主动性，更重要的是不易被他人掌握巡逻规律，而且可以使容易发生问题的部位能纳入巡逻人员的视线进行重点巡逻。定线巡逻与不定线巡逻相结合交叉进行，这种方法更有利于巡逻人员对巡查区域的控制，实现全方位的防范。

巡逻还可以采取点线结合巡逻的方式。点巡逻就是在巡逻范围内的重点目标、要害部位或容易出现问题的薄弱环节上，确定专门力量监视、保护，或在小范围内采取巡回的方法，有重点地巡查、监视。点线结合巡逻是在对重点目标、要害部位派专门力量巡查、监视的基础上，同时采取定线与不定线相结合的方法，做到点线结合，这样既可以突出对重点目标、要害部位的保护，又可以兼顾到一般部位。

 学习任务五　出入人员和车辆检查

门卫安全防控是强制隔离戒毒场所安全防范工作最基础的一环，也是基层民警最基本的工作之一，掌握门卫防控工作规程，是对基层民警最基本的要求。门卫安全防控包括大门设施隐患排查、出入人员和车辆检查。这项工作细微、繁杂，需要极强的工作责任心和认真仔细的工作态度，我们在学习过程中也要认真学习，掌握要领。

强制隔离戒毒场所大门出入人员和车辆检查包括：民警出入检查、戒毒人员出入检查、外协人员出入检查及外来人员（上级机关人员及有关部门人员）出入检查、车辆进出检查。

一、出入人员检查

（一）检查方法

1. 民警出入检查。

（1）民警进入检查的方法与程序：门卫值班民警应当严格依照以下方法和程序对进入强制隔离戒毒场所的民警进行检查。证件识别——查验进入民警的证件；身份确认——核对进入民警的相貌，进行人、证比对，确认其身份；换发证件——出入证换为上岗证；保管证件——保管出入证；开门放行——证件识别、身份确认、换发证件后，检查民警的着装符合要求、携带物品没有违反规定，予以开门放行。

（2）民警出门检查的方法与程序：门卫值班民警应当严格依照以下方法和

程序对出门民警进行检查。证件识别——严格查核出门民警的证件；身份确认——认真核对出门民警的着装、相貌，进行人、证比对，确认其身份；换发证件——收取上岗证，发还出入证及其他保管的物品；开门放行——证件识别、身份确认、换发证件后，检查民警的着装符合要求、携带物品没有违反规定，予以开门放行。

2. 戒毒人员出入检查。

（1）戒毒人员进入检查的方法与程序：门卫值班民警应当对进入场所的戒毒人员进行严格的身份查验。检查进入的戒毒人员的审批手续；核对戒毒人员的名单和数目；核对带入人员的身份证件，检查陪同责任民警的证件；检查戒毒人员和民警携带的物品；详细填写戒毒人员进入登记表，并要求责任民警签字。

（2）戒毒人员出门检查的方法与程序：门卫值班民警应当对出门戒毒人员进行严格的身份查验。严格检查戒毒人员出门的审批手续；严格检查出门戒毒人员的名单和数目；核对带出责任民警的身份、证件和人数；严格检查戒毒人员携带的物品；除正常解除戒毒外，凡外出戒毒人员必须着标志服，按规定应当戴戒具的必须戴戒具；详细填写戒毒人员出门登记表，并要求责任民警签名。

3. 外协人员出入检查。

（1）外协人员进入检查的方法与程序：门卫值班民警应当对进入场所的外协人员进行严格的身份查验。严格检查外协人员进入的审批手续；核对外协人员身份证件和人数，并保管证件；核对陪同责任民警的证件；检查外协人员的服装是否符合要求；严格检查外协人员携带的物品并告知注意事项，严禁将违禁品带入所内；发现有违反规定要求的，禁止再次进入强制隔离戒毒场所；详细填写外协人员出入登记表，并要求责任民警签字。

（2）外协人员出门检查的方法与程序：门卫值班民警应当对出门外协人员进行严格的身份查验。认真核对陪同民警的身份证件及审批手续；严格检查出门外协人员的通行证件，并核对出门外协人员的相貌和人数；检查出门外协人员的着装；检查出门外协人员携带的物品，防止将未经批准带出的物品带出；退回外协人员的身份证件及保管的物品；详细填写外协人员出入登记表，并要求责任民警签字。

4. 外来人员（上级机关人员及有关部门人员）出入检查。

（1）外来人员进入检查的方法与程序：门卫值班民警应当对进入场所的外来人员进行严格的检查。查验外来人员进入场所的审批手续；核对陪同责任民警的身份证件；严格检查外来人员的身份证件，核对进入人员的相貌和人数，并换发特制的通行证并要求按规定佩带；向外来人员通报安全注意事项和严格禁止携带的物品，对严格禁止携带的物品进行集中保管；检查进入人员的着装，特别是异性的衣着要符合场所的规定；详细填写进入记录，并要求责任民警签字。

（2）外来人员出门检查的方法与程序：门卫值班民警应当对出门的外来人员进行严格的身份查核和检查。严格查核陪同责任民警的身份及审批手续；查核出门人员的通行证件，并收回出门人员的通行证件；认真核对出门人员的相貌和人数；严格检查出门人员携带的物品；详细填写出门记录；退回外来人员的身份证件及保管的物品。

（二）异常情况的处理

1. 当遇到外来人员拒绝查验时。

（1）进行法制教育。查验人员应通过告知有关法律规定，讲明警察有依法查验的权力，消除其误解。特别是在有群众围观起哄的场所，查验人员言语要简洁而又有说服力，注重教育扭转群众的态度，变被动为主动，使被查验人员感到如果一味拒绝下去，很可能遭到群众指责，甚至可能受到法律的制裁。

（2）更换查验场所。有些人在公众面前很要面子，常通过种种过激行为为自己挽回面子，但在脱离人群后能很快冷静下来，面对现实很快作出抉择，与查验人员合作。对于不法分子利用不明真相的群众干扰查验，可以更换场地，使其脱离可以利用的人群，无计可施，特别是有的不法分子与同伙失去联系后不免恐慌，为争取尽快摆脱危险，表面上不得不摆出服从查验的样子，不再拒绝查验。

（3）采取相应措施。对查验对象人证不符的，不允许其进入场所，如有企图实施违法犯罪行为的，应立即制止。

2. 遇有拒绝安全检查强行冲越时。门卫要迅速拦住受检者的去路，喝令"站住别动"，并告知受检者应配合门卫执行公务，如不配合将面临严重后果。如受检者不听，继续冲越，门卫可利用警力优势，一招制敌将其控制、制服，并带到安全地带继续审查。

3. 当遇到袭警情况时。当遇有拒绝安全检查，并不断逼近门卫情况时，门卫应伸出左手阻止受检者继续逼近自己，命令受检者站住别动，并适当后退，使自己与受检者始终保持1.5~2米的距离，以防止出现袭警情况。

如有多名受检者袭警或者受检者持械袭警，门卫应适当后撤，保持安全距离，并可手持警棍进行威慑，命令其不许动，尽量用语言控制，不与受检者发生身体接触，同时请求支援。如果受检者继续袭警，危及门卫的生命安全或者有抢夺警棍的意图，门卫可依据《人民警察使用警械和武器条例》第7条、第9条的规定视情况使用警棍。

二、进出车辆检查

（一）检查方法

1. 车辆进入检查的方法与程序：门卫值班民警应当严格检查进入车辆的审批手续；检查车辆驾驶人员的相关证件；除驾驶人员外，其他人员不得随车进入；打开场所大门，要求车辆按指定位置停放，接受检查；打开车门，检查驾驶室和车厢；检查进入车辆运载的货物；换发有关证件；告知驾驶人员有关注意事项；告知驾驶人员有关场所规定的限速；外来车辆进入必须由责任民警带入，并检查责任民警的证件；详细填写车辆进入记录；检查完毕后，打开内门允许车辆进入。

2. 车辆出门检查的方法与程序：门卫值班民警应当严格检查出门车辆的审批手续；检查护送车辆出门的责任民警的证件；打开内门，要求车辆停放在指定的检查区接受检查，并关闭内门；仔细检查出门车辆的驾驶室、车厢四周、底盘、车顶、车厢和运载的货物，防止戒毒人员藏匿；严格检查驾驶员携带的物品，防止将未经批准带出的物品带出；换发有关证件；详细填写车辆出门记录，并要求护送的责任民警签名；开启大门放行。

（二）异常情况的处理

事先有可靠情报提示进出车辆藏匿违禁品（或可疑人），但经常规检查未能发现时，采取以下方法处理：

1. 人工检查。卸下车上货物并打开包装——进行检查，若还未发现违禁品，可拆开车辆某些部位进一步检查，必要时请熟悉车辆结构与原理的民警进行检查。

2. 使用仪器检查。如使用生命微测仪检查车辆是否有可疑人藏匿，使用 X 光检查仪可以检查车辆装载货物的种类，发现藏匿在车里的违禁品。

三、物品检查

（一）物品检查的步骤

查验物品的顺序。查验物品一般按照一看、二听、三闻、四摸、五拆的顺序进行。一看，就是看物品的形状、结构、包装、质地。二听，就是听物品是否有声响，有什么声响。三闻，就是闻一下物品的气味，有无异味。四摸，就是摸一下物品的形状、材料质地，掂一下物品的重量。以上每一个环节，都要认真分析，作出判断。如果能够断定物品性质，就尽量不要拆开物品，以免破坏物品的性能，造成不必要的损失。五拆，就是拆开箱包进行检查。拆开箱包应轻开、慢拉、谨慎开启。应注意拉链、纽扣上是否另有机关，防止箱包内有爆炸装置。对箱包内的物品应轻拿轻放，顺序查验，以防损坏；对有线、有声响、有气味的物品，更要谨慎拿取；拿取物品时要按从上往下的顺序进行；对凶器，一定不要满把抓，尽可能用干净布垫或者戴上手套轻取。

（二）物品检查的要求

对于被查问人未能说明来历的不明之物、违法违禁之物、通报协查之物、有可能是犯罪工具和犯罪物证之物均应暂扣和收缴；对于非违法犯罪之物品，查验后应发还；对于事先有可靠情报的物品查验，待拦截特定人、车之后，截下物品，可拆开查验，获取证据；查验可疑人的提包或衣袋时，应要求对方讲出包内物品种类，请其主动打开包来查看。如包内东西过多无法仔细查看时，可让对方将东西拿出，切不可自行翻看；需要查验对方身上携带的物品时，应由当事人自行取出，不可搜身；查验应避免在公共场所进行，最好在值班室内。

查验要仔细、彻底，做到文明检查。查验物品，还应注意安全。查验物品时，要始终控制查验对象。多个民警检查时，应指定一两名民警实施检查，其他人负责控制。

（三）毒品检查

使用仪器检查人体是否携带毒品。如使用便携式毒品检测仪检查包裹、行李中是否夹藏毒品；使用神枪智能人体安全检测系统不仅能检测出被测人员所携带的金属及非金属物甚至液体，还能检测出其体内所隐藏的毒品及炸弹，有效排除威胁因素，防止毒品流入，防止外部人员袭扰和破坏。

○ 讨论案例

讨论案例3

某年某月某日，某强制隔离戒毒所民警王某、李某在场所大门值班。上午10时许，有2名民警带1名戒毒人员到所外就诊，同时有一辆装满服装的外协车辆要出大门。请问民警王某、李某应如何进行检查？

【讨论目的】通过讨论，学生能学会出入人员和车辆检查的方法，培养学生细致严谨的工作态度。

【讨论提示】通过正确的检查顺序和检查方法进行检查。

讨论案例4

某年某月，某戒毒所某大队值班民警收到信息员汇报一条信息，今天上午10点半左右有一辆劳务加工单位的车辆藏有酒，准备将酒带入场所内。该民警立即将此信息告诉门卫值班民警。门卫值班民警仔细检查了该车辆的前机盖、后备箱、驾驶室、车顶和车底，均未发现有酒。如果你是门卫值班民警，此时该怎么办？

【讨论目的】通过讨论，学生能学会门卫查验中异常情况的处理。

【讨论提示】遇到异常情况，采取特殊方法检查，坚决杜绝违禁品从大门流入。

学习任务六　巡　逻

一、巡逻工作流程及要求

（一）巡逻工作流程

1. 确定巡逻内容。根据巡逻任务，警戒科确定巡逻路线和重点（包括重点地段、重点时段、重点部位、重点人员）和警戒设施。要求做到：路线、时间具体明确，重点突出。

2. 保证人员，配备器械。保证2人以上进行巡逻，巡逻时要着装整齐，佩戴对讲机、警棍及巡逻标志等。要求做到：人员到位，装备齐全。

3. 巡逻。巡逻时要提高警惕，仔细检查，既要全面详细，又要重点突出。要求做到：认真负责，不留死角。

4. 发现和处理问题。

（1）巡逻过程中，发现戒毒人员有违纪行为时，应立即采取措施予以制止。

（2）发现戒毒人员有逃跑、闹事、行凶等危险时，应立即报告，并采取相应措施。

（3）发现警戒、照明设施等出现损坏时，应立即布控并及时报告值班所领导。

（4）发现戒毒人员在警戒隔离区内逗留或者闲杂人员在场所周围逗留等不正常行为时，应立即制止，必要时带回询问。

要求做到：处理得当，报告及时，文明执法。

5. 记录、汇报。采取定时和不定时的巡逻方式，对巡逻中发现和处理的问题，要详细记录并报告有关领导。要求做到：记录全面真实，汇报及时准确。

（二）巡逻任务及要求

1. 巡逻任务。

（1）检查门卫、监控的工作情况。

（2）检查大队值班民警到岗情况以及"三大现场"戒毒人员的秩序是否良好；"三大现场"民警在岗管理情况及警力到岗情况。

（3）检查场所内有无攀高物、爆炸、剧毒等危险品，以及其他违禁品。

（4）检查监控、报警、照明、消防等设施情况。

（5）对戒毒人员"三大现场"的建筑施工场所应重点加强巡逻，及时消除危险因素，严防外来施工人员带入违禁物品。

（6）维护场所的秩序和安全，协助外门卫做好外大门附近的车辆管理工作。

（7）巡逻围墙内、外围区域，消除安全隐患。

（8）维护戒毒人员大型活动的现场秩序。

2. 巡逻要求。

（1）巡逻护卫人员素质要求。具有良好的身体素质；思想端正、作风正派，能吃苦耐劳、爱岗敬业；着装整洁、语言文明、礼貌待人。工作时间不得喝酒、吸烟、闲谈；统一着装，佩带警戒具和对讲机，巡查过程中必须严肃认真，及时发现问题，做好记录；掌握相关法律条款的具体内容；必须沿巡逻路线认真地检查巡视，到指定地点"打卡"计时。每次巡查完毕返回门房，配合门卫值班人员做好管理工作；在巡逻中应认真检查门窗、天棚、地面、围墙、水渠及平常人不易到达的角落，查看有无安全隐患；有无公共设施、设备损坏；在巡逻中注意发现有无不正常的气味；根据不同环境和案（事）件性质，携带必备的警备用具；在查问和检查时，应注意站位有利，并能够对现场进行有效的控制；在遇到突发性的暴力袭击时，依据有关规定使用防卫器械，采取防卫行动，避免伤亡。

（2）护卫组织交接班程序要求。

第一，准时就位。交接班人员要按时交接班。有特殊情况的，非经有关领导同意不得随意调整。人员全部就位后进行交接班。

第二，履行手续。交接双方要将情况交接清楚，并由双方签字确认。以下几种情况不得交班：场所情况不清；存在的问题不清；警戒具、装备使用情况不清。

第三，履行职责。交接班手续履行完毕后，接班方应立即进入工作状态，坚守岗位。

第四，执勤巡逻时间。实行 24 小时制，每隔 1 小时巡查 1 次。严格执行《巡更器使用及管理规定》，每次巡逻都要由本人在规定巡逻点进行数据采集，于次日交班后将巡更棒交科里进行数据采集，遇休息日待上班后及时送检。

巡逻队夜间必须到每个大队巡逻 3 次（上半夜 1 次、下半夜 2 次），发现问题及时处理，第二天早上将巡逻中发现的问题，并结合门卫、内卫、监控中发现的问题以书面形式上报警戒科。

做好各类台账记录，按时将台账上交大队存档，虚心接受业务部门和相关大队的监督，巡逻队队员发现情况或者遇到不能解决的问题，应及时向大队领导、所领导请示汇报。

二、巡逻中常见问题的处理

（一）巡逻中发现围墙设施隐患的处理

巡逻中发现墙体表面不光滑或可供攀爬时；围墙周边有违章建筑，堆放杂物、棍棒、石块、绳索等可用于攀越或行凶的物件时；发现报警监控设备有人为破坏的迹象或不清晰时；发现围墙照明设施陈旧损坏，不能正常照明或照明效果不佳时或有人为破坏的迹象时，巡逻民警应进行如下处理：

1. 及时报告。巡逻民警在巡逻检查中发现上述隐患时，应及时报告警戒科。

2. 现场布控。巡逻民警在及时报告的同时，应当采取临时性应急防范措施，对隐患或故障现场实施安全警戒。若发现围墙设施出现重大隐患或故障时，警戒科在接到报告后，应当及时启动应急预案，组织部署警力对隐患或故障现场实施布控，加强警戒。同时，提高管教区内的警戒级别，加强对管教区的巡逻，严格对大队宿舍区实施出入管制与安全管理，杜绝戒毒人员接近隐患或故障现场。

3. 故障处理。警戒科接到报告后，应当及时组织相关责任民警进行处理，若属于重大故障或隐患，应迅速组织责任民警、专业技术人员和相关施工人员，对重大安全隐患或故障进行处理。同时，部署警力对隐患或故障现场实施布控，加强警戒。

（二）巡逻中发现问题的处理方法

观察是警戒护卫人员在巡逻过程中的一项重要技能，是通过观察人、事、物的各种外部表象，从中发现和抓住各种细微的反常迹象、苗头，并通过积极的思考来判断这些迹象、苗头的本质。警戒护卫人员在巡逻过程中，大部分活动用在发现形迹可疑的人、事、物方面。常用的观察途径有：

1. 通过肢体及面部表情观察。由于心理活动的作用，人们的身体动作、面部表情或语音、语调都能表现出一种无法用技巧来掩饰的定势。

2. 通过外貌观察。尽管戒毒人员对自己行为进行了准备，但其明知实施该行为会受到惩罚，使得戒毒人员在实施行为过程中具有强烈的恐惧心理。在这种情况下，从戒毒人员的情绪紧张、慌乱、恐惧中容易看出破绽，具体表现在面部表情和眼神上。他们在活动中也总是要避开警戒护卫人员。当警戒护卫人员注意他们时，就会表现出胆怯、躲避，显得十分紧张、局促或无所适从。

3. 通过行为观察。所谓行为观察，是指警戒护卫人员对戒毒人员的行为、动作进行观察。反常的表现会不由自主地流露，特别是反映在姿态、手势、面部表情及目光的交流上。

警戒护卫人员要掌握各种违法违纪活动的特点和手法，并注意从戒毒人员的正常行为中找出异常的动作。一旦准确把握了这一判断标准，结合成功的经验就不难识别出戒毒人员的异常动作变化。警戒护卫人员在判断戒毒人员的行为表征时，还应注意那些紧随其后的，特别是目光交流时出现的动作变化以及这种行为的反应方式。

（三）巡逻中发现戒毒人员违纪问题的处理

1. 发现戒毒人员有违纪行为时，应立即采取措施予以制止，当场给予批评教育；并认真核实其姓名、编号、所属大队，通知所属大队民警带回，作进一步处理。

2. 发现戒毒人员有逃跑、闹事、行凶等危险时，应当立即采取强制措施，控制事态的发展，并及时向所领导和监控指挥中心报告，必要时，启动应急预案。

3. 发现有不法分子和戒毒人员互相勾结或闲杂人员在场所周围逗留等不正常行为时，应立即制止，必要时可带回询问。

4. 发现戒毒人员在围墙内警戒区域附近逗留、察看时，应及时制止离开警戒区域，并密切注意围墙周围动向，发现物品及时交回大队，调查处理。

◎ 讨论案例

讨论案例5

2009年3月底，某市强制隔离戒毒所民警巡逻时发现，该所与相邻的某小学两围墙之间的空地上竟有注射器等吸食毒品的工具，引起所领导重视。经多方调查发现，有戒毒人员趁探访家属时用手机联系贩毒男子吴某，并向其提供的账户上充钱。吴某收款后，将毒品用塑料膜包好，外面再以灰色橡皮包裹捏成圆球状，悄悄来到某市戒毒所与小学围墙之隔的空地上，将"橡皮球"和吸食工具投至该戒毒所院内，由这名戒毒人员捡拾后再向其他的戒毒人员贩卖吸食。4月初的一天，吴某再次携毒品到这块空地时，被守候民警抓获。民警从其身上搜查出作案用的银行卡及随手弃于草丛中的毒品。费尽心机贩卖毒品的吴某被当地检察院批捕。

【讨论目的】 通过讨论，学生能掌握巡逻在围墙安全防控中的重要作用。

【讨论提示】 分析本案例巡逻中发现问题的正确处理方法。

讨论案例6

为了及时察觉大墙内外的异常动态，某强制隔离戒毒所在墙头上增装了探头，该探头可同时监控到墙内外各 5 米范围内的距离。

2009 年 1 月的某一天，该探头发挥了重要的监控功能。当时，通过该探头，监控人员发现大墙外有一人正将 3 件包裹抛进大墙内。监控人员立即向警戒护卫科（大队）反映，随即出动警力兵分两路进行追寻：一路在墙外追寻抛物者，另一路在墙内找寻那 3 件包裹。墙外那路赶到抛物点时，抛物者已不见踪影；墙内那路在警戒线外仅拾到 2 件包裹，另一件包裹未寻到，估计抛在戒毒人员食堂门口而被食堂内的戒毒人员拾到并藏起。但询问时竟无一戒毒人员承认。于是重新调出监控录像，锁定那位拾包的戒毒人员。在铁的证据面前，那位戒毒人员终于交出了那件包裹。经审讯，该戒毒人员供述那位抛物者刚被解除强制隔离戒毒，他是受该戒毒人员的唆使而在约定的时间、地点将装有毒品的 3 件包裹抛进大墙内的。

【讨论目的】 通过讨论，学生能掌握监控在围墙安全防控中的重要性。

【讨论提示】 分析监控在场所安全防控中的重要功能。

 考核与评价

【考核题目】

1. 某年某月，某强制隔离戒毒所某大队值班民警收到信息员汇报的一条信息，今天上午 10 点半左右有一辆劳务加工单位的车辆藏有酒，准备将酒带入场所内。该民警立即将此信息告诉门卫值班民警。门卫值班民警仔细检查了该车辆的前机盖、后备箱、驾驶室、车顶和车底，均未发现有酒。如果你是门卫值班民警，此时该怎么办？

2. 某强制隔离戒毒所加工车间戒毒人员陈某和王某，多次注意观察下雨天民警巡逻警戒情况。一次，陈某和王某利用下雨天可乘之机，使用车间工具锤子和绳索，悄悄窜至围墙，实施逃跑。结合此案例，如果你是巡逻民警，谈谈在天气恶劣情况下应如何做好巡逻工作，确保场所安全稳定。

3. 某强制隔离戒毒所监控中心发现有 1 名戒毒人员 3 次到围墙内警戒区域附近单独活动，通知巡逻民警迅速到现场进行核实并处置。你作为巡逻民警应如何处置？

【评价内容】

1. 评价学生对事先有可靠情报的车辆和物品查验是否正确。

2. 评价学生对恶劣气候条件下隐患排查的能力。

3. 评价学生对事件所采取的处置措施是否恰当。

拓展训练

1. 在顶岗实习中进行门卫查验训练。

2. 在顶岗实习中进行巡逻技能训练。

3. 在顶岗实习中进行监控系统认知与操作训练。

学习单元三　安全排查

 **知识储备**

一、安全隐患

安全隐患是指潜藏的可能危及强制隔离戒毒场所安全的物态安全风险与事故隐患、人的不安全行为与不稳定因素，及其制度缺陷与管理漏洞。安全隐患分为管教安全事故隐患、生产安全事故隐患、公共卫生事件安全隐患和其他自然灾害隐患。

二、排查

排查是指为及时发现场所日常工作中存在的以及可能导致各类安全事故的隐患而进行的检查和分析。强制隔离戒毒场所安全排查，是指为了确保强制隔离戒毒场所安全，对戒毒人员的学习、生活、习艺三大现场和警戒设施及有关物品进行检查的安全防范措施。

三、安全排查的方式

安全排查的方式，一般应当采取"民警每天查、大队每周查、所部每月查"的分级排查方式。同时，也应当采取自查与交叉排查、日常排查与突击排查、平时排查与节假日排查、日间排查与夜间排查、现场排查与调查了解相结合等方法。上级机关或场所安全职能部门，对各单位存在的物态安全风险与事故隐患、人的不安全行为与不稳定因素，及其制度缺陷与管理漏洞，应当采取突查的方式，并对发现的问题，下发消除隐患通知书，责令限期整改。

四、安全排查的运行机制

安全排查的运行机制，是强制隔离戒毒场所为有效预防、查堵各种安全风险、事故隐患、制度缺陷和管理漏洞，及时发现和消除安全防范工作中的"盲区"或"死角"，确保安全防范工作横向到边、纵向到底、层级链锁、环环相扣的制度体系和全天候、全方位、全员性安全隐患排查的运行机制。

1. 领导责任机制。坚持各级"一把手"对场所安全负总责的原则，严格"一级抓一级，层层抓落实"的安全目标责任制管理，党委书记（所长）对场所的安全隐患排查负总责，分管领导为第一责任人，各职能部门科长（主任）、大队长或教导员对本部门的安全隐患排查负全责。

2. 分级排查机制。场所及其安全职能部门（管理科、警戒护卫大队）以宏观排查为主，重点排查大门、围墙、地下管道等警戒设施、技术装备和民警队伍情况，并对场所管理制度存在的缺陷进行及时修订；机关各部门紧扣本部门工作职责开展安全排查；大队以微观排查为主，重点排查各项安全管理制度、各项安全防范措施的落实情况和安全设施的完好情况，以及戒毒人员中存在的各种潜在的危险因素、各种现实的危害因素和其他不安全、不稳定因素。

3. 排查包干责任制。划分片、区、点，实行所领导包片，机关部门和职能科室包区，大队民警包点的责任制。依据岗位职责，分工负责，全员参与，认真排查，做到"在我身边无隐患，在我岗位无事故"，确保安全排查不留盲区，不留死角。

4. 排查整改责任制。坚持"问题不查清不放过，问题不整改不放过，整改无成效不放过"的责任制原则，对排查出的隐患和问题，在认真梳理的基础上，制定切实可行的整改方案和整改措施，分工负责，限期整改，确保整改到位。

5. 严格责任追究制。坚持对安全排查情况进行通报与问责，强制隔离戒毒场所对各科室、大队存在的安全隐患，应采取及时下发《纠正违规通知书》和《消除隐患通知书》的方式，责令相关科室、大队及时整改，并限期上报整改结果。对未按规定组织排查或对排查出的问题没有及时整改，造成后果的，要追究相关部门领导和直接责任人的责任。

五、排查的方法

1. 所情分析，是强制隔离戒毒场所按照强制隔离戒毒法律法规的要求，结合戒治工作实际情况，定期、不定期召开的收集、分析、研判场所工作情况，排查各种隐患问题并预测、部署下一阶段工作重点和要求的工作例会，是日常管理活动的一项重要制度。所情分析的内容包括：在管教安全、生产安全、队伍安全、资产安全、信访安全及舆情安全等方面存在的问题和隐患及原因分析、下一阶段的工作措施和建议。

2. 思想动态分析，是指以召开会议的形式，定期对戒毒人员的思想情况进行分析，从而制定教育、引导、防范、控制等一系列有效措施的基本工作制度。思想动态分析的内容包括：影响戒毒人员服从戒治、遵守所规所纪等方面的言论、行为及表现，对戒毒人员带隐蔽性、倾向性的思想问题，进行深入细致地分析，对戒毒人员的表现进行分类排队。要求每个包教民警应对分管的戒毒人员分稳定、基本稳定、不稳定三个层次分析预测。一类人员，主要表现为思想稳定，学习劳动表现积极，能积极进行戒毒康复；二类人员，主要表现为思想比较稳定，表现一般，能配合进行戒毒康复；三类人员，主要表现为戒治思想不稳定，戒治表现消极；四类人员，为内控人员；五类人员，为难矫治人员；六类人员，为危险分子。思想动态分析必须有书面分析记录和具体事例。对已确定的严控、难矫治人员，民警要落实"三包"（包管、包教、包转化）措施。大队要将每一周的分析记录进行整理，上报所管理科或教育科。强制隔离戒毒所应每月汇总思想动态分析专报，报省戒毒工作管理局。

3. 安全检查，是指为了确保强制隔离戒毒场所安全，对戒毒人员人身及其学习、生活、习艺三大现场和场所警戒设施及有关物品进行检查的安全防范措施。安全检查包括对戒毒人员人身检查和场所安全检查。人身检查，一般按从内到外、从上到下、从前到后的顺序进行检查，主要查看是否藏匿现金、违禁品（包括毒品）及夹带钢锯条、小刀片等细小作案工具。场所安全检查一般指对戒毒人员生活区、习艺区及学习活动场所进行的危险品、违禁品检查。

4. 毒品检测，是应用化学、物理、生物和现代仪器分析的原理和技术，对毒品可疑物质进行快速、准确地鉴别与测定，毒品检测是康复治疗的重要检测指标。常见的毒品检测对象有精神药品与麻醉药品。精神药品包括苯丙胺类毒品、致幻剂、镇静催眠药等，麻醉药品主要包括鸦片类如罂粟植物、鸦片、吗啡、海洛因等，古柯类如古柯叶、古柯糊、可卡因、可卡因游离碱、"快克"可卡因等，大麻类如大麻叶、大麻烟、大麻树脂、印度大麻脂油、四氢大麻酚等。其他毒品检测对象还包括麻黄素、麦角新碱、麦角胺、异黄樟脑、麦角酸、胡椒醛、伪麻黄素、黄樟脑、醋酸配、丙酮等。强制隔离戒毒场所毒品检测主要诊断是何种毒品成瘾或中毒，检测戒毒人员的复吸情况。场所应当定期对戒毒人员进行尿检，对探视、所外就医回所的戒毒人员进行尿检。

 学习任务七　所情分析会

一、所情分析会程序及要求

（一）会前准备

1. 确定主题。针对不同时期国内外形势的重大变化，主要政策的调整，强制隔离戒毒场所管教、生产、队伍、资产、信访、舆情及其他方面的安全情况，确定分析主题。

2. 确定时间，明确内容。大队和科室逐层逐级分析，各分管所领导汇总分析并掌握分管业务和部门所涉及的六个安全及其他安全的整体情况。所情分析会由所长召集、政委主持。

3. 搜集情况。会前各科室、分管所领导要依据通过日常各种渠道获得的信息，整理汇总场所六个安全及其他安全的情况。

4. 通知与会人员。所情分析会参会人员包括所领导和相关科室负责人。

要求做到：高度重视，认真组织，准备充分。

（二）召开分析会

1. 信息交流。分管所领导分口汇报，相关科室补充说明，所长进行总结分析，并安排部署下一阶段工作。

2. 会议分析。所情分析的重点是摆问题、查隐患，对存在的问题进行再分析，对存在的隐患进行再排查，切实将基层的实际情况反映上来。

3. 制定措施。针对存在的问题和查出的隐患，制定针对性的整改措施。

4. 会议纪要

会议记录人要做好《所情分析会议纪要》。

要求做到：情况反映真实，分析具体到位，对策措施得力。

（三）落实措施

根据会议决定，由相关科室具体落实各项安全措施，督促大队组织开展有针对性的教育。

要求做到：组织及时，措施得力，责任到人。

（四）制作书面材料

由办公室及时整理所情分析会的分析内容、结果和针对性措施。

要求做到：格式规范，文字精炼，内容完整。

（五）逐级上报

制作《所情分析报告》，每月在规定的时间按时上报局办公室。

要求做到：严格按规定时间、规定程序上报，遵守保密要求。

二、所情分析报告格式和要求

××强制隔离戒毒所××年××月份所情分析报告

第一部分：概况

对报告期场所情况作出概括性总体说明，并列举相关主要数据。

第二部分：管教安全情况

一、管理情况

（一）基本情况

（二）存在问题和隐患及原因分析

（三）工作措施和建议

二、所情研判情况

（一）基本情况

对报告期内在册人数、在所人数、所外就医人数、外诊人数、探视人数、逾期不归人数情况进行总体说明。

1. 人员分类构成：二戒以上人数、外省人数、少数民族人数、重点病号人数、吸食合成毒品人数及百分比；

2. 思想状况分类：一类人数、二类人数、三类人数、四类人数、五类人数、六类人数及百分比；

3. 戒治阶段划分：脱毒期人数、康复期人数、回归期人数及百分比；

4. 主要倾向：报告期内戒毒人员整体表现，关注的问题，苗头性问题和其他问题。

（二）存在的问题和隐患及原因分析

对报告期内存在的问题和隐患按照分类进行说明，对问题和隐患产生的原因进行深入分析。

1. 对抗戒治的戒毒人员基本情况，现实表现（不学习、不劳动、不守纪律、

```
          ┌────────┐  ┌────────┐  ┌────────┐  ┌────────┐
          │ 管理教育 │  │ 生产经营 │  │ 行政后勤 │  │ 政工纪检 │
          └────────┘  └────────┘  └────────┘  └────────┘
                    ┌──────────────────────────┐
                    │        大队科室           │
  基础分析           └──────────────────────────┘
          ┌──────┐ ┌──────┐ ┌──────┐ ┌──────┐ ┌──────┐
          │ 分管  │ │ 分管  │ │ 分管  │ │ 分管  │ │ …… │
          │ 所领导 │ │ 所领导 │ │ 所领导 │ │ 所领导 │ └──────┘
          └──────┘ └──────┘ └──────┘ └──────┘
```

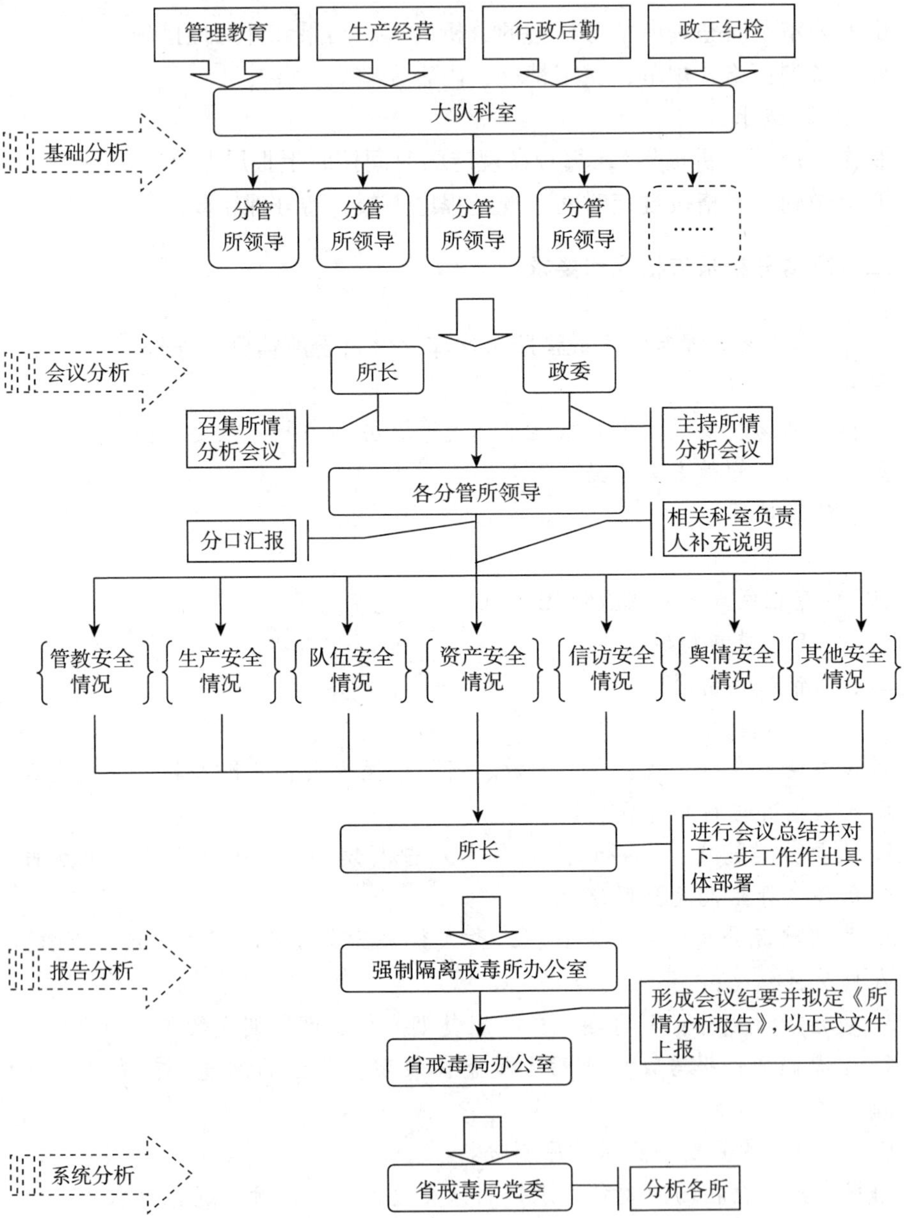

会议分析

```
          ┌──────┐              ┌──────┐
          │ 所长  │              │ 政委  │
          └──────┘              └──────┘
  ┌──────┐                              ┌──────────┐
  │ 召集所情 │                            │ 主持所情  │
  │ 分析会议 │                            │ 分析会议  │
  └──────┘                              └──────────┘
              ┌──────────────────┐
              │   各分管所领导     │
              └──────────────────┘
  ┌──────┐                              ┌──────────┐
  │ 分口汇报 │                            │ 相关科室负责 │
  └──────┘                              │ 人补充说明  │
                                        └──────────┘
```

```
┌──────┐┌──────┐┌──────┐┌──────┐┌──────┐┌──────┐┌──────┐
│管教安全││生产安全││队伍安全││资产安全││信访安全││舆情安全││其他安全│
│情况  ││情况  ││情况  ││情况  ││情况  ││情况  ││情况  │
└──────┘└──────┘└──────┘└──────┘└──────┘└──────┘└──────┘
```

```
          ┌──────────────────┐  ┌──────────────┐
          │       所长         │  │ 进行会议总结并对 │
          └──────────────────┘  │ 下一步工作作出具 │
                                │ 体部署         │
                                └──────────────┘
```

报告分析

```
          ┌──────────────────────┐  ┌────────────────┐
          │   强制隔离戒毒所办公室   │  │ 形成会议纪要并拟定《所 │
          └──────────────────────┘  │ 情分析报告》,以正式文件 │
                                    │ 上报            │
          ┌──────────────┐          └────────────────┘
          │  省戒毒局办公室  │
          └──────────────┘
```

系统分析

```
          ┌──────────────┐  ┌──────────┐
          │  省戒毒局党委   │  │ 分析各所   │
          └──────────────┘  └──────────┘
```

吞食异物等）及原因，目前思想状况；

2. 自伤、自残、自杀倾向或凶杀倾向的戒毒人员基本情况，现实表现及原因，目前思想状况；

3. 有闹事倾向的戒毒人员基本情况，现实表现及原因，目前思想状况；

4. 有脱逃倾向的戒毒人员基本情况，现实表现及原因，目前思想状况；

5. 因病思想波动的戒毒人员基本情况，现实表现及原因，目前思想状况；

6. 家庭变故的戒毒人员基本情况，现实表现及原因，目前思想状况；

7. 其他人员及原因。

如发现业务范围内涉及生产、队伍、资产、信访、舆情等方面存在问题和隐患的，应列出并进行说明。

（三）工作措施和建议

1. 思想动态预测：总体戒治秩序预测；政策规定、专项活动、季节变换、诊断评估、重大节日、重大事件等可能对学员思想产生的影响。

2. 工作措施：针对分析出的共性问题、个性问题和预测出的负面影响，为确保场所安全稳定所采取的管理措施（管理部门提供）、教育措施（教育部门提供）、卫生措施（卫生部门提供）和其他措施（相应部门提供）。

第三部分：生产安全情况

一、基本情况

对报告期内所属企业、来料加工、出租项目的生产安全工作情况进行总体说明。

二、存在的问题和隐患及原因分析

对报告期内存在的问题和隐患，按照消防、用电、机械维护和使用、危险化学品管理使用、特种作业、生产车辆、职业健康和劳动防护、应急管理等方面分类进行说明；对存在问题和隐患产生的原因要从人员思想、制度落实、客观因素、安全投入等方面进行深入分析。

如发现业务范围内涉及管教、队伍、资产、信访、舆情等方面存在问题和隐患的，应列出并进行说明。

三、工作措施和建议

针对存在的问题和隐患要提出具体的对策、措施，并说明整改情况和结果；对类似问题和隐患的预防和杜绝，提出具体的意见和建议。

第四部分：队伍安全情况

一、基本情况

分别说明民警、职工、离退休人员的基本情况。民警基本情况包括：本单位民警总数、在机关和管教一线的人员分布情况、民警的性别结构、年龄结构（按照每5年一个档次进行统计）、学历情况（分为研究生、本科、大专三个档次）等。职工基本情况包括：本单位职工的总数、性别结构和年龄情况等。离退休人员基本情况包括：本单位离退休干部人数、离退休职工人数等。

二、存在的问题和隐患及原因分析

主要分析本单位民警职工在工作、生活、学习中存在的困难和问题，本单位民警队伍中存在的负面情绪和消极态度，本单位民警在执法执纪等方面存在的安全隐患，本单位离退休人员在生活等方面存在的困难，等等。要深入了解民警职工对政治、经济待遇方面政策落实情况的反映。要全面了解本单位民警职工对戒毒工作的发展前景、对全系统和本单位的一些重大决策、对场所工作开展情况、对上级安排部署的专项活动存在的片面认识和不成熟的看法等。要对存在的问题隐患、负面情绪和不正确认识进行深入分析，挖掘根源。

如发现业务范围内涉及管教、生产、资产、信访、舆情等方面存在问题和隐患的，应列出并进行说明。

三、工作措施和建议

针对存在的问题隐患，各单位要提出针对性强的整改措施，并明确整改进度和结果。对队伍中存在负面情绪和不正确认识等，要提出实效性强的整改措施，强化正面引导，确保队伍的和谐稳定。

第五部分：资产安全情况

一、基本情况

1. 对报告期内公司的资产、负债、所有者权益情况进行总体说明，其中：

（1）流动资产方面要按照货币资金、债权、存货、其他流动资产等进行分类说明，特别要说明债权债务账龄在3年以上未发生变动的笔数及金额；

（2）固定资产方面要按照房屋、建筑物、交通运输设备、办公设备、生产用设施设备等进行分类说明，尤其要说明已提足折旧仍然在使用的固定资产情况；

（3）车辆方面，要说明公司拥有的车辆数量、使用状况和管理情况。

2. 对报告期内场所的资产、负债情况进行总体说明，其中：

（1）流动资产方面要按照货币资金、债权、存货、其他流动资产等进行分类说明，特别要说明债权账龄在3年以上未发生变动的笔数及金额；

（2）固定资产方面要按照办公用房、围墙、交通运输设备、办公设备、监控设施设备、医用设备等进行分类说明；

（3）车辆方面，要说明场所拥有的车辆数量、使用状况和管理情况。

3. 土地情况说明。从土地面积、权属、性质和证照办理方面进行说明。

二、存在的问题和隐患及原因分析

1. 是否存在国有资产不能保值增值的问题。

2. 流动资产管理方面的问题。是否存在对债权债务不定期清理，特别是账龄在 3 年以上长期挂账，存在形成坏账风险的问题；是否存在违反《现金管理条例》，有大额现金支付、库存现金大、坐支现金的问题；是否存在存货出入库手续不全，账、卡、物不一致，不定期进行清查、核对、盘点，账实不符，资产管理不规范，责任不明确的问题。

3. 固定资产管理方面的问题。

（1）是否存在对固定资产管理制度不落实，管理混乱，职责不明确，账实不符，国有资产流失或存在流失隐患的问题；

（2）是否存在对规定金额以上固定资产未履行报批手续就随意处置的问题；

（3）是否存在车辆长期被他人占有使用，企业无法实施监督管理，存在潜在风险的问题；

（4）是否存在对规定金额以上固定资产未履行《行政事业单位国有资产处置管理暂行办法》的规定，未履行报损报废等处置手续和流程就随意处置的问题；

（5）是否存在不符合《行政事业单位国有资产出租出借管理暂行办法》的规定，随意出租出借固定资产，比如车辆等，导致账实不符，造成资产流失的问题。

4. 是否存在土地流失，被周边村镇等侵蚀，我方利益受到损害的问题。

5. 是否存在合同不兑现，国有资本收益难以实现的问题。

6. 是否存在拖欠基金及销售票的问题。

7. 是否存在资产负债率和国有资产保值增值率不符合省局要求，存在财务风险和资产保值风险的问题。

如发现业务范围内涉及管教、生产、队伍、信访、舆情等方面存在问题和隐患的，应列出并进行说明。

三、工作措施和建议

强制隔离戒毒场所要认真进行检查核实，针对存在的问题和隐患要深入分析原因，提出具体的整改措施，为避免类似问题的发生，要提出可行性管理意见或建议。对自身确实无法解决的困难或问题，应向省局作出详细说明。

第六部分：信访安全情况

一、基本情况

对报告期内信访安全工作进行总体说明。

二、存在的问题和隐患及原因分析

对报告期内存在的问题和隐患，按照个性信访苗头、普遍性上访苗头、长期上访、越级上访等方面分类进行说明，对存在问题和隐患产生的原因要从人员思想、客观因素、防范措施等方面进行深入分析。

如发现业务范围内涉及管教、生产、队伍、资产、舆情等方面存在问题和隐患的，应列出并进行说明。

三、工作措施和建议

针对存在的问题和隐患要提出具体的对策、措施，并说明整改情况和结果。对类似问题和隐患的杜绝和预防，要提出具体的意见和建议。

第七部分：舆情安全情况

一、基本情况

对报告期内网络舆情安全工作包括组织领导、预案演练、应对措施、宣传教育等情况进行总体说明。

二、存在的问题和隐患及原因分析

对报告期内存在的问题和隐患按照管教、队伍、生产、行政后勤等方面分类进行说明，重点对问题和隐患产生的原因进行深入分析。对突出的个性问题或隐患要在分类说明下进行重点说明。

如发现业务范围内涉及管教、生产、队伍、资产、信访等方面存在问题和隐患的，应列出并进行说明。

三、工作措施和建议

针对存在的问题和隐患要提出具体的对策、措施，并说明整改情况和结果。对类似问题和隐患的杜绝和预防，要提出具体的意见和建议。

第八部分：其他安全情况

一、安保情况

（一）基本情况

对报告期内场所内维护人身安全、个人和公共财产安全等工作情况进行总体说明。

（二）存在的问题和隐患及原因分析

对报告期内存在的问题和隐患按照消防、用电、治安和特殊作业等方面分类进行说明，对存在问题和隐患产生的原因要从制度落实、客观因素、安全投入等方面进行深入分析。

（三）工作措施和建议

针对存在的问题和隐患要提出具体的对策、措施，并说明整改情况和结果。对类似问题和隐患的杜绝和预防，要提出具体的意见和建议。

二、保密情况

（一）基本情况

对报告期内场所涉密文件、数据保存以及计算机、移动存储器使用等情况进行总体说明。

（二）存在的问题和隐患及原因分析

对报告期内存在的问题和隐患按照涉密文件管理、保存，涉密计算机、移动存储器排查等方面进行说明和分析原因。

（三）工作措施和建议

针对存在的问题和隐患要提出具体的对策、措施，并说明整改情况和结果。对类似问题和隐患的杜绝和预防，要提出具体的意见和建议。

三、其他情况

需要说明的其他情况。

三、所情分析会议纪要格式和要求

（一）会议纪要格式

1. 召开时间。

2. 会议地点。

3. 会议主持。

4. 会议记录。

5. 参会人员。

6. 会议议程。

（1）政委主持会议。

（2）分管所领导分口报告分管的所情分析情况。

（3）科室大队负责人进行补充说明。

（4）所长进行总结分析，并安排部署下一阶段工作。

（5）其他议程。

7. 其他事项。

（二）有关要求

1. 会议召集人要至少提前一天通知参会人员，各参会人员要做好充分准备，提前收集整理会议有关资料。

2. 要明确记录会议信息，分类分析归纳、总结提炼，确保会议纪要真实、准确。

3. 语言要精确简练、简明扼要，叙述要条理清楚、层次分明，格式要统一规范。

说明：以上是山西省强制隔离戒毒所所情分析报告格式和要求。

讨论材料

讨论材料1

××强制隔离戒毒所××年××月份所情分析报告（管教安全部分）

一、管教安全情况

（一）基本情况

本月以来，我所管教工作正常开展，组织进行了民警基本功考核活动，促进了管教民警各项基本技能的提高；戒毒人员戒治活动顺利进行，开展了队列会操，增强了戒毒人员的规范意识。国庆节前后，强化了民警直接管理和现场管理，保证了管教安全；组织开展了节日期间各项文体活动，丰富了节日生活，促进了戒毒人员情绪的稳定。

截至××年××月××日，我所在册强制隔离戒毒人员××人，在所××人，在外××人，其中××人已办理所外就医，××人为先行请假，所外就医手续正在办理中。本期收治戒毒人员××人，解除××人，其中按期解除的××人，逮捕××人。

（二）存在的问题和隐患及原因分析

1. 安全检查方面。××年××月××日、××日我所组织了每月2次的例行安全检查，检查虽未发现较大问题，但是，暴露出我所在外来人员管理方面存在一些隐患和漏洞，主要是外来人员中技术员、司乘人员接触戒毒人员较多，有可能为戒毒人员捎带生活用品和违禁物品。

2. 管理执法规范方面。我所民警一日工作制落实不够好，个别民警不能严格按照制度要求开展工作，不能认真进行出、收工期间的安全教育和安全检查，对戒毒人员中出现的问题不能及时处理，而是把一些本可以自行处理的问题上交给大队领导，有推脱的思想。个别民警行为习惯养成较差，着装不规范，警用标志佩戴不齐。

3. 应急处置方面。本月我所组织了一次突发事件应急处置演练。模拟事件为强制隔离戒毒人员发生群殴从而引发脱逃的事件。演练过程中，各部门能积极行动起来，在规定时间内达到现场进行处置，将事态加以控制，演练使各部门进一步熟悉了处置突发事件的流程，对突发事件的应对将更加有效。

4. 重点人员、重点病号管理方面。本月我所戒毒人员××因患结核性胸膜炎办理了请假手续，出所进行治疗，所外就医手续正在办理中。

5. 民警基本功方面。本月我所组织了全体民警职工基本功考核活动，由××主抓考核工作，成立了由督导、政工、管教、生产等部门人员组成的考核组，对全体民警职工进行逐人逐项的现场考核，确保民警职工基本功得到提高。

6. 生活卫生管理方面。我所本月对场所供暖设备和管线进行了检修维护，对个别渗水的部位进行了修补，经过打压和试水，目前场所供暖线路已经可以正常运行。

冬季即将来临，为了保证戒毒人员食堂蔬菜正常供应，本月我所对蔬菜储存工作进行了计划和安排，提前联系了多家供应商，保证采购的蔬菜价格合理、质量优良。

7. 场所物防、技防设施方面。本月天气逐渐转冷，各科室、大队用电量骤增，由于我所个别部位线路老化，容易引发漏电或失火情况发生。

二、生产安全情况（略）

三、队伍安全情况（略）

四、资产安全情况（略）

五、信访安全情况（略）

六、舆情安全情况（略）

七、其他安全情况（略）

【讨论目的】通过讨论，学生能掌握所情分析报告的结构和内容。

【讨论提示】根据上述材料，完善所情分析（管教安全方面）报告内容。

讨论材料2

××强制隔离戒毒所××年××月份所情分析报告（管教安全部分）

一、管教安全情况

（一）基本情况

本月以来，我所各项管教工作正常开展，一是完善了各项工作，顺利通过了省局目标责任考核，同时，我所开展了对各部门全年目标完成情况考核，将一年工作画上了一个圆满的句号。二是严格按照《诊断评估办法》组织开展了第四季度诊断评估工作，共有××人符合评估条件，拟确定提前解除××人，减少××个月××人，××个月××人，××个月××人。

截至××年××月××日，我所在册强制隔离戒毒人员××人，在所××

人，在外××人，其中××人已办理所外就医，××人为先行请假，所外就医手续正在办理中。本期收治戒毒人员××人，按期解除××人，逮捕××人，调出××人。

（二）存在的问题和隐患及原因分析

1. 管教大门不能正常使用。目前管教区大门故障率较高，常常不能正常开启和关闭，给管教工作带来较大安全隐患。

2. 西围墙和南围墙照明设施异常。由于照明线路老化，西围墙和南围墙照明设施经常出现故障，影响管教安全。

3. 监控设施维修不到位。我所监控设施出现故障后，已联系维修单位，但由于种种原因，维修单位不能及时进行维修，存在安全隐患。

4. 重点人员、重点病号管理方面。由于天气进入寒冬，气温骤降，心脑血管病进入高发期，本月我所共有××名学员病情较重，需所外治疗，分别是××大队戒毒人员李××，××大队戒毒人员刘××，经过请示省局，目前这两名戒毒人员已经办理了请假手续出所治疗，所外就医手续正在办理中。

5. 生活卫生管理方面。从上月起，我所对新宿舍开始进行改造，目前各项工作顺利进行。同时，开始对习艺楼和医务所楼的房顶进行防水处理，提高场所安全防范能力。

二、生产安全情况（略）

三、队伍安全情况（略）

四、资产安全情况（略）

五、信访安全情况（略）

六、舆情安全情况（略）

七、其他安全情况（略）

【讨论目的】通过讨论，学生能掌握所情分析报告的结构和内容。

【讨论提示】根据上述材料，完善所情分析（管教安全方面）报告内容。

讨论材料3

××强制隔离戒毒所××年××月份所情分析报告（管教安全部分）

一、管教安全情况

（一）基本情况

截至××年××月××日，我所在册强制隔离戒毒人员××人，在所××人，在外××人，其中××人已办理所外就医，××人为先行请假，所外就医手续正在办理中。本期收治戒毒人员××人，其中从公安系统调入××人，从我系统调入××人，解除××人，其中按期解除的××人，逮捕××人，变更戒毒措施××人，死亡××人。

人员结构：首次强制隔离戒毒的××人；二次以上强制隔离戒毒的××人。本省籍××人；外省籍××人。吸食传统毒品的××人；吸食新型毒品的××人。

（二）存在的问题和隐患及原因分析

1. 业务指导思想方面。一是部分民警"首位意识"仍不牢固，在日常工作中常常出现制度不落实的情况；二是部分民警重经济效益，轻管教安全，在工作中强调经济效益，对安全稳定工作有所放松。

2. 岗位安全责任方面。民警工作责任还需进一步细化，大队民警分工有待进一步优化，民警考核机制有待完善。

3. 安全检查方面。门卫安全检查制度不能很好地落实，违禁品屡查屡有。

4. 日常管理方面。一是基础工作不扎实；二是直接管理不到位。

5. 民警直接管理方面。一是个别民警有时出现脱管失控的现象；二是零散戒毒人员有时脱离民警视线范围之内。

6. 违禁品管理方面。一是大队安全检查制度落实不好，不能每周进行安全检查；二是民警对违禁品的认识有偏差，个别民警不能认识到违禁品的危害性，对一些违禁品视而不见，置之不理。

7. 重点人员、重点病号管理方面。一是戒毒人员身体素质差，隐形疾病多，易发生突发病情；二是病号人员住院管理难度大，占用警力较多，且存在安全隐患，易发生脱逃事故。

8. 管理执法方面。诊断评估工作人为因素占主导地位，容易发生权钱交易、执法不公等情况。

9. 管理区门卫管理方面。一是存在门卫人员值班期间不尽责的情况；二是门卫安全检查的能力有待提高。

10. 习艺劳动现场管理方面。一是习艺劳动现场管理不规范，个别大队习艺车间物品不能严格按规定堆放；二是安全制度落实不到位；三是个别大队烟火管理不到位，易发生火灾事故。

11. 民警基本功方面。一是民警对基本功认识不足，认为现在电脑等先进设备普及了，搞"四知道"、"背后认人"等基本功意义不大，参与基本功锻炼的积极性不高；二是民警年龄结构偏大，对基本功锻炼造成一定困难。

12. 生活卫生管理方面。一是卫生管理没有实现制度化、常态化；二是卫生工作的水平较低。

13. 调遣方面。我所接收强制隔离戒毒人员一般是乘汽车赴当地接收戒毒人员，所接人员少则××人，多则××人，路途时间少则1小时，多则3个小时，因此，调遣途中易发生脱逃、袭警等事件。

14. 场所物防、技防设施方面。场所部分物防、技防设施相对较为落后，存在一定安全隐患。

二、生产安全情况（略）

三、队伍安全情况（略）

四、资产安全情况（略）

五、信访安全情况（略）

六、舆情安全情况（略）

七、其他安全情况（略）

【讨论目的】通过讨论，学生能掌握所情分析报告的结构和内容。

【讨论提示】根据上述材料，完善所情分析（管教安全方面）报告内容。

 学习任务八　思想动态分析

一、思想动态分析会程序及要求

（一）思想动态分析会程序

1. 会前准备。

（1）确定主题。针对不同时期国内外形势的重大变化，主要政策的调整，强制隔离戒毒所管理、教育、生活卫生、政策奖励、安全生产和戒毒人员家庭变故所引发的思想反映，确定分析主题。

（2）确定时间，明确内容。大队每周进行整体分类分析、重点人员分析；所部每月进行一次整体分类分析、重点人员分析、特类人员分析、大队民警的思想状况分析，分析会进一步排查上次分析会制定的措施是否落实、是否有效。

（3）搜集情况。会前大队要依据通过日常各种渠道获得的信息，整理汇总戒毒人员思想动态信息。

（4）通知与会人员。

要求做到：准确收集资料，高度重视，准备充分。

2. 召开分析会。

（1）信息交流。与会人员互通情况，交流信息。

（2）会议分析。重点分析戒毒人员中深层次的、带有苗头性、普遍性、倾向性的问题，以及各种原因引发的思想反映；分析民警思想动态。

（3）制定措施。针对分析出的问题，措施要有针对性。

（4）做好《思想动态分析会议记录》。

要求做到：收集准确信息，分析深刻到位，发现隐患不足，剖析思想根源，针对性措施效果显著。

3. 落实措施。根据会议决定，由大队具体落实各项安全措施，组织开展有针对性的教育。

要求做到：组织及时，措施得力，责任到人。

4. 制作书面材料。大队及时整理思想动态分析会的分析内容、结果和针对性措施，填写《戒毒人员思想动态分析表》上报教育科，教育科汇总后送分管领导批阅。

要求做到：书写规范，文字精炼，内容全面。

5. 逐级上报。《戒毒人员思想动态分析表》以书面形式逐级上报。每月月底前，教育科将《戒毒人员思想动态分析表》上报分管所领导和省局教育处。

要求做到：严格按规定时间、规定程序上报，遵守保密要求。

（二）思想动态分析的要求

思想动态分析既是大队民警的重要工作，又是掌握戒毒人员思想动向的基本手段。思想动态分析的关键是提高分析质量。

1. 情况来源要准。情况来源，是思想动态分析的依据。如果情况来源不准，那么，动态分析也就不准。不准的动态分析会给民警决策带来失误，决策失误会导致安全防范失误。情况来源一般从以下几个方面获得：

（1）通过民警观察。大队民警在日常工作中，多与戒毒人员直接接触，注意戒毒人员的言谈举止，因此只要民警善于观察，把戒毒人员中发生的各种现象，特别是反常现象进行跟踪了解，就能得到广泛而真实的思想、行为信息。

（2）通过个别谈话。对戒毒人员进行个别谈话教育，观其色、听其言，既能掌握真实动向，又能因势利导进行教育矫治。个别谈话教育是大队民警的基本功。通过个别谈话教育，民警不仅可以得到该戒毒人员的真实思想，而且也可以得到其他戒毒人员的某些动向。

（3）通过学习、工作、思想情况汇报。戒毒人员在教育改造中，经常以口头或书面形式向民警汇报学习、工作、思想情况，从这些情况汇报材料中，民警可以获得一些真实动向。同时，民警也可以有意识地布置戒毒人员汇报某个问题，或对某件事的看法，以获取民警所需的动态材料。

（4）通过信息员提供信息。信息员是大队民警在戒毒人员中物色、建立的监控力量，用于收集大队戒毒人员的思想动态和所内重大违纪事件的线索，获取戒毒人员违规违纪的证据。由于信息员经过了严格的筛选和长期的培养，其反映的情况真实性较高，因而，可作为掌握戒毒人员动态的重要途径。

（5）通过探访、通信、亲情电话。探访、通信是戒毒人员与外界联系的重要途径，在探访、通信中，民警可以通过种种方式，了解、掌握其动向。

（6）通过心理评估测试，建立戒毒人员心理健康档案，以便及时进行心理咨询，心理危机测查及干预。在心理咨询的过程中，可以发现一些深层的心理问题及戒毒人员思想深处隐伏的心理危机和矛盾冲突，获取有价值的信息资料。

（7）通过与戒毒人员家属联系，了解戒毒人员家庭情况，对戒毒人员的帮教情况，更好地了解戒毒人员的思想及情绪状况。

（8）通过与其他政法单位沟通获得信息。

2. 分析判断要准。收集、掌握戒毒人员思想动态后，民警要对掌握的信息、动态进行分析和判断，去伪存真，使作出的判断客观、准确。分析判断的方法：不同渠道的信息相互印证，对有相互矛盾之处，需要进一步调查、了解，直至作出准确判断。

3. 采取措施要准。针对存在的问题，采取相应的措施，使问题消除在萌芽状态。

（1）整体性戒毒人员所表现出来的、带有普遍性的思想倾向问题。如对政府出台的有关政策问题的反映，对强制隔离戒毒场所内重大事件的反映等，应采用集体教育矫治方法，采取正确引导措施。

（2）局部性戒毒人员所表现出来的、比较一致的思想倾向问题。如对个别民警工作方法产生意见，应当查明问题的原因，采取措施，确保场所秩序稳定。

（3）个别戒毒人员身上发生的诸如不服管理、拒绝参加习艺劳动、与其他戒毒人员争吵打架等思想、行为问题，应当采取个别谈话教育或个别心理矫治、帮助解决实际困难等措施予以解决。

（4）有企图或预谋逃跑、行凶、自杀等危险行为的戒毒人员，则应立即采取强制性预防措施，如单独管理室隔离、包夹监控等。

二、个体思想动态分析

1. 明确个体思想动态分析。个体思想动态分析，是指机关、部门或民警对某一个体戒毒人员的戒治情况及思想变化发展情况进行分析、预测，从而针对个体存在的问题，及时采取教育、引导、防范、控制等一系列有效措施，确保强制隔离戒毒场所秩序稳定。

2. 个体思想动态分析要领。首先，根据某一个体戒毒人员的言论、行为和情绪等，分析、判断他的思想。其次，预测该戒毒人员可能干什么、怎么干，会对场所秩序产生怎么样的影响。最后，针对预测到的情况提出预防或防范措施。

戒毒人员个体思想动态分析要求：思想判断准确，动向分析明了，提出措施得当。

三、群体思想动态分析

1. 明确群体思想动态分析。群体思想动态分析，是指机关、部门或民警定期对分管的某一群体戒毒人员的思想情况进行分析、预测，从而采取教育、引导、防范、控制等一系列有效措施，确保强制隔离戒毒场所秩序稳定。

2. 群体思想动态分析要领。首先，对所属人员思想行为表现进行分类排队。每个民警对分管人员按稳定、基本稳定、不稳定三个层次进行分析、预测。其次，对带隐蔽性、倾向性的思想问题，进行深入细致分析，并从中找出共同的、带有普遍性的问题。再次，对影响场所秩序的典型个案进行深入剖析。最后，针对共同的、带有普遍性的问题和典型个案提出预防或防范措施。

群体思想动态分析要求：分类排队准确、规范，带有隐蔽性、倾向性的思想问题分析细致、明了，典型个案剖析清晰，提出措施得当。

四、思想动态分析材料撰写要领

大队思想动态分析材料，是指机关、部门或民警在对戒毒人员进行动态分析后，根据分析内容进行整理、归纳并上报给所领导和有关部门的书面文字材料。大队思想动态分析材料，是戒毒人员思想动态的真实反映，是制定安全防范措施，确保场所稳定的重要依据。

思想动态分析材料撰写要领：大队思想动态分析材料一般由以下部分组成：开头，可进行总体阐述；第一部分，对辖区戒毒人员的改造表现进行分类排队，按稳定、基本稳定、不稳定三个层次进行分析、预测；第二部分，对辖区戒毒人员带有隐蔽性、倾向性的思想问题，进行深入细致分析，并从中找出共同的、带有普遍性的问题；第三部分，对影响场所秩序的典型个案进行深入剖析；第四部分，针对共同的、带有普遍性的问题和典型个案提出预防或防范措施。

思想动态分析材料要求准确、全面、规范。三层次分析、预测清晰，带有隐蔽性、倾向性的思想问题分析明了，重点人员、重点问题分析透彻，提出的防范性措施针对性强、可行性强。

思想动态分析报告表（山西省）

在册人数	在所人数			在外人数			
	实有人数	外诊人数	探视人数	刑事特情	所外就医	历年在逃	逾假不归
人员分类构成	类别	二戒以上	外省人员	少数民族	重点病号	化学合成毒品人数	其他
	人数						
	比例						
思想状况分类	类别	一类	二类	三类	四类	五类	六类
	人数						
	比例						
戒治阶段划分	阶段	脱毒期		康复期		回归期	
	人数						
	比例						
备注	1. 动态分析按在所人数分析，统计时间每月 25 日 24 时截止。 2. 戒毒人员思想状况一栏，一类为思想稳定、表现积极的人员，二类为思想较稳定、表现一般的人员，三类为思想不稳定、表现消极的人员，四类为危险分子，五类为难矫治人员，六类为内控人员。如本月无四类、五类人员，必须确定并填写六类。 3. 大队每月向教育科上报，教育科于每月的月底前上报省局教育处。 4. 遇重大国际国内事务、活动，应及时填报。 5. 采用 A4 纸填报思想动态分析报告内容，连同本报表一并上报。要求报告内容重点突出，形式规范，仔细说明基本情况、针对上次分析会分析出的问题而采取的措施及实施效果、共性思想倾向、个性问题、思想预测和针对性措施。						

○ 讨论材料

讨论材料 4　某强制隔离戒毒所某大队思想动态分析

某强制隔离戒毒所某大队某月某日上午召开了戒毒人员思想动态分析会议。大队 12 名民警全部到会参加会议，大队教导员主持会议。

一、戒毒人员基本情况

大队强制隔离戒毒人员在册××人，在队××人。二次强制隔离戒毒的有××人；外省籍××人；特类人员××人。

一类人员××人，主要表现为思想稳定，学习劳动表现积极，能积极进行戒毒康复。

二类人员××人，主要表现为思想比较稳定，表现一般。

三类人员××人，主要表现为因患病思想不稳定，戒毒矫治表现消极。

六类人员××人，主要表现为近期因主、客观原因导致存在一定戒治或行为安全隐患的人。

二、戒毒人员共性思想倾向

本月戒毒人员大部分能够遵守所规队纪，思想比较稳定，同时也能较好地完成队里分配的各项任务，大队戒治秩序良好。

共性问题：戒毒人员个人养成总体水平不高，尤其在组内养成表现较差。

三、个性问题分析和措施

高某，三类人员，男，汉族，山西大同市人，戒期2年，该学员入所前曾自残，入所后多次顶撞民警和医务人员，并吞下缝纫针一枚。措施：①加强加大教育引导力度，促进其能正确认识自己所犯的错误并尽早改过。②值班民警加强对其检点，防止事件再次发生。③配合医务人员为其积极治疗。④设专人包教包夹稳定其情绪。⑤必要时提请使用束缚椅等保护性措施。

任某，三类人员，男，汉族，陕西人，戒期2年。该戒毒人员为第四次戒毒，吸毒方式以注射新型毒品为主，该戒毒人员年龄虽小，却生活经历丰富，曾在多地流窜，目前还不能安心戒治，为此大队将其定为三类人员，值班民警需加强对其关注。

包组民警需加强对其开展个别教育，进一步摸排其思想，帮助其戒毒康复的同时，重点帮助其重新树立正确的人生观、价值观，必要时设专人包教包夹，促使其尽快适应大队戒治生活，安心戒治。

郝某，三类人员，男，汉族，山西省阳高人，戒期2年。该戒毒人员性格较内向，入所以来，与队内其他戒毒人员交流少，曾因琐事与他人发生口角，经值班民警教育后仍不思悔改，后又报复打人，严重破坏所规队纪，在集体中造成了不良影响。措施：①提请延长强制隔离戒毒期限。②继续加强教育引导，促进其能正确认识自己所犯的错误并尽早改过。③值班民警加强对其防控，防止事件再次发生。④设专人包教包夹稳定其情绪。

【讨论目的】通过讨论，学生能掌握思想动态分析程序及要求。

【讨论提示】根据上述材料，制定整改措施。

讨论材料5　某强制隔离戒毒所某大队思想动态分析报告

一、某大队戒毒人员基本情况

在册人数××人，在所人数××人，所外××人，外省籍××人，二次强制隔离戒毒以上人员××人，特类××人，一类××人，二类××人，三类××人。一类人员思想稳定，表现积极，遵守所规队纪，能完成大队交给的各项任务，能积极进行戒毒康复。二类人员思想比较稳定，表现一般，虽能完成大队交给的任务但缺乏主动性，多存在侥幸心理，应对其多引导、多教育、多关注，及时鼓励思想行为有所转变的戒毒人员，以达到带动大部分戒毒人员的目的。三类人员表现一般，还有部分病号戒毒人员和新戒毒人员，针对这部分戒毒人员有措施有计划，合理分化瓦解矛盾情绪，加强谈话教育，严格落实包夹包教措施，促使其向好的方向转变。

二、戒毒人员共性思想倾向

1. 换季时节，戒毒人员感冒的较多，一方面配合医务所处置，另一方面加强戒毒人员防病教育。

2. 临近评估，戒毒人员情绪有波动，主要体现在组织亲情电话时，话题主要与评估后的审批有关。

三、个性问题分析和措施

1. 新戒毒人员的个性问题。张某，榆次人，曾在山西榆次、太原、大同多地打工后返回原籍，主要从事钢筋焊接，1999年开始吸毒，2003年开始吃曲马多，2005年因伤害判刑1年6个月，2010年因吸毒被公安机关决定强制隔离戒毒2年。家中老母亲81岁，4个哥哥，1个弟弟。左腿有病，走路一瘸一拐。

2. 病号问题。

（1）刘某，大同矿区人，戒期2年，该戒毒人员身体偏瘦，体质较差，入所当天就出现腹泻、呕吐等症状，自诉有癫痫病史，下队后多次发病。刘某最近情绪较好，也没有出现发病情况。采取措施：生活上加强关心，发现病情及时就医，在习艺劳动上给予照顾，思想上要加强疏导，使其安心戒毒。

（2）徐某，晋中市人，戒期2年，经了解该戒毒人员患有鼻窦炎（药不离身）、间歇性癫痫的病症（入所后多次发作），下队后多次突发癫痫症状，经医务所及时处置，现在稳定。鉴于该戒毒人员的病情突发可能性较大，需加强对其的包夹包教工作，密切关注其病情变化，及时就诊，加强心理引导，使其安心戒治。

【讨论目的】通过讨论，学生能学会撰写大队思想动态分析材料。

【讨论提示】根据上述材料，每人撰写1份大队思想动态分析材料。分组对所撰写的思想动态分析材料进行评议，从中推荐3份材料参加全班评比。全班集中，教师对每组推荐的思想动态材料进行点评。

讨论材料6　某大队某年某月份思想动态分析报告

一、某大队戒毒人员基本情况

在册人数××人，在所人数××人，二次强制隔离戒毒以上××人，外省籍××人，特类××人，一类××人，二类××人，三类××人。一类人员思想稳定，劳动积极，遵守纪律，能保质保量完成大队交给的各项任务；二类人员思想比较稳定，表现一般，对这类人员多教育引导，使其尽快成为一类戒毒人员；三类戒毒人员思想消极，存在得过且过想法，还有个别有病戒毒人员，对这类戒毒人员要进一步加强谈话教育，严格管理，使这类戒毒人员能尽快改掉恶习。

二、戒毒人员共性思想倾向及共性问题

1. 天气转冷，早晚温差大，教育戒毒人员及时增减衣物，防止感冒，不喝生水，预防肠道疾病。另外，对一些隐性疾病进行摸排，对有病症的戒毒人员及时带其就医。

2. 9月份参加评估的戒毒人员比较关心自己的考核结果。

三、个性问题分析及采取措施

戒毒人员赵某，清徐县人，身体状况不好，高血压、心脏病、头晕，有家族遗传史，父亲前几年因心脏病发作去世，母亲也患有高血压。采取措施：①包教包夹到位，包教民警宋某，包夹戒毒人员为李某、王某。②生活上多关心，工种上合理安排。③身体不适及时与医务所联系。

【讨论目的】通过讨论，学生能学会撰写大队思想动态分析材料。

【讨论提示】根据上述材料，每人撰写1份大队思想动态分析材料。分组对所撰写的思想动态分析材料进行评议，从中推荐3份材料参加全班评比。全班集中，教师对每组推荐的思想动态分析材料进行点评。

学习任务九　安全隐患排查

一、管教安全隐患排查

管教安全隐患，是指可导致强制隔离戒毒场所发生管教事故的物的危险状态、人的不安全行为及其制度缺陷或管理漏洞。在场所安全防范中，管教安全隐患排查主要是以消除管理与矫正教育过程中的各种事故隐患和防范漏洞为目的，依据国家的法律、法规、政策和场所安全管理的规章制度，通过现场检查、实地巡视、数据分析、收集意见等途径或方法，及时发现和消除各种安全风险、事故隐患、管理漏洞，并采取针对性防御对策和整改措施的总称。

一般情况下，管教安全隐患排查应当包括以下三个方面的基本范畴：①物的危险状态的排查。主要是排查物防设施、技防设备存在的安全漏洞或危险因素以及违禁物品的流入。包括场所的物防设施、技防设施、照明设施、通信设施，以及监控系统的缺陷或漏洞及非场所应有的危险、危害品等。②人的不安全行为的排查。既排查戒毒人员中存在的各种不安全、不稳定的潜在危险因素和现实危害行为，也排查民警中存在的思想麻痹、失职渎职、违章违纪、冒险蛮干等不安全行为。③制度缺陷或管理漏洞的排查。例如：制度不健全、不完善，执行制度不严格；管理措施不规范、不到位；安全责任不明确、不落实；领导失职，检查、督促不力；关键、薄弱环节失控；等等。另外，缺乏应对突发性自然灾害事故的具体措施及其应急预案，也属于管教安全隐患的范围。

（一）物的危险状态的排查

1. 排查围墙、警戒线、警戒隔离带、窗户栅栏、铁门等警戒隔离设施是否完好，有无危情或人为破坏的现象；围墙外 10 米、内 5 米范围视线是否良好，有无堆放杂物、攀缘物等；对警戒设施是否定期检测和维修维护，并有详细记录。

2. 排查探测仪、安检门、视频监控、应急报警、门禁控制、电子巡更、监听呼叫对讲广播、人员定位系统等监控设施运行是否正常，管理、使用及维修维护是否及时，并有详细记录。

3. 排查探照灯、墙灯、路灯、隐蔽灯和各种应急照明工具等照明系统设施是否完好，运行是否正常；能否及时维修维护，并有定期检测和维修维护记载；各种电源、开关（箱）是否安全可靠，有无戒毒人员直接掌管现象。

4. 排查电话、电铃、报警器、对讲机等有线、无线通信系统设施运行是否正常，管理是否规范，维修维护是否及时，记录资料是否完善。

5. 排查警戒设施管理、维修、维护人员有无失职、渎职行为；场所是否对疏于管理、维修和维护，对造成管教事故的责任人追究责任。

6. 排查有无违禁物品、危险物品流入，或者戒毒人员是否与有关外部人员及有可能进入所区的相关人员勾结企图私带违禁物品、危险物品入所，包括传递或藏匿毒品、香烟、注射器、现金、通信工具、绳索、刀具等。

（二）人的不安全行为的排查

1. 各级领导、民警对场所安全工作重视程度的排查。

（1）排查各级领导和民警是否坚持"稳定压倒一切"的思想，是否树立安全意识、大局意识、责任意识和忧患意识。

（2）排查是否按照上级部门、场所有关精神和要求，严密组织部署安全排查工作，有无具体贯彻落实的方案与措施。

（3）排查是否定期召开会议分析研判管教安全工作存在的问题，对管教安全严峻性达成共识，相互间工作是否协调，是否能保持政令畅通，令行禁止。

（4）排查是否严格落实安全承包责任制，领导是否经常深入基层大队检查、指导和督促安全防范工作。

（5）排查是否存在畏难情绪和消极厌战的思想，民警是否存在麻痹思想和侥幸心理。

2. 文明公正执法情况的排查。

（1）排查执法是否文明公正，操作是否严格规范，有无突破现行法律框架或其他违反法律规定的行为，有无利用办理减期、所外就医或其他职权接受贿赂、馈赠，谋取利益的行为，有无徇私枉法、徇情枉法现象。

（2）排查有无将民警行使的职权交予戒毒人员的行为，有无打骂、体罚、虐待戒毒人员的现象，或指使他人打骂、体罚、虐待戒毒人员的行为，有无以关代管、以管代教、超期单独管理、滥用警戒具的行为。

（3）排查戒毒人员奖罚能否严格按照《戒毒人员日常考核奖惩办法》的规定执行，能否做到公平、公正、公开，能否按照考核奖惩程序严格进行考核。

（4）排查在工种调整上，能否依据规定集体研究，是否存在徇私枉法、徇情枉法的现象。

（5）排查《戒毒人员一日戒治规范》的执行情况，戒毒人员是否存在不按时起床、洗漱、整理内务卫生，是否存在上课不遵守纪律、完不成作业，习艺劳动是否不按照操作规程进行，是否能够配合大夫积极治疗等情况。

（6）排查有无违反规定擅自批准或带领戒毒人员探访、购物、拨打亲情电话，有无民警因私照顾的"特殊戒毒人员"现象，有无戒毒人员所内高消费现象。

（7）排查有无民警职工违反规定将手机等通信工具带进管教区或交予戒毒人员使用的行为，有无民警为戒毒人员"捎、买、带"现象。

（8）排查有无超时、超体力劳动现象，戒毒人员劳动保护用品是否按照国家有关规定配发使用。

（9）排查有无使用戒毒人员干私活，私自接待戒毒人员亲属和关系人，有无扣押、拖延戒毒人员申诉、控告信函，有无扣押、挪用、侵占戒毒人员伙食费和其他财物，有无与戒毒人员攀亲结友、发生经济来往、私放戒毒人员。

3. 重点人员的排查。所谓重点人员，是指强制隔离戒毒人员中那些基于一定的事由，被所区管束的重点控制对象。重点人员分为危险分子、难矫治人员、内控人员三类。

（1）危险分子的排查。以现实表现为基础，结合可能性预测，排查戒毒人员是否有下列情形：涉恶涉黑人员；有脱逃、行凶、闹事、自杀等危险倾向的人员；情绪、行为反常，对生活失去信心的人员；遭遇重大变故和打击的人员；有严重心理障碍的人员；负案、存在"三假"问题或经本所、公安机关查证有其他犯罪嫌疑的人员；没有戒毒决心、稽延性症状严重、对毒品渴求强烈的人员；尚未脱毒、以种种借口抗拒矫治教育、有袭警危险的人员；患有严重疾病、可能发生伤亡危险的人员；非法宗教类戒毒人员；等等。凡有上述行为的可定为危险分子。

（2）难矫治人员的排查。通过思想动态分析，排查戒毒人员是否有下列情形：恶习深，不服从管理，拒绝接受戒治的人员；以自伤、自残、自杀、绝食等手段抗拒，经教育不改的人员；因种种原因导致情绪不稳定，经教育无效的人员；在所内拉帮结伙、恃强凌弱、打击报复的人员；捣乱、破坏场所秩序，抗拒劳动、无故不参加教育活动，屡教不改的人员；有逃跑史仍有逃跑迹象的人员；有其他违法违纪行为经教育不改的人员。凡有上述行为的可定为难矫治人员。

（3）内控人员的排查。通过对戒毒人员进行摸排，排查戒毒人员是否有下列情形：少数民族人员；自由活动人员和零散人员；班组长、民管委员；所外人员；病残和特殊病号人员；性格孤僻、内向，不善于表现和语言表达的人员；具有军队服役经历、当过警察或受过特殊技能训练、具有特殊技术的人员。凡有上述情形之一的可定为内控人员。

排查的方法：思想动态分析，人身检查，毒品检测。

每个月不定期对戒毒人员进行尿检抽查，做好对重点人员和骨干戒毒人员的尿检工作，对因所外就医、探视归队回所的戒毒人员进行物品检查和尿检。

（三）制度缺陷或管理漏洞的排查

1. 管教制度的落实情况。

（1）排查民警岗位责任制是否落实到位，是否按时到岗到位、严格履行职责，有无脱岗、窜岗、睡岗现象。

（2）排查大门、大队门卫管理制度是否落实到位，是否严格对戒毒人员的出入门管理，是否严格查验身份制度，有效防止各种违禁品流入所内。

（3）排查宿舍是否由大队民警或值班民警亲自点名，并有登记，夜间巡逻、查岗是否严格细致，监控值班民警是否认真履行职责，按时按次按规定汇报当班情况。

（4）排查戒毒人员出收工是否由值班民警亲自接送，责任民警能否按时出收工，有无迟到早退现象，戒毒人员出收工是否严格执行点名制度，戒毒人员民管委、班组长、互帮小组防范制度，能否得到有效落实。

（5）排查对零散人员是否建立和落实有效的监控和巡查制度，有无长时间脱管、失控现象。

（6）排查戒毒人员"三大现场"（生活、学习、习艺现场）是否由民警直接管理，有无脱管、失控现象。

（7）排查戒毒人员外出就诊是否严格审批手续，警力配备是否符合要求，是否有交通事故、堵车等应急预案。

（8）排查门卫、民管委、班组长等勤务人员，是否按要求严格选用，并严格各种审批、备案手续，对勤务人员是否做到严格管理，是否能按期实行轮换。

（9）排查戒毒人员探访、拨打亲情电话时，监听、监控、监视制度是否落实，记录是否详实。

（10）排查有无使用戒毒人员整理、抄写、保管执法文书、工作计划、工作总结等材料的现象。

（11）排查谈话室、各类库房及空置房钥匙是否由民警亲自掌管。

2. 重点人员的管控情况。

（1）排查对涉恶涉黑人员的掌控情况。

（2）排查对事实上有暴力倾向人员的管控情况。

（3）排查对负案人员的管控情况。

（4）排查对恶习深、不服从管理、抗拒戒治人员的管控情况。

（5）排查对严重心理障碍人员的管控情况。

（6）排查对没有戒毒决心、稽延性症状严重、对毒品渴求强烈人员的管控情况。

（7）排查对尚未脱毒、以种种借口抗拒戒治、袭警人员的管控情况。

（8）排查对犯有现行重大违纪事实待处理人员、病患严重、可能发生伤亡事件人员的管控情况。

3. 重点部位的管控情况。

（1）排查民警谈话室、值班室、各类库房、储藏室、礼堂、餐厅、教室、活动室、展览室等管教区的钥匙，有无戒毒人员掌管或由戒毒人员和民警双重掌管现象，储藏室戒毒人员物品是否定点、定位存放，有无存放戒毒人员非生活用品现象。

（2）排查餐厅、洗漱间、厕所、澡堂、茶炉房、医院候诊室有无堆放杂物，管理是否有序，进入这些场所是否进行严格的查验身。

（3）排查地下管道、井盖、顶楼平台门、防护栏、门窗等设施是否完好，是否每日进行安全检查，记载是否详实。

（4）排查大门、大队大门或其他通道门及其门禁系统运行是否正常，是否严格执行闭锁操作，发生故障能否及时维修维护，记载是否详实。

（5）排查警戒具、警戒护卫器材是否依法使用，是否经常维修维护，保持完好状态。

（6）排查习艺车间是否有小角落、小空间等管理死角和盲区。

4. 重要物品的管控情况。

（1）排查戒毒人员有无私藏现金、毒品、手机、酒类、便衣、刀具、淫秽书刊、影像等违禁物品现象。

（2）排查易燃易爆品、油脂类物品、强酸碱类物品、工业有毒品等化学物品是否由民警直接管理，以上物品出入库手续是否齐全，使用记载情况是否详实。

（3）排查劳动工具如菜刀、剪刀、手钳、改锥、扳手、锹、镐、锤等劳动工具是否登记造册，是否有民警直接管理，出入库、报废手续是否齐全，使用时是否与操作台固定链接，并在民警的监督下使用；使用记载情况是否详实。

（4）排查梯、架等攀高类工具和物品是否集中管理，使用是否严格履行审批手续，使用后是否及时归还，有无不入库过夜现象。

（5）排查电脑、影碟机等播放类影像设备是否由民警直接管理，戒毒人员使用时民警是否进行有效监督。

（6）排查药品、医疗器械是否由民警直接管理，戒毒人员有无保管大量药品现象，戒毒人员生活用具、用品是否做到规范化定置管理。

5. 重点时段的管控情况。

（1）排查戒毒人员出收工期间是否严格按规定加强管理，清点人数，严格查验身。

（2）排查就餐时间、加班期间、民警补空值班期间是否加强防范，严格管理。

（3）排查外出就诊、调遣期间是否按规定穿着戒毒人员标志服，是否严格进行查验身,是否有效加强警力,严密防范。

(4)排查节假日(特别是重大节假日)、政治敏感期、重要活动期间、外来人员参观、警示教育、上级领导检查、指导工作期间是否采取切实有效措施,加强管理。

(5)排查风、雨、雷、电、雪、沙尘暴等恶劣天气期间、自然灾害发生期间以及大面积、长时间停水停电期间,是否采取相应的应对措施和预案。

6. 外协人员的管理情况。

(1)排查对外协人员进出场所,是否进行严格的审查,是否办理相关出入证件、手续。

(2)排查对外协人员进出场所,是否有相关的安全管理、教育培训等制度。

(3)排查对外协人员进出场所,是否严格专人接送制度。

(4)排查民警对生产现场外协人员监控制度执行情况。

(5)排查外协人员有无为戒毒人员捎买带现象,有无在警戒管教区内随意活动、认老乡、交朋友的现象。

(6)排查进出场所的车辆,是否由民警专人跟车接送,车辆在警戒管教区内停留期间,驾驶员是否遵守不离开车辆、发动机熄火、门窗上锁等要求和规定。

二、生产安全隐患排查

强制隔离戒毒场所生产安全隐患排查的主要内容包括:安全生产责任制是否健全,分工和责任是否明确;安全生产管理制度是否健全;安全教育与培训制度是否落实;安全操作规程、安全检查制度、事故调查和责任追查制度等是否落实;习艺劳动现场安全管理的规章制度,诸如急救、事故应急处理、消防管理等制度是否健全;安全生产监督管理是否到位。

(一)生产安全管理制度的排查

生产安全管理制度是强制隔离戒毒场所安全生产的制度保障,生产安全管理制度的缺失或落实不到位,都可能导致安全生产管理失灵,造成事故。因此,对强制隔离戒毒场所生产安全管理制度的建立及落实情况的排查,应当把握以下几方面的主要内容:

1. 排查安全生产责任制度的建立和执行情况。在习艺劳动中,场所主要负责人应对本单位的安全生产工作全面负责,其他各级管理人员、职能部门、技术人员和各岗位操作人员,应当根据各自的工作任务、岗位特点,确定其在安全生产方面应做的工作和应负的责任,并与奖惩制度挂钩。检查的要点如下:

（1）领导负责制。强制隔离戒毒场所必须制定安全产生责任制，明确领导责任。按照法律、法规和国家有关规定，结合本场所具体情况，做好安全生产的计划、组织、指挥、控制、协调等各项管理工作。根据分管部门确定领导的安全责任和权力；应依法设置安全生产的管理机构、配备管理人员，建立健全本单位安全生产的各项规章制度并组织实施，做好对从业人员的安全生产教育和培训，搞好生产作业场所、设备、设施的安全管理等。

（2）安全生产责任制体系。通过建立安全生产责任制体系，使各级领导在管理戒毒人员的同时，承担安全生产管理责任，把单位的人、财、物都纳入安全生产管理体系，实现责权利统一，把场所各岗位人员纳入安全生产管理体系，实现安全生产目标管理。

（3）管教、生产、警戒护卫等部门的安全生产责任制的制定与执行情况。

2. 排查安全技术培训教育制度的建立和执行情况。搞好安全技术培训教育工作，是增强民警安全生产意识和责任感、提高戒毒人员习艺劳动技能的重要手段。强制隔离戒毒场所应当把安全技术培训作为戒毒人员"三课"教育的重要内容，坚持"强制培训、分级管理、统一标准、考核发证"的原则，有计划、有步骤、有重点地抓好对戒毒人员的三级安全教育和技术培训工作。因此，主要排查"三级安全教育与技术培训制度"、特殊工种培训制度制定与执行情况。具体排查新上岗戒毒人员是否严格执行三级安全教育培训制度，排查变更工种的戒毒人员是否落实安全技术培训制度。

3. 排查安全操作规程的制定和落实情况。加强安全操作规程的管理，严格落实责任，不断提高戒毒人员在习艺劳动中的操作技能和水平，是实现强制隔离戒毒场所安全生产的根本保障。排查安全操作规程的落实情况，应当把握如下内容：

（1）排查操作规程制定情况。机械设备、重要工艺流程、用电、电气焊等必须制定操作规程，上墙公布。

（2）排查各工种岗位戒毒人员学习掌握安全操作规程的情况；各大队、各工种是否严格按照安全技术操作规程的有关规定实施操作的情况。

（3）排查重要设备操作人员能否熟练掌握本岗位安全技术操作规程，不能熟练掌握本岗位安全技术操作规程的人，必须撤离岗位，进行培训。

4. 排查设备使用和维护保养制度执行情况。强制隔离戒毒场所生产中的设备维护与保养，既是一项生产管理制度，也是一项安全管理制度，通过排查设备使用和维护保养情况，确保设备安全，使大队了解设备运行情况，防止破坏设备事件发生。排查要点如下：

所有设备是否均严格按照设备操作（使用）维护规程和完好标准进行使用和维护；排查新戒毒人员在独立使用设备前，是否经过培训考试合格后上岗操作；排查是否贯彻设备使用与维护相结合的原则，设备谁使用、谁维护并实行专人负责制；排查高值精密设备操作戒毒人员是否执行设备交接班制度，认真填写交接班记录；排查设备运行中发现的异常问题，是否能及时报告值班民警，当面排查；排查能否严格执行日常维护保养和定期维修保养制度，确保设备经常保持整齐、清洁、润滑、安全运行；排查关键设备和主要设备是否由民警担任第一责任人，并进行现场管理和监控；排查锅炉、压力容器地面起重设备是否严格按照地方质量技术监督部门的有关规定进行使用和管理，定期进行检测和预防性试验；排查仪器、仪表是否有严格的管理制度。

以上排查，以现场检查方式为主，辅之以抽查、突查或查看工作记录为辅的方式进行。

（二）生产现场安全管理的排查

推行"7S"管理，即整理（sort）、整顿（streighen）、清扫（sweep）、清洁（sanitary）、素养（sentiment）、节约（save）、安全（safety）是确保生产安全，提高生产效率和产品质量的关键环节。生产现场安全管理排查内容主要有以下几方面：

1. 排查值班民警现场安全管理情况。现场检查值班民警是否存在违章指挥的行为，戒毒人员在习艺劳动中是否存在违章生产、违规操作的行为。

2. 排查生产设施设备定置管理情况。现场检查生产车间或工序的设备是否分类安装摆放，并成条成线、整齐划一；各车间、工序是否制作定置管理图，情况变化时是否及时修正；各种设备是否有明显标识；生产成品或半成品摆放是否有序，并附相应标识；对维修工具摆放是否放在规定的工具箱内。

3. 排查生产现场物料管理情况。现场检查物料管理是否规范，是否摆放与本工序生产无关的原材料或其他物品；原材料和产品是否按规定堆放，数目是否清楚；车间疏散通道是否通畅。

4. 排查劳动工具管理的情况。排查民警是否严格落实工具管理制度，坚持亲自从工具库房领出工具，发放给戒毒人员，并做好记录，有效防止戒毒人员利用生产工具发生严重违纪行为；锐器性工具（剪刀、锉刀等）、危险化学品等是否进行定位管理、专人管理，保证生产现场的危险品、违禁品、工具及生产材料等不流入戒毒人员生活区；缝纫加工车间的剪刀、纱剪是否采取链锁管理，并在收工时进行清点；加工车间的锉刀、凿刀等锐器或使用的维修工具，是否实行"出工发放，收工收回"制度，决不让戒毒人员带出车间。

5. 排查危险品管理情况。排查生产车间是否存在非法制作行为、是否藏有易燃、易爆等物品；排查生产车间是否有完善的火源管理制度，并在明显的位置张贴；排查灭火器能否正常使用；排查每个大队每年是否组织不少于2次的消防演练，推动消防演练由"有准备、疏散及时"阶段向"无准备、有秩序"阶段发展，做到习艺劳动现场人人会使用灭火器，人人会逃生自救，人人会扑灭初期火。

6. 排查戒毒人员落实安全生产制度的情况。排查戒毒人员是否遵守劳动纪律和严格操作规程，坚守操作岗位，不擅自窜岗或窜区域；习艺劳动中需要流动时是否报告现场值班民警审批。

7. 排查对外协人员的安全管理与教育的情况。排查强制隔离戒毒场所是否落实向外协人员传授安全防范知识与安全保护措施，值班民警应告知外协人员在传授工艺、产品质量检验过程中要时刻保持警惕，注意察看戒毒人员行为动向，确保自身安全。

（三）重大危险源管理的排查

从强制隔离戒毒场所保障安全的实际需要出发，结合场所生产特点，重点排查机械伤害、用电安全、防尘、防毒、噪声控制等方面的危险源管理制度制定与执行情况。

1. 排查场所是否有对重大危险源管理的制度、排查、督查的措施；排查大队对重大危险源实施管理的制度，直接责任人是否明确。

2. 排查《工艺（操作）规程》、《安全技术规程》、《设备安全操作规程》、《消防安全制度》、《劳动工具管理制度》等制度中是否有对重大危险源的管理制度和具体措施。

3. 排查是否根据强制隔离戒毒场所《事故应急预案》对重大危险源紧急事故进行抢险救灾实施及日常演练，开展每年不得少于2次安全、消防应急演习活动。

（四）生产安全事故报告制度与执行情况的排查

排查生产安全事故报告制度是否健全，发生生产安全事故后，是否及时向上级部门报告，分析事故原因，追究责任人责任；排查发生事故的单位负责人接到报告后是否迅速组织抢救并在规定时限内向上级领导报告；排查是否存在瞒报、迟报现象；事后是否填写"事故报告表"交上级部门，并记录事故现场情况，制作事故档案，以备查用。

该项排查主要排查工作记录，或排查人员根据掌握的案例材料排查对应的工作记录。

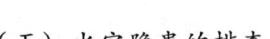

（五）火灾隐患的排查

1. 重点排查人员密集的习艺劳动场所的火灾隐患。强制隔离戒毒场所各部门应从全国各地重特大火灾事故案例中吸取教训，总结分析本部门的薄弱环节，切实提高思想认识，增强忧患意识，充分认识开展火灾隐患专项整治行动的重要性和必要性。重点排查工作措施是否得到落实，重点劳动项目、重点场所、重点区域存在的问题是否得到改正，重点隐患是否消除。

2. 排查有无锁闭、封堵或占用疏散通道、疏散楼梯或安全出口，影响安全疏散的；排查疏散通道、疏散楼梯、安全出口处设置的铁栅栏，在公共区域的外窗及住宿房间的外窗安装金属护栏，这些防范措施是否与消防管理相适应，是否存在严重的消防安全隐患；疏散指示标志是否清晰，火灾应急照明灯是否被遮挡、覆盖；是否在人员密集场所违反消防安全规定，使用、储存易燃易爆化学物品；大队是否存在擅自改变防火分区，容易导致火势蔓延、扩大；高火险生产现场和库房火灾自动报警系统和自动灭火系统是否完好有效；建筑物内进行电、气焊等明火作业时，是否将施工区和使用区进行防火分隔、是否清除动火区域的易燃可燃物、是否配置消防器材、是否安排专人监护；排查有无防范戒毒人员在生产区和库房故意放火的措施；排查有无对戒毒人员消防安全教育制度和记录，火灾演练制度和记录；排查有无火灾预案管理制度，特别是发生火灾时维持现场秩序保障管教安全的措施；排查是否存在违反规定在管教区内储存甲、乙类火灾危险性物品的情况。

三、公共卫生事件隐患排查

（一）所内公共卫生安全制度执行情况的排查

建立所内公共卫生安全制度，是确保管教场所安全稳定的需要。对所内公共卫生安全制度的排查要点如下：

1. 排查强制隔离戒毒场所是否落实所内公共卫生、防疫职责。贯彻《传染病防治法》、《食品卫生法》，积极配合强制隔离戒毒场所医院（卫生所）开展卫生防疫工作和食品卫生工作，实现无传染病暴发流行、无食物中毒事故，保证场所的持续安全稳定。

2. 排查强制隔离戒毒场所是否保证食品安全。食堂是否认真贯彻《食品卫生法》，遵守食品卫生工作规范，严格执行"五三"制：

（1）"三不"：采购员不进腐烂变质原料；保管员不收腐烂变质原料；炊事员不加工变质原料。

（2）"三隔离"：生、熟隔离；成品、半成品隔离；食品、杂物隔离。

（3）"三勤"：勤洗手，剪指甲；勤洗澡，勤理发；勤洗衣，勤换工作服。

（4）"三过关"：一洗；二冲；三消毒。

（5）"三定"：定人；定物；定质量。防止戒毒人员出现"食源性疾患"；是否按照食品卫生要求，规范操作工艺流程；是否严格把好戒毒人员食堂操作人员关，严格甄选无传染病、慢性病的戒毒人员担任炊事工作，定期健康排查，健全健康档案及各种台账。

3. 排查强制隔离戒毒场所生活卫生条件，是否符合执法规范的要求。排查要点如下：排查戒毒人员的生活标准，是否符合国家有关规定，按实物量计算达标；排查给戒毒人员配发的被服和戒毒人员对被服的使用情况，能否满足戒毒人员生活和劳动需要，保证戒毒人员冬夏季节有适宜的服装，冬季劳动服装防冻保暖；排查戒毒人员居住的宿舍，是否符合司法部有关规定。

4. 排查强制隔离戒毒场所医疗机构和生活、卫生设施，戒毒人员生活、卫生制度建设及执行情况。戒毒人员的医疗保健，有无列入所在地区的卫生、防疫计划；出现严重工伤及重大疫情，能否及时与戒毒局或地方的定点医院取得联系，使戒毒人员得到救治，控制疫情；排查有无戒毒人员有病、伤得不到治疗的情况，有无传染病戒毒人员未及时进行隔离治疗情况。

5. 排查强制隔离戒毒场所是否对公共卫生污染源进行清理和控制。强制隔离戒毒场所在习艺劳动和生活过程中会排放污染物，规模化养殖场也会排放污染物，对这些污染物进行检测，包括污染来源、主要污染物排放量、排放规律、污染治理设施及其运行情况等检测指标。治理生活污染源排放的以污水、垃圾和医疗废物为主的污染物，保障所内公共卫生安全。对强制隔离戒毒场所公共卫生污染源清理控制的排查措施包括：

（1）排查强制隔离戒毒场所在生活和卫生上能否保证戒毒人员的正常需要，在吃够实物量标准的同时尽可能改善戒毒人员生活，合理进行营养搭配；排查戒毒人员有病能否得到及时医治；排查戒毒人员能否正常的休息和给予必要的劳动保护等。

（2）排查强制隔离戒毒场所食堂有无餐饮食品留样制度及执行情况。

（3）排查强制隔离戒毒场所生产区和宿舍的水房、卫生间、下水道、化粪池是否定期排查、消毒；排查生产区和生活区的垃圾场、污水池是否定期排查、消毒；排查养殖场排放污染物的处理设施和措施是否符合公共卫生要求；排查强制隔离戒毒场所周边有无影响场所的有害气体污染源。

（二）所内传染病预防的排查

强制隔离戒毒场所作为收治戒毒人员的密集场所，随时面临着突发公共卫生

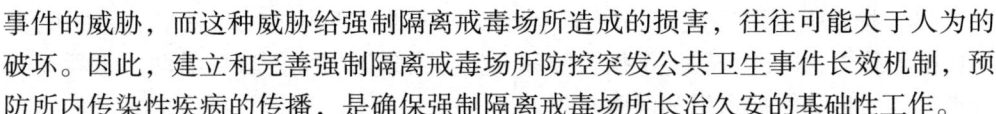

事件的威胁，而这种威胁给强制隔离戒毒场所造成的损害，往往可能大于人为的破坏。因此，建立和完善强制隔离戒毒场所防控突发公共卫生事件长效机制，预防所内传染性疾病的传播，是确保强制隔离戒毒场所长治久安的基础性工作。

1. 强制隔离戒毒场所疫情防范应急保障机制的排查。

（1）排查强制隔离戒毒场所疫情防范应急保障机制。排查的主要内容：一是排查戒毒人员衣、食、住、医等方面的工作能否做到有机结合，符合生活卫生要求。二是出现疫情能否及时发现，并有效应对，使戒毒人员安心戒毒，维护正常的戒治秩序。

（2）排查强制隔离戒毒场所疫情防控组织机构的建立健全工作。排查场所是否制定《公共卫生突发事件应急预案》，在发生重大突发公共卫生事件时，能否快速反应，协调各方面力量，迅速采取果断措施，及时有效处置突发事件。

（3）排查强制隔离戒毒场所疫情防控的制度建设情况。除了按照国家规定落实卫生防疫措施之外，是否制定《强制隔离戒毒场所系统传染病防治工作办法》、《强制隔离戒毒场所疫情预防与控制》等规章制度，并定期排查实施情况。

（4）排查强制隔离戒毒场所疫情防控应急预案制定工作。排查场所是否制定处置突发性公共卫生事件应急预案，并定期开展应急演练。通过演练，切实增强对公共卫生突发事件的预见性和防范意识，真正做到处变不惊、有备无患，不断提高强制隔离戒毒场所应对突发性公共卫生事件的处置能力。

（5）排查传染病报告制度建立和落实情况。排查所医务室贯彻《传染病防治法》情况，是否建立传染病报告制度。各单位能否做到传染病报告卡、专人负责，建立专门台账，严格执行传染病报告有关规定；加强艾滋病、结核病等督导管理；在新收治戒毒人员体检中开展 HIV 检测，对已感染患者做到规范、科学管理。

2. 强制隔离戒毒场所疫情防控机制的排查。

（1）排查强制隔离戒毒场所的疫情防控业务指导和业务培训工作。排查医务人员的疫情处置培训工作。所医务室能否经常组织医务人员，参加属地卫生行政主管部门举办的突发公共卫生事件应急处理相关知识、业务技能的培训，不断提高专业人员处理传染病等重大疫情和公共卫生突发事件的监测及应急能力；排查强制隔离戒毒场所与属地卫生主管部门和定点医院是否建立协作关系情况，是否与属地疾病防控中心建立起处置突发性公共卫生事件联动机制，在紧急情况发生时，协同作战，迅速采取措施控制局面。

（2）排查强制隔离戒毒场所疫情监控网建立与运行情况。排查强制隔离戒毒场所是否重视对疫情的日常监控。医务所负责进行巡诊普查，监测疫情动态。

（3）排查强制隔离戒毒场所是否能够充分利用所内报纸、图书、闭路电视和板报等载体，广泛开展传染病预防和卫生防疫知识的宣传教育活动，不断提高戒毒人员的自我保护意识和健康水平。

（4）排查强制隔离戒毒场所是否制定切实可行的预防与控制措施。在预防措施上，建立食品安全准入制、定期消毒制、饮食分餐制、传染病普查制等预防措施，从源头上切断疫情传染、蔓延的传播渠道，实现早预防、早发现、早报告、早隔离、早治疗；在控制措施上，要建立传染源隔离区、设立传染病专门病房，建立强制隔离制度；对患有艾滋病等高危传染病的戒毒人员，更要采取专人专控措施，防止在戒毒人员中造成心理恐慌，从而引发管教安全事故。

（5）排查重点患病人员治疗是否符合规范要求。对一般患病人员由民警带到所内医院诊治，重点患病人员要认真排查，查明是否是传染病，对诊断不明的患病人员要配足警力到定点医院诊治；排查患危重传染病的戒毒人员的排查隔离、治疗情况，严重传染病学员要转移到所外医院进行隔离治疗。

四、安全责任排查

强制隔离戒毒场所安全责任排查制度，包括以下几方面的内容：

排查基层民警责任机制建立情况；排查大队能否认真落实各项规章制度；排查安全目标责任管理体系有无盲区；排查安全责任追究制度是否健全，从目标、责任、排查、考核、奖惩等方面都要建立相关的激励约束机制。

（一）民警直接管理制度的排查

1. 排查各项登记记录工作是否有使用"拐棍"现象。

2. 排查大门、单独管理室、澡堂、空房间、库房等重点管理部位及其重要管理活动中是否有使用戒毒人员代行民警管理职权的现象。

3. 排查管教制度能否落到实处。坚持"三大现场不离人，24 小时不脱管"，对戒毒人员实施全领域、全方位、全天候管控，不留死角或盲区。

4. 排查戒毒人员进行集体性活动时，有无民警现场管理和监控。

5. 排查各种教育现场民警直接管理是否落实，是否做到：大会教育，民警亲自带队、整队、维护会场秩序；课堂教育，民警亲自带入教室、亲自点名、亲自维护课堂纪律；思想课，民警亲自授课、亲自批改作业；个别谈话教育、心理测试、心理咨询，民警亲自做好相关准备工作，做好记录；社会帮教活动，民警在现场亲自组织。

6. 排查生产现场民警直接管理是否落实，是否做到"五个到位"：一是跟班到位。戒毒人员前往习艺劳动车间，民警亲自带出带入，人数清楚、队列整齐、秩序井然。二是组织到位。对戒毒人员的劳动精心组织、合理安排，禁止班组长、民管委代行民警职责安排布置生产，习艺劳动现场认真落实巡查管理，维护良好的劳动纪律。三是点名到位。根据不同的条件，带班民警进行定时不定时的点名，做到"心中有数"。四是排查到位。在习艺车间，民警在具有安全保证的前提下深入戒毒人员劳动现场，排查戒毒人员的劳动纪律、劳动态度、掌握戒毒人员完成生产任务的数量和质量，排查安全生产规章制度落实情况，排查是否存在安全生产隐患和事故苗头，随时应对生产现场发生的突发事件。五是讲评到位。每次劳动结束，带班民警都进行劳动纪律、劳动态度、生产进度、效率、安全生产状况的讲评。

排查的方法是对上述"五个到位"落实情况进行抽查，并查看排查、讲评等组织活动的文档记录。

7. 排查习艺车间民警直接管理制度是否落实。排查执勤民警是否加强对戒毒人员出收工的直接管理，包括直接组织戒毒人员列队、清点人数、例行排查，带领戒毒人员前往生产区或返回宿舍区；排查民警是否自觉遵守警察规范，维护警察形象：在车间内按规定着制式服装，认真坚守岗位，认真履行职责；排查每个大队的生产现场是否配备有1名大队领导带班，并最少有2名以上民警执勤；排查执勤民警是否存在擅自离岗、在岗看书报、与他人闲聊等现象；排查执勤民警是否直接组织戒毒人员发放、回收劳动工具和原辅材料（包括生产所需的易燃易爆物品），并做好登记；对丢失的劳动工具和原辅材料是否追查清楚；排查执勤民警是否按规定及时清点戒毒人员人数；排查执勤民警是否严格按照规定程序办理外来人员及外来物流车辆进出强制隔离戒毒场所生产区的有关手续及在所内停放要求；排查执勤民警在装卸货物时是否实施全程监管；装卸货物完毕后是否清点戒毒人员人数；排查民警是否坚持"夜间不进行装卸货物"的原则；排查生产现场执勤民警是否树立"安全第一、人人有责"的观念，对生产现场突发事件坚持"谁先发现、谁靠前、谁先处置"的原则，把事故损失减少到最低限度；排查大队是否根据突发事件的不同性质、紧急程度等，制定有分别组织处置的预案，并按场所的规定要求和预案进行妥善处理。

（二）互帮小组制度的排查

排查互帮小组内包夹责任是否明确；排查互帮小组有无"单独活动、单人独处"现象；排查互帮小组有无同乡、同案人员。

（三）定时点名或清查人数制度排查

定时点名或清查人数制度排查主要是排查在一定的空间范围和时间节点上戒毒人员人数状况的制度。定时点名或清查人数制度排查主要包括以下内容：

1. 定时点名制度排查。

（1）排查有关场所和时间节点的点名制度是否符合以下规范：戒毒人员在宿舍内民警分时段点名；戒毒人员离开宿舍到学习、劳动场所或进行文化体育活动、看病等，民警带出点名、带入点名；有集合和位移必点名；在生产和学习活动中根据不同条件、不同情况进行期间点名，所内作业一般60分钟点一次名。

（2）不定时点名。根据不同条件，带班民警可进行不定时的点名，发现异常情况，随时点名，做到"心中有数"。

（3）排查有无依赖戒毒人员点名的现象。戒毒人员作业期间，定时点名必须由值班民警负责点名，不允许戒毒人员代替值班民警点名。

（4）排查有无对基层管理民警点名技能进行考核的规章制度和活动记录。民警做到对包教戒毒人员正面熟练点名。

2. 清查人数制度排查。

（1）排查清查人数制度的制定情况。出、收工清查，熄灯前清查，夜间查铺，遇突发事件立即清查。

（2）排查清查人数的方式。人数较少时报数清查，人数多时通过互帮小组清查，保证最短时间内了解人数是否短缺。

如需通过车、船等交通工具转移戒毒人员时，划小单位（不超过50人为宜）包干管理，随时清查人数。

（四）其他管教制度落实情况的排查

1. 排查预警制度和重大事件预案管理制度的建立情况。排查预警机制的信息搜集、分析系统是否建立，是否有相应制度、文字资料；排查所情研判制度是否完善，实现网络覆盖；排查预警制度的可行性、适用性；排查主要预案管理制度是否经过演练，排查预案管理制度演练的制度资料、图文资料，演练结果分析报告等。

2. 排查医务所安全责任的落实情况。戒毒人员采取伪病（包括假装食物中毒）或自残方式要求到所外医院进行治疗，然后在外诊就医途中伺机脱逃，这类事件在戒毒所已多次发生。凡是送戒毒人员到所外医院进行治疗的，必须有3名以上医生进行会诊，确定病情和有病戒毒人员实施危险行为的能力。

（1）排查所外就诊戒毒人员的医疗鉴定和伪病鉴别工作规范的落实情况；排查患病人员赴所外医院就诊工作安全排查制度落实情况；有戒毒人员采取伪病（包括假装食物中毒）或自残方式要求到所外医院治疗，然后在押送或治疗过程中伺机脱逃。因此强制隔离戒毒场所要建立制度，严格对到所外医院治疗的戒毒人员进行病情（伤情）鉴定。在看管或治疗过程中，配足警力，严密监控，防止意外事件发生。

（2）排查医疗应急机制建立和健全情况，做好戒毒人员非正常死亡的抢救工作。自杀、凶杀、工伤事故是造成戒毒人员非正常死亡的主要形式，医务所应制定制度，构筑避免发生戒毒人员非正常死亡的最后一道防线。因此要求医务所要针对这类事件制定应急抢救预案，每季度进行一次演练。

 讨论案例

讨论案例7

某月某日，某市强制隔离戒毒所集训队新收治戒毒人员 12 名。下午 4 时，大队长在队务会议上对安全防范作了重点部署，并交代 2 名民警即刻对新收治的 12 名戒毒人员的人身和所带物品进行全面检查。

【讨论目的】通过讨论，学生能学会新收治戒毒人员入所安全检查的方法。

【讨论提示】入所收治安全检查，是指强制隔离戒毒场所民警对新收治的戒毒人员的人身及所带物品进行查验的活动。通过查验活动，及时发现和消除入所收治时戒毒人员所携带的危险品、违禁品或作案工具，防止新收治的戒毒人员实施行凶、破坏、脱逃、自杀等违法犯罪行为，以确保戒毒场所的稳定和安全。根据上述情境，围绕下面的问题开展课堂讨论。

（1）对 12 名戒毒人员的人身和所带物品检查，分开检查好还是集中检查好，或者人员先集中检查，再进行物品检查？

（2）人身检查包括哪些内容？先后程序怎样为好？

（3）物品检查查什么？哪些物品属违禁品不能带？检查中发现危险品或违禁品该如何处理？

讨论案例8

2010 年 9 月 25 日，某省某强制隔离戒毒所一大队对大队安全情况进行排查。安全排查围绕确保国庆安全展开，排查范围包括戒毒人员思想动态的摸排、对违禁品的清查收缴和对安全设施的排查。安全排查工作分三步展开：一是 25 日上午由大队长主持召开思想动态分析会；二是 25 日下午由教导员负责组织清查收缴违禁品；三是 25 日下午由民警宋某组织开展安全设施的检查。

25 日上午，8 名大队民警参加了戒毒人员思想动态分析会。会议排查认为，当前大队戒毒人员思想稳定 196 名，基本稳定 3 名，不稳定 1 名。3 名戒毒人员

思想基本稳定主要是因患慢性疾病，情绪不佳；1 名不稳定是因夫妻下旬离婚所致。会议确定将不稳定人员列为重点人员，由大队长包教，开展思想疏导，安排表现好、有责任心的 2 名戒毒人员 24 小时包夹。

25 日下午，大队教导员带领 4 名民警对戒毒人员的生活区进行清查，收缴违禁品。其中，1 名民警负责安排戒毒人员到大队大院活动，并在大院与宿舍间加强警戒。教导员与 3 名民警分工对宿舍、卫生间、储藏室、通道、闲置房、个人物品进行清查。民警在戒毒人员张某物品柜内查获录音机 1 台，在戒毒人员李某的个人物品中查获现金 50 元。民警在对违禁品进行登记、收缴并查明当事人带入违禁品途径后，结束清查收缴工作。

25 日下午，民警宋某组织开展安全设施的检查。检查范围包括生活区、习艺劳动区。对生活区的检查发现：某宿舍 2 只电风扇叶板变形，危及住上铺人员的安全；某宿舍床架不牢固，床板断裂，易发生人身伤害事故。对习艺劳动区的检查发现：车间消防通道堵塞，电路有老化迹象，2 处门窗铁栅栏不牢固。民警在对隐患作出记录，提出整改落实意见，通报相关部门落实后结束清查。

【讨论目的】通过讨论，学生能掌握安全排查的内容、方法和要求。

【讨论提示】从安全排查的内容、方法和工作规范方面分析此次排查的成功之处。

实训项目

实训项目1　习艺劳动车间安全隐患排查

【实训目的】通过到强制隔离戒毒场所实训基地习艺车间，排查民警现场值班制度执行情况、习艺车间设施配置、工具管理、空间布局、消防管理等情况，发现安全隐患，提出改进措施，学生能学会习艺劳动车间安全排查的实施方法和工作流程，练习习艺车间安全隐患排查技能。

【实训场地】强制隔离戒毒场所实训基地习艺车间。

【实训要求】在强制隔离戒毒场所安排下进行，不影响场所正常管教和生产秩序；安全排查时间控制在 40 分钟内；指导老师和实训指导民警现场指导；分成 6 人一组进行，1 人负责记录排查发现的问题；排查结束后书写排查报告；教育学生遵守现场安全管理制度。

【实训内容】

1. 民警现场值班情况。习艺车间管理区域划分情况，监控点布置情况，民警现场巡视情况，民警对违纪事件、戒毒人员冲突的控制处理情况，民警在现场的值班规范遵守情况等。

2. 习艺车间设施配置。习艺车间办公室布局，设施的配置是否合乎规定等。

3. 现场管理情况。劳动工具分类摆放定置管理情况，设备标识情况，生产成品或半成品摆放与标识情况，操作规程上墙情况，锐器工具管理情况等。

4. 监控盲区的排查。排查习艺车间有无监控盲区，分析在监控盲区可能发生的违纪或违规活动。

5. 管教安全隐患的排除和消防排查。排查习艺车间的物料分区和分类情况，原辅料和成品堆放情况，排查习艺车间日安全排查记录，车辆进出安全排查记录，消防器材配备与放置情况，消防通道、安全门设置情况等。

根据教学内容可增加设备安全排查、违反操作规程情况排查等。

【实训点评】由指导老师和实训指导民警对排查人员的工作态度、认真仔细程度、速度、发现隐患的价值、整改意见的可行性等进行评价，肯定排查成绩，指出不足，提出改进排查方法的要求。

实训项目2　火灾隐患排查

【实训目的】通过到强制隔离戒毒场所习艺车间排查消防设施配置、民警和戒毒人员的消防安全教育情况、消防演练情况、防火设置和消防通道设置情况、易燃品消防管理、逃生通道设置等情况，排查火灾隐患，对强制隔离戒毒场所（区）消防管理进行评估，提出改进意见和建议，练习习艺车间火灾隐患排查技能。

【实训场地】强制隔离戒毒场所实训基地服装加工习艺车间或其他易燃品存储场地。

【实训要求】在强制隔离戒毒场所安排下进行，不影响场所正常工作和生产秩序；安全排查时间控制在50分钟内；指导老师和实训指导民警现场指导；分成6人一组进行，1人负责记录排查发现的问题；排查结束后书写排查报告；教育学生遵守现场安全管理制度。

【实训内容】

1. 消防通道设置情况。消防通道设置须符合公安消防部门的规定。

2. 消防器材的配备情况。消防器材的布局密度符合防火级别的要求，灭火介质的灌注符合易燃品理化性质要求。

3. 排查灭火器灭火介质灌注记录、灭火器使用演练等记录。

4. 排查灭火器等消防器材是否完好、是否有人为破坏迹象。

5. 排查生产消防门和逃生通道设置是否符合要求。

6. 排查电路布线、火源、高温源管理是否符合消防管理要求。

7. 排查生产现场防范人为破坏（放火）的措施。

8. 询问民警和戒毒人员对防火知识的了解程度和参加防火演习的情况等。

【实训点评】 由指导老师和实训指导民警对排查人员的工作态度、对消防管理有关管理规定的熟悉程度、排查的认真仔细程度、速度、发现隐患的价值、整改意见的可行性等进行评价，肯定排查成绩，指出不足，提出改进排查方法的要求。

 学习任务十　信息员的物色与管理

一、明确强制隔离戒毒场所信息员的条件

强制隔离戒毒场所信息员应具备下列条件：能认识吸毒的违法性与危害性，积极工作；能如实反映情况并保守秘密；能接近重点对象；具有一定活动能力和观察识别能力。

上述条件是不可分割的整体，在选择建立信息员时必须全面考虑。

二、强制隔离戒毒场所信息员的使用

（一）信息员的物色

物色信息员时，应认真审阅其档案材料，研究其社会经历、社会关系、家庭关系、吸毒情况、个性特点等，并根据日常考核、个别谈话、摸底排队、活动范围和现实表现等的综合观察。可以从以下几个方面考虑：从主动秘密反映情况的戒毒人员中物色；从有悔改表现或有立功愿望的原难矫治戒毒人员中物色；从能接近重点人员、重点部位的戒毒人员中物色；从其他具备条件的戒毒人员中物色。

注意：不在入所时间不满3个月的戒毒人员中物色信息员。

（二）信息员的使用

根据任务，给信息员划定活动范围，做到任务明确、责任清楚；让信息员靠近调查对象，了解其动向；在调查情节复杂、涉及人员较多的事件时，可建立复线信息员，互相印证信息员反映的情况。

信息员每月定期报告情况，重大情况、线索随时报告。在紧急情况下，信息

员不能及时或不便向专管民警口头或书面报告时，应以特别约定的方法与专管民警取得联系或报警。专管民警不在时，信息员可以直接向其他民警报告。

在使用信息员过程中，必须对信息员给予必要的保护。主要保护方法是：采取与多名戒毒人员进行谈话的方式与信息员联系；在戒毒人员外出劳动或外出治病时与信息员联系；利用戒毒所内检举箱与信息员联系；借询问戒毒人员、家属探访、社会帮教等名义与信息员联系；将信息员与调查对象同时隔离，分别管理；在核实信息员提供的情况时，不得让信息员与被调查对象当面对质；其他方法。

在查处所内违法违纪行为时，信息员一般不得公开作证。必须公开作证时，以检举人或坦白、自首的同案人身份出面作证。

适时对信息员进行整顿。对没有使用价值的应及时撤换；对暴露身份的应立即调离原大队或戒毒所，不再作为信息员使用。

三、强制隔离戒毒场所信息员的管理

信息员管理工作是一项政策性、业务性很强的工作。戒毒所应选派政治素质高、作风正派、业务能力较强、有一定管教工作经验的民警作为信息员专管民警。负责物色、建立、管理信息员的人员为：分管所领导、管教科室领导、大队民警。戒毒所主管管教工作的所领导；戒毒所管理部门的领导；大队负责管教工作的队领导或管教民警。女信息员由女专管民警领导、使用。

物建信息员必须有一定的考察期，一般为 1~2 个月。考察期内专管民警要有针对性地布置任务，全面考察物建对象的基本情况和活动能力。

对经考察符合条件的对象，要坚持保密、个别吸收的原则，由专管民警填写《信息员建立审批表》，报戒毒所管理科审核后，由分管所领导批准。

使用信息员要坚持"谁物建，谁管理，谁使用"的原则，实行单线领导，专人联系。严禁信息员之间发生联系，防止泄漏情况。

专管民警对信息员的活动要合理安排，精心指导，做到：熟悉信息员的情况，根据其特点安排任务；认真分析所要调查对象的情况，制定具体、周密的行动方案；布置任务具体，方法明确，全面掌握并有效控制信息员的活动情况。

对信息员反映的情况，专管民警应填写《信息员报告情况登记表》。在填写《信息员报告情况登记表》时一律使用编号或代号，不得使用真实姓名，认真记载并及时核实处理。

四、强制隔离戒毒场所信息员的考核与奖惩

（一）信息员的考核

强制隔离戒毒场所应对信息员的表现要进行严格考核。专管民警每月进行一次考核；所每季进行一次全面考核。考核方法如下：听取信息员汇报情况，布置任务，了解其完成任务的态度、效果；使用复线信息员，考查、印证信息员的活动及反映情况的真伪；用技术手段对信息员的活动情况进行监控；其他方法。

考核内容包括以下几方面：报告的情况是否真实可靠，是否有价值；能否严格按要求完成专管民警交办的任务；是否严格保守秘密。

（二）信息员的奖励

信息员有下列情形之一的，应给予表扬、记功、物质奖励或减少戒毒期限：发现、报告重大事故隐患和线索，经查证属实的；有效防止戒毒人员逃跑、行凶、自杀、闹事等事故的；为侦破所内案件提供重要证据、线索的；作为信息员一贯表现积极，遵守纪律，听从指挥，定时报告情况的；对有重大立功表现的，可予以提前解除戒毒；其他应给予奖励的行为。

信息员有下列情形之一的，视情节给予警告、记过或延长戒毒期限等处罚：故意泄露机密、虚报、谎报或扩大事实的；包庇违法犯罪和抗拒教育矫治行为的；捏造事实，报复、陷害他人的；本人违法违纪或策划、引诱、唆使他人违法违纪的；其他应给予处罚的行为。

对所有戒毒人员的考核奖励实行公平、公开、公示制度，因此，信息员的奖励以其他理由给予，对信息员的考核奖惩应严格保密。

五、强制隔离戒毒场所信息员的档案管理

凡经物色批准建立的信息员，应逐个建立专门档案。信息员档案主要内容有：《信息员建立审批表》、《信息员撤销报告表》、《信息员报告情况登记表》、《信息员奖惩呈批表》。信息员档案，由强制隔离戒毒所管理部门集中管理，专人负责。做好信息员档案的登记、编号、整理、存档工作，加强规范化管理。信息员档案属于机密，不得向无关人员泄露，不得随意查阅和借出，特殊情况需要查阅，须强制隔离戒毒所主管领导批准。信息员调离、撤销、解除戒毒后，应及时将信息员档案归入戒毒人员档案，由管理部门统一保存。

○ 讨论案例

讨论案例9

戒毒人员杨某，男，30岁，初中文化，性格外向，反应较快，与其他戒毒人员关系融洽，平时劳动较积极，能服从民警安排。被吸收为信息员后，在一次执行任务过程中，发现该信息员有向其他戒毒人员吹嘘及泄露我所工作机密之嫌。

【讨论目的】通过讨论，学生能学会信息员的物建、培养、考核与管理的方法。

【讨论提示】分小组对信息员的物建、管理和考核奖惩方面进行分析讨论。

讨论案例10

2009年3月25日，某市某强制隔离戒毒所某大队民警李某，接到信息员的报告，某省籍戒毒人员任某连日来心神不宁，心事重重。民警李某接到信息员报告后，立即找任某谈话，对其进行耐心疏导，使任某放下了思想包袱，检举揭发了某大队戒毒人员丁某在收治前的一次犯罪行为，从而使3年前某县某镇的一起故意伤害案的主要犯罪嫌疑人丁某得以归案。

【讨论目的】通过讨论，学生能学会信息的收集方法。

【讨论提示】分析该案例中民警收集使用信息的成功之处。

 考核与评价

【考核题目】

1. 某大队4天之内发生3起戒毒人员打架事件。经排查，是因本省籍戒毒人员与外省籍戒毒人员形成的非正式群体之间"争山头"引起的。你认为应采取什么措施防止此类事件的发生？对参与打架的戒毒人员应如何处理？

2. 国庆、元旦两节即将来临，你作为大队民警，如何做好安全排查工作？

3. 某日戒毒人员唐某突然发烧，昏迷不醒，体温39摄氏度。医生反复检查，均查不出病因。在几个月的时间内，患有同样病症的戒毒人员相继出现。经排查，发现是戒毒人员张某用电解液、白碱与水混合成一种药液给戒毒人员注射，致使7人发烧患病，借此逃避劳动。你作为大队民警，该如何处理此事？

4. 某大队在安全检查时，发现晒衣间、铁窗栅栏有被撬动的痕迹。如果你是值班民警，应如何处理？

5. 某大队在安全检查时，发现戒毒人员张某床头柜内藏有酒瓶。如果你是值班民警，应如何处理？

6. 民警小张深夜 12 时接到戒毒人员李某报告：戒毒人员王某去厕所，30分钟未见出来。民警小张进厕所一看，根本没有王某这人，王某的床上也是空空的，只有棉被，不见人影。如果你是值班民警，应如何处置？

7. 某大队车间内，2 名戒毒人员因琐事发生斗殴，1 人伤势严重。如果你是值班民警，应采取哪些措施？

8. 某大队习艺车间，突然发生一起安全生产事故，戒毒人员于某右手中指前二节被注塑机轧断。如果你是值班民警，应如何处置？

【评价内容】

1. 评价学生对戒毒人员中非正式群体成因分析是否准确到位、采取措施是否具有针对性和有效性、处理是否恰当。

2. 评价学生对违禁品排查是否全面、重点是否突出、有无盲区或死角。

3. 评价学生是否认识到戒毒人员抗拒戒治手段的诡秘性，采取防控措施是否恰当。

 拓展训练

1. 在见习实习中参与强制隔离戒毒场所安全排查工作。

2. 在顶岗实习中参加思想动态分析会，写出思想动态分析报告。

学习单元四　违禁品防控与重点防控

学习目标
 ● 通过本单元的学习与实训，了解违禁品的概念、类型，以及重点人员、重点部位、重点时段、重点环节的内容；掌握对违禁品、重点人员、重点部位、重点时段、重点环节的防控方法。

重点提示
 ● 违禁品防控与重点人员、重点部位、重点时段、重点环节的防控。

 **知识储备**

一、违禁品防控的范畴

（一）违禁品防控的有关规定

所内违禁物品是指法律法规明文规定明令禁止戒毒人员持有或使用的物品。

对违禁品的防控，既是强制隔离戒毒所有效预防和控制行凶、伤害、脱逃等所内突发事件发生和复吸的重要环节，也是场所安全防控的日常性基层基础工作。

1.《禁毒法》。《禁毒法》第 42 条规定："戒毒人员进入强制隔离戒毒场所戒毒时，应当接受对其身体和所携带物品的检查。"第 46 条第 2 款规定："强制隔离戒毒场所管理人员应当对强制隔离戒毒场所以外的人员交给戒毒人员的物品和邮件进行检查，防止夹带毒品。在检查邮件时，应当依法保护戒毒人员的通信自由和通信秘密。"

2.《戒毒条例》。第 28 条第 1 款规定："强制隔离戒毒场所对强制隔离戒毒人员的身体和携带物品进行检查时发现的毒品等违禁品，应当依法处理；对生活必需品以外的其他物品，由强制隔离戒毒场所代为保管。"

3.《司法行政机关强制隔离戒毒工作规定》。该规定第 13 条第 1 款规定：

"强制隔离戒毒场所应当对接收的戒毒人员的身体和携带物品进行检查，依法处理违禁品，对生活必需品以外的其他物品进行登记并由戒毒人员本人签字，由其指定的近亲属领回或者由强制隔离戒毒场所代为保管。检查时应当有 2 名以上人民警察在场。"第 19 条第 1 款规定："强制隔离戒毒场所应当安装监控、应急报警、门禁检查和违禁品检测等安全技防系统，按照规定保存监控录像和有关信息资料。"第 20 条第 1 款规定："对强制隔离戒毒所以外的人员交给戒毒人员的物品和邮件，强制隔离戒毒所应当进行检查，防止夹带毒品或其他违禁品。检查时，应当有 2 名以上人民警察在场。"第 23 条第 2 款规定："探访人员交给戒毒人员物品须经批准，并由人民警察当面检查；交给戒毒人员现金的，应当存入戒毒人员所内个人账户；发现探访人员利用探访传递毒品的，应当移交公安机关依法处理；发现探访人员利用探访传递其他违禁品的，应当依照有关规定处理。"第 56 条规定："……强制隔离戒毒场所应当对所内商店采购的商品进行检查，防止违禁品流入。"

4.《公安机关强制隔离戒毒所管理办法》。该办法第 47 条规定："……强制隔离戒毒所应当按照有关规定严格管理麻醉药品和精神药品，严禁违规使用，防止流入非法渠道。"

（二）违禁品的主要类型

根据相关规定，强制隔离戒毒所违禁品大致概括为以下几类：

1. 武器、弹药、麻醉品、易燃性、爆炸性、剧毒性、腐蚀性和放射性等各种危险物品。

2. 刀具、工具、棍棒、绳索、绝缘服、绝缘鞋、绝缘手套等劳动工具，各类金属器材等。

3. 酒类、现金、假发、便服、手表、各种证件、有价票证、超过规定范围和数量的药品、剃须刀片、针线等生活用品。

4. 移动电话、无线接收器或播放器、笔记本电脑等电子用品。

5. 反动、淫秽书刊、照片、文字材料、歌曲等不利于戒治的物品。

6. 毒品。毒品和手机对强制隔离戒毒场所安全危害最大。戒毒人员利用手机里应外合实施脱逃，出售或租借谋取暴利，不仅可以实现"内部交流"，还可以遥控外面的同伙实施抢劫、绑架和毒品交易活动等。

所内违禁物品的存在对于强制隔离戒毒场所安全来说是一个潜在的隐患，必须通过有力细致的清查工作、缜密的防范工作来加以杜绝，真正使戒毒人员手无寸铁，身无分文。

（三）违禁品的来源渠道

洞察违禁品的来源渠道，是对违禁品实施有效防控，并实现由被动防控向主动防控转变的前提和基础。强制隔离戒毒场所违禁品来源渠道，主要有以下几种：

1. 新收治戒毒人员在入所时携带流入。由于对入所时检查不严，尺度不一，可能使部分危险、违禁物品流入所内。

2. 在邮包中夹带或在探访过程中秘密传递流入。由于一些戒毒人员的亲属，对强制隔离戒毒场所的规章制度不了解，或片面认为传递夹带某些物品可以帮助戒毒人员戒毒，为满足戒毒人员的欲望，因此，在探访过程中传递或在邮包中藏匿违禁物品流入所内。

3. 通过外协人员传递流入。由于强制隔离戒毒场所劳务加工业的日益发展，外协人员进入劳动现场进行技术指导的逐步增多，增加了戒毒人员与外界接触的机会，致使部分外来人员被戒毒人员利用，为戒毒人员购买、传递违禁物品。

4. 戒毒人员之间互相赠送或交换物品。有的戒毒人员在解除戒毒时，将自己的物品留给同乡或关系较好的在戒人员，或是在所内相互赠送和交换物品，可能使部分违禁品、危险品在所内流动，有可能被个别戒毒人员利用，导致藏匿或使用违禁品带来安全隐患。

5. 戒毒人员在习艺劳动现场自制违禁物品或藏匿生产工具。由于在习艺劳动现场管理中存在漏洞，现场监督管理不严格，工具清点不准确，搜查不细致，致使部分危险、违禁物品流入所内，如绳索、劳动工具、剧毒品、刃具等。

6. 民警职工的捎、买、带。有极个别的民警职工对强制隔离戒毒场所法律、法规、规范置若罔闻，违规为戒毒人员捎、买、带入违禁品、危险品。

7. 围墙外抛入。极少数戒毒人员为了得到违禁品，采取与所外人员勾结，约定时间和地点，将违禁品从围墙上抛入所内某些隐蔽的处所，然后由戒毒人员借机拿取的方法，达到拥有违禁品的目的。

二、重点防控的范畴

（一）重点防控有关规定

司法部《强制隔离戒毒人员管理工作办法（试行）》第 11 条规定："强制隔离戒毒所安全管理的重点是防止戒毒人员擅自离所、非正常死亡、所内犯罪、所内吸毒等安全事故，防止外部人员袭扰和破坏。"

（二）重点防控的内容

安全事故的发生往往是由于对潜在的安全隐患没有及时发现和排除而转化为

事故的。事故隐患包含两方面的内容：①戒毒人员的危险因素；②管教工作的缺陷和漏洞。所谓戒毒人员的危险因素，是指戒毒人员在收治后所产生的潜在的抗拒戒治、逃跑、自伤、自残、自杀、行凶等心理障碍及可能实施这些行为的危险性。所谓管教工作的缺陷和漏洞，主要是指民警的思想麻痹大意，工作不负责任，作风粗枝大叶，不严格执行戒治法规，以及安全警戒设施条件、各项规章制度存在缺陷等。戒毒人员的危险因素是发生事故的内在因素，而管教工作的缺陷和漏洞，则是发生事故的外在因素。

　　事实证明，管教工作漏洞存在越多，激发事故隐患的次数就越多，发生突发事件的次数也就越多；管教工作漏洞存在的时间越长，激发事故隐患的可能性就越大，发生突发事件的可能性就越大，这就是事故隐患转化为事故的规律。掌握事故发生的规律，就抓住了预防安全事故发生的根本。因此，在强制隔离戒毒所安全工作中必须针对安全隐患，做好重点防控工作。在强制隔离戒毒安全工作实践过程中，重点防控内容包括重点人员、重点部位、重点时段、重点环节的防控。

 学习任务十一　　违禁品防控

　　违禁品防控的一般方法有以下几个方面：

一、堵源头，阻断违禁品的来源渠道

　　1. 加强对新收治戒毒人员的检查。新收治戒毒人员时，应对其人身和物品进行严格检查。检查要彻底，要有超常的眼光和思维，不放过任何疑点。新收治戒毒人员入所携带的主要违禁品是现金与毒品，对有可能藏匿现金与毒品的任何部位都不能放过。带入的物品要严格限定，非生活必需品，不得带入。允许带的物品按规定登记造册。

　　2. 加强对探访过程的全程监控。认真检查探访窗口的隔离性、安全性、牢固性。探访结束后，必须对戒毒人员的人身及准许带入的物品进行严格检查。

　　3. 加强对外来人员的管理。不允许外来人员私自单独与戒毒人员接触。确因工作需要，必须接触的，应当由大队民警负责陪同。

　　4. 严禁戒毒人员之间互相赠送、交换物品。对允许戒毒人员持有的有一定价值的特定物品应当登记造册，发现特定物品转移的，应认真追查，对利用特定物品换取违禁品的，必须严肃处理。

　　5. 加强对习艺劳动现场的巡查与监控。严密防范戒毒人员制作违禁品，对适宜用于制作违禁品的材料，必须加强保管及消耗考核。收工时，应加强对戒毒人员人身及携带物品的安全检查。对正当用途，戒毒人员必须接触和使用违禁品时，应当由民警全程监督管理。

6. 加强技防监控。对戒毒人员的宿舍、公共活动场所、习艺劳动现场等实施技防监控，适时调取监控资料，进行回放分析，及时发现戒毒人员藏匿违禁品的可疑行为，对有可疑行为的戒毒人员安插信息员，加强对其控制，及早消除隐患。

7. 特别要加强对民警职工的行为管理和法纪教育，提高民警职工的思想素质和职业素养，遏制民警职工为戒毒人员"捎、买、带"行为的发生。

8. 加强围墙周围的巡逻，及时发现可疑人和可疑物品，防止违禁品落入戒毒人员手中。

二、抓清查，严格落实违禁品管理制度

从源头上阻断违禁品来源渠道的基础上，严格落实违禁品管理制度，强化日常管理和违禁品清查工作。

1. 清查方法。强制隔离戒毒场所清查违禁品的方式方法，主要包括：日常检查、定期清查和不定期突查等。在清查工作中，为确保清查质量和效率，一般采取强制隔离戒毒场所与强制隔离戒毒场所之间、大队与大队之间互查的方式；强制隔离戒毒场所职能部门督查或突查的方式。

2. 清查程序。

（1）制定清查方案。无论上述哪一种清查活动，在清查前都应当制定严密的《清查违禁品实施方案》，并确定清查的目标或范围。

（2）组织部署警力。明确实施清查工作的警力部署、区域分工、责任措施和目标要求。

（3）实施清查工作。在实施清查的过程中，一般应当把握以下要求：其一，控制戒毒人员的活动，通常采取的方式是将戒毒人员集中在某一特定区域，实施临时控制性管理。一方面，避免由于戒毒人员的自由活动，造成违禁物品的转移；另一方面，便于集中实施人身检查。其二，查前动员。讲明政策与藏匿违禁品的危害，动员戒毒人员主动交出违禁品或检举揭发藏匿违禁品的人员和地点。其三，展开搜查。一般采取地毯式搜查方式，搜查范围包括：对戒毒人员人身、物品的搜查，对宿舍内各种生活设施、设备、器具与物品的搜查，对学习、活动场所内各种设施、设备、物品的搜查，对习艺劳动现场各种设施、设备、工具、物品的搜查。

（4）收缴与处置。清查结束后，应当对清查出的违禁品进行归类、汇总和登记，并根据有关规定，该收缴的收缴、该销毁的销毁。对私藏违禁品的戒毒人员按照所规所纪给予处理。

三、严打击，形成查处违禁品的高压态势

严厉打击和查处私藏违禁品的行为，既是强制隔离戒毒场所防控违禁品、震慑戒毒人员不敢或无法隐匿违禁品的必要措施，也是确保强制隔离戒毒场所安全稳定的重要保障。因此，强制隔离戒毒场所应坚持"事实不清不放过，原因不明不放过，处理不落实不放过，教育措施不到位不放过"的原则，强化对私藏危险品、违禁品的戒毒人员的打击，依法作出批评教育或警告、记过、单独管理等严肃的处理。有特殊情况，在政策、法律允许的范围内，可作出暂时停止或取消其相应处遇的配套处罚。如戒毒人员在探访过程中私藏现金，强制隔离戒毒场所在对其进行处理或行政处罚的同时，可暂时停止或在一定期限内取消其探访资格，并以"书面意见"的形式，告知当事戒毒人员及其亲属。

重点物品的管理上，定期对药品、器械、急救用品（担架、氧气袋、体温计）做及时检查、更换、补充，确保物资正常使用，保证药品器械保持良好的应急状态，确保临床用药质量可靠安全。

四、重疏导，加强对戒毒人员的思想教育

对所内违禁物品的防控，应当坚持"堵疏结合，打防并举，标本兼治"的原则，既要重视"堵、查、打"，还应当重视教育的疏导作用。教育疏导，主要应从端正戒毒人员戒治态度，树立正确的戒治观、法制观开始，立足于促使戒毒人员养成依法、规范、文明戒治的良好风尚，切实通过有效的思想教育，使戒毒人员充分认识私藏危险品、违禁品的性质和危害，明确私藏危险品、违禁品的行为，既不符合戒治要求，也是严重的违规违纪行为，并结合对私藏危险品、违禁品的戒毒人员的严厉处罚，警示教育其他戒毒人员摒弃不良念头，遵规守纪，养成良好的行为习惯。

◎ 讨论案例

讨论案例 11　某戒毒所一大队戒毒人员王某吸毒致死案

某戒毒所一大队有个骨干戒毒人员，他在前期通过其他人员带了一部手机到宿舍里，然后他用手机和外界联系，叫他朋友把海洛因送过来。海洛因一袋袋包

好和一次性针筒一起，全部放在大瓶的海飞丝洗发水里面。当时来探访的时候东西没有给他带进去，告诉他东西不能带，只能在所里买。后来他通过所里的一个职工把东西带了进去，因为这个骨干戒毒人员是跟着那个职工学机修的，职工姓郭。所以郭某也没有想到里面会有海洛因，就出去把东西拿了进来，给了这个骨干戒毒人员。这个骨干戒毒人员姓张，他把东西带进去以后，好几个人在用，他们都是烫吸的。因为王某在社会上就是注射的，他感觉烫吸不过瘾，又刚好有个针筒，他就说晚上我打一针算了。其他人就没多想，大家心照不宣，因为大家都是吸毒的。晚上他打下去以后呼噜声比以前响很多，别人想这个人从来不打呼噜的，怎么今天打的这么响，于是就摇他，结果摇不醒，最后就叫来队长把人送医院。当时人已经深度昏迷了，送医院就死掉了。

【讨论目的】通过讨论，学生能明确违禁品来源及防控的一般方法。

【讨论提示】分小组讨论，分析本案例中在违禁品防控环节中存在的隐患漏洞，如果你是基层民警，应如何做好违禁品防控工作？

讨论案例12　某省戒毒局对基层强制隔离戒毒场所实施违禁品突查

2010 年 5 月 18 日，某省戒毒局组织机关民警，对三所强制隔离戒毒场所实施违禁品突查活动。晚 20 时，警力集结完成，省局突查组领导，首先就本次突查活动进行动员，并根据预定方案，就警力部署、突查范围、责任分工、重点要求和注意事项作了具体的说明。动员会后，省局领导亲自带队，驱车奔赴突查地强制隔离戒毒场所。晚 11 时 30 分，开始对第一所强制隔离戒毒场所进行突查。在对该强制隔离戒毒场所宿舍搜查时，在某一宿舍内的花盆内底部，查获用塑料布包裹的手机一部；在另一宿舍的铁床竖管内，查获分解藏匿的但组合后即可使用的手机一部。2010 年 5 月 19 日凌晨 2 时许，省局突查组对第二所强制隔离戒毒场所进行突查时，在该强制隔离戒毒场所的某大队储藏室，不仅发现该大队储藏室内，物品堆放杂乱不堪，管理极其混乱，而且还在戒毒人员物品柜内，查获现金和手机等违禁品。凌晨 4 时许，省局突查组在第三所强制隔离戒毒场所的某大队突查时，发现宿舍内某一角落的墙壁上有异常，仔细检查，其中有一块砖是松动的，将松动的砖取出，里面藏有手机一部。凌晨 6 时许，该次突查活动结束。

从这次违禁品突查的情况来看，反映出以下几方面的问题。其一，强制隔离戒毒场所的基层基础工作，存在诸多缺陷、漏洞和薄弱环节。其二，强制隔离戒毒场所民警的安全防范意识树的不牢，特别是在违禁品防控上，存在思想认识不到位，制度措施不落实，隐患排查不深入，日常管理不规范等的突出问题。其三，管理与被管理的矛盾、戒毒人员违规违纪的形势，十分严峻。其四，戒毒人员为达到非法使用违禁品目的，不惜绞尽脑汁，挖空心思，耍尽伎俩。总之，管教安全状况不容乐观，违禁品防控的缺陷和漏洞不容忽视，必须持之以恒，常抓不懈，容不得半点马虎或掉以轻心。

【讨论目的】 通过讨论，学生能认识到违禁品清查工作的重要性与违禁品防控形势的严峻性及违禁品防控任务的艰巨性，学会违禁品清查的方法。

【讨论提示】 分析此次违禁品清查工作的成功之处。

◎ 实训项目

实训项目3　戒毒人员入所违禁品防控

【实训目的】 通过训练，学生能掌握戒毒人员入所人身及所携带物品的检查要求及对物品的正确处理方法。

【实训场地】 强制隔离戒毒场所集训队。

【实训要求】 在强制隔离戒毒场所安排下进行，不影响场所正常管教和习艺劳动秩序；安全检查时间控制在60分钟内；指导老师和实训指导民警现场指导；分成6人一组进行，1人负责记录检查发现的问题；检查结束后书写检查报告；教育学生遵守场所规章制度。

在检查中，必须认真负责，细致入微，不放过任何疑点，不留任何死角。

【实训内容】 为了提高检查的效率，对收治戒毒人员进行人身和物品检查，必须掌握检查的技术要点。

1. 检查的步骤和方法。为了防止检查遗漏，避免检查中顾此失彼，对戒毒人员的人身检查和物品检查，都必须掌握检查的步骤和方法，按一定的程序、规则进行。对戒毒人员的人身检查，一般从上到下进行，先检查戒毒人员的头部（帽子），然后身体、四肢及其口袋，再是戒毒人员的脚部，包括鞋子袜子；对戒毒人员的物品检查，也应按一定的空间顺序进行，从上到下，从左到右，或是先里面后外面，等等。

2. 检查的要领和手法。民警准确把握对戒毒人员进行人身及携带物品检查要领和手法，是使检查工作顺利和彻底的保证。这一点在对具有危险性的戒毒人员进行检查时显得尤为重要，它可以防止戒毒人员乘机偷袭。为此，在对戒毒人员的人身检查时，必须确保2名以上民警在场，同时必须准确把握检查的姿势和手法。一般为：令戒毒人员两脚分开站立，面对墙壁，双手向上举，靠在墙上，然后民警在戒毒人员的身后按一定的步骤和次序进行仔细检查、搜身，确保检查没有疏漏之处。

3. 物品检查的重点。可供行凶、自杀、逃跑的器械、工具等；酒类、手表、录音机、移动电话、毒品、毒性物品、违规药品、易燃易爆等违禁品；现金、票证、各种证件、证章；衣物及生活必需品等。

4. 对物品的处理方法。对查出的钱财及其荣誉证件、证章、便衣等贵重物品，应造册登记，由强制隔离戒毒场所代为保管，解除戒毒时发还本人；生活必需品经民警严格检查，可以带入；所内规定列为违禁品的物品，予以没收；对戒毒人员携带的熟菜、气体、不明液体和粉状物（如洗衣粉、味精等），一律予以没收或当面销毁。另外，如有重要嫌疑线索可供案件侦查的，应当交由强制隔离戒毒场所管理部门保管或处理。

【实训点评】针对入所违禁品检查的效果，指导教师对学生应当掌握的知识与技能，作出具体的点评。

实训项目4　生活现场违禁品防控

【实训目的】通过训练，学生能掌握戒毒人员生活现场物品的检查方法及对违禁品的正确处理方法。

【实训场地】强制隔离戒毒场所宿舍。

在某强制隔离戒毒场所开展的"净化戒治环境，打击五害（私藏、使用现金，私藏、使用手机，私藏、吸食毒品，私自饮酒和赌博）行为"专项整顿活动中，该场所某大队开展了一次对戒毒人员生活现场违禁品清查活动。

【实训要求】

1. 在强制隔离戒毒场所安排下进行，不影响场所正常管教和生产秩序；安全检查时间控制在60分钟内；指导老师和实训指导民警现场指导；分成6人一组进行，1人负责记录检查发现的问题；检查结束后书写检查报告；教育学生遵守场所规章制度。

2. 制定《清查违禁品实施方案》。在清查活动开展前，组织参训人员研究制定《清查违禁品实施方案》。方案内容包括：成立组织领导机构，包括领导组组长、副组长及其组成人员；明确清查违禁品所采取的方式。一般情况下，应当以大队为单位，分三个清查小组，进行相互交叉检查；确定重点范围与重点目标。即：本次清查的重点范围主要是戒毒人员生活现场，清查的重点目标是现金、手机、毒品、酒和赌具，包括便衣、刃具、锐器、绳索、棍棒、淫秽书刊、影像、反动宣传品等违禁品；明确警力部署与责任分工。即：确定搜查戒毒人员人身与清查宿舍、洗漱间、卫生间、晾衣间、储藏室、活动室等戒毒人员活动场所的具体警力和责任。

3. 实施清查工作。在清查活动开展中，要求清查人员务必做到：认真负责，一丝不苟，不放过任何疑点，不留任何死角。

【实训内容】对戒毒人员生活现场违禁品清查，应当掌握以下技术要点：

1. 清空戒毒人员的生活现场，将戒毒人员集中到某一特定场所或区域，实施临时集中管制措施，杜绝戒毒人员在清查期间自由活动。

2. 人身检查和区域检查同时展开。戒毒人员集中管理后，负责人身检查的民警，应当在戒毒人员集中管理点，对戒毒人员进行逐一的人身搜查；负责对宿舍、洗漱间、卫生间、晾衣间、储藏室、活动室等戒毒人员活动场所清查的民警，根据分工，对上述场所展开地毯式的清查。

3. 检查时应当注意的重点部位。人身及人身物品检查应当注意的重点部位：衣帽中带有衬层或衬垫的部位，如帽檐、衣领、袖边、裤边；戒毒人员佩带的符号牌夹层；戒毒人员使用的皮带夹层；内衣，尤其要注意自缝的贴袋；鞋子的鞋帮、鞋底层及鞋垫夹层；脚底部位。尤其对戒毒人员身上有敷贴物的部位，要仔细检查，防止其敷贴物下隐藏刀片、现金或用于不良动机的通讯地址、电话号码等违禁品。场所检查应当注意的重点部位：宿舍内除对床铺、被褥进行认真细致的检查外，还应当特别注意宿舍内其他陈设、物品与器具，包括热水瓶内及热水瓶里与外壳的隔层；书籍、笔记本的内页及封面，尤其是硬面书的夹层；包装食品，重点检查封口有无拆封的痕迹，用手感摸内部物品是否异样；摆放特别古怪的用品或器具，像肥皂、牙膏之类的用品，如果摆放不合常理、又长期不用，应怀疑该用品内部是否有"机关"。对洗漱间、卫生间、晾衣间、储藏室、活动室等区域进行清查时，应当特别注意以下物品或现象：晾衣间中晾晒的衣服、鞋子；洗漱间中待洗的衣服，即使浸泡在水中，也不应放弃检查；卫生间内的水箱、放在墙角的扫帚、拖把，扫帚竹柄往往藏匿违禁品；储藏室内的物品柜、包裹、个人用品；活动室或宿舍内的装饰品、花盆等。总之，戒毒人员私藏违禁品，挖空心思，耍尽伎俩，检查也应当打破常理，换位思考。

【实训点评】针对戒毒人员生活现场违禁品清查的效果，指导教师对学生应当掌握的知识与技能，作出具体的点评。

学习任务十二　　重点人员防控

所谓"重点人员"，是指戒毒人员中那些基于一定的事由，被特别管束的重点控制的对象。目前，重点人员大致可以分为三类：危险分子、难矫治人员和内控人员。这三类戒毒人员对管教安全和戒治秩序构成现实的或潜在的危害。因此，应当将这三类戒毒人员列入重点防控的范畴。

一、危险分子的防控

一般情况下，对危险分子的防控，应当首先按照危险分子的确立标准，进行排查、分析和甄别，并经大队民警集体审议决定。危险分子一旦确定后，就应当采取以下措施：

1. 确立专管民警，严格落实包管、包教、包转化的责任制。对确定的危险分子，应当由大队指定一名直接管理民警实行三包，落实个别教育、针对性管教措施，加强直接管理等。如清点人数、安检、查铺、巡查时必过问，在民警最佳视线范围内控制其活动。

2. 建立完善危险分子专档，实施个别化矫治和针对性跟踪管理与教育。危险分子专档的内容包括：确立危险分子审批表、基本情况表、谈话教育卡、本人思想汇报、监控人员反映材料、现实表现、大队综合分析材料、确定和撤销审批表等。

3. 大队要指定 2 ~ 3 名表现较好的戒毒人员，秘密或公开对危险分子实行 24 小时包夹控制，随时掌握异常情况。担负包夹控制任务的戒毒人员，一般情况每周、特殊情况每天向专管民警或大队领导汇报。

4. 发展或安插信息员，及时掌握和反馈危险分子的思想动态和行为表现，有效预防危险分子的危险行为。

5. 危险分子不得从事重要岗位劳动，安排的劳动岗位要相对固定；严禁其接触危险物品；确保危险分子的一切活动都必须纳入民警的管理视线，绝对不允许单独行动；危险分子的通信及探访对象要严格限定，来往信件严格审查。

6. 单独管理。对有严重扰乱所内秩序，私藏或者吸食、注射毒品，预谋或者实施脱逃、行凶、自杀、自伤、自残以及涉嫌犯罪应当移送司法机关处理的戒毒人员，强制隔离戒毒场所应当对其实行单独管理。

7. 要进一步加强老、病、残和精神异常戒毒人员的管理，严密各项防控措施，抓好防自杀、防猝死工作，确保场所持续安全稳定。

需要注意的问题有：对危险分子的管理控制必须严格依法，不能因其具有实现危害、潜在威胁或具有对抗教育矫治的行为，而擅自加重处罚或擅自限制或剥夺其法定权利，例如取消他们的休息、娱乐时间，强制组织学习，或采取面壁、罚站思过等非法的处罚手段，这些都是不允许的。危险分子确有危害行为，并需要处罚的，应当通过正当程序，依法对他们实行警告、记过、单独管理处罚或追究刑事责任。

二、难矫治人员的防控

1. 落实包夹包教措施。大队指定 2 名同组戒毒人员进行包夹，同时指定民警进行包教。

2. 制定转化方案。民警根据难矫治人员的基本情况、主要社会关系、现实表现，结合其难矫治症结制定教育转化方案，报请分管领导批准后实施。

3. 实施教育。

（1）建档。建立《难矫治人员教育转化档案》，记录有关教育进程和效果。

（2）落实转化措施。采取个别教育、社会帮教、家属规劝、心理治疗等多种形式对难矫治人员进行教育转化，各类教育转化措施要记录存档。

（3）包教民警定期对难矫治人员进行个别谈话教育，掌握其思想变化状况。

（4）召开动态分析会，对难矫治人员的思想表现和教育转化情况进行汇总分析和通报，并制定下一步教育转化措施。

三、内控人员的防控

对内控人员的防控，大队对他们的矫治态度及表现较普通戒毒人员以更多的关注，提防内控人员利用原有的社会关系、自身的特殊技能等，在所内外造成新的不良社会影响或构成新的危害。

对重点病号采取包夹监控措施。当然，对内控人员中达到危险分子和难矫治人员标准的，应当在确立为危险分子和难矫治人员后，实行严格的包夹和管束措施。

一般情况下，内控人员必须每月写出书面思想汇报，由大队民警审阅，切实了解和掌握他们的思想动态和行为表现。

内控人员的通信要严格审阅，探访要监听，离所探视必须报省戒毒局批准。对内控人员安排骨干使用，安排重要岗位，实施行政奖励，都应当从严把关。

讨论案例

讨论案例 13

　　章某与丈夫银某原是一对恩爱夫妻，双方在 2003 年经人介绍相识后不久便同居生活，2005 年 7 月生育一女，同年 10 月双方补办了结婚登记手续。随着家庭经济情况越来越好，夫妻俩决定再生育一个孩子。可在章某怀孕不久，银某经不起毒品的诱惑，偷偷染上了吸毒恶习。2008 年 4 月，银某因吸食毒品被公安机关强制隔离戒毒 2 年。没有丈夫的陪伴，还要抚养未满 3 岁的女儿，章某克服了妊娠中的许多困难，于同年 9 月又生育一子。2010 年 4 月，银某强制隔离戒毒期满回家，章某苦口婆心地劝导银某能看在多年夫妻和一双儿女的情分上，真正改邪归正，一家人好好过日子，银某口头答应，但毒瘾太大总是瞒着章某进行吸食。2011 年 8 月，银某又因吸食毒品被公安机关强制隔离戒毒 2 年，忍无可忍的章某遂起诉到当地法院要求与银某离婚。法庭采用巡回审理的方式，进行教育疏导，最终调解协议离婚。

　　离婚后的银某情绪低落，性格变得孤僻，对民警的教育不理不睬，抵触情绪强烈。一次，银某在习艺劳动时，吞食了一块小铁丝圈。好在民警发现及时，将银某送到医院取出了异物。

　　【讨论目的】 通过讨论，学生能掌握难矫治人员防控措施。

　　【讨论提示】 根据所学内容，分析如何做好难矫治人员的防控工作。

讨论案例 14

　　2010 年 3 月 5 日，某强制隔离戒毒场所二大队，就戒毒人员王某（吸毒，强制隔离戒毒 2 年）打伤戒毒人员刘某一事，召开了思想动态分析会，并将王某确定为危险分子，实施监控管理和针对性教育转化工作。

　　1. 事件起因：2009 年 4 月 23 日，戒毒人员王某在习艺劳动过程中，消极怠工，被戒毒人员刘某指责，引起口角争执，进而相互厮打，后被其他戒毒人员制止。时隔近一年，2010 年 2 月 26 日，心存不满，怀恨在心的王某，在收工时，突然用木棍袭击刘某，致使刘某头部开口缝合 7 针。后经单独管理 5 天处理，仍然扬言报复刘某。

　　2. 个性分析：戒毒人员王某，生于 1991 年，王某自我中心意识强，不善于交际与言谈，心理抗压能力差，受不得半点委屈。在日常戒治生活中，看似不卑不亢，唯唯诺诺，但骨子里有一种"人不犯我，我不犯人，人若犯我，我必犯人"的狠劲，一旦不顺心、不顺气，特别是受到委屈或打击，总要设法报复。

3. 定性分析：根据对王某的个性分析，结合所发生的报复事件，大队将王某确定为危险分子，加强控制管理和教育，以确保场所的安全稳定。

4. 防控措施：一是确立专管民警，严格落实"包管、包教、包转化"的三包责任制。二是指定2名积极的戒毒人员对其包夹监控。三是安插信息员，有意识地与王某进行交往与交流，及时搜集和反馈王某的行为举止、矫治表现，便于民警准确掌握王某的信息。四是建立危险人员专档，在做好安全防范的基础上，制定个别化矫治方案，并根据个别化矫治方案，对王某实施定时的心理测试、危险性评估和持续性的跟踪教育。

【讨论目的】通过讨论，学生能掌握对危险戒毒人员的防控措施。

【讨论提示】分小组讨论，分析上述对戒毒人员王某的防控措施的合理性和有效性，并提出如何进一步完善对王某的防控措施。

学习任务十三　重点部位防控

一、重点部位的确定

重点部位是指强制隔离戒毒场所重要的警戒设施和需要重点防卫的其他部位。一般包括：大门、围墙、警戒隔离区、单独管理室、消防通道、宿舍、储藏室、下水道、车间、探访室、民警值班室、重要物资库房，以及戒毒人员生活、学习和习艺场所等。

二、重点部位的防控要求

强制隔离戒毒场所在重点部位应建立护卫巡查制度，值班护卫人员应以高度的责任心，做好安全防控，以保证重点部位的安全。具体包括：

（一）外围巡查

1. 外围警戒设施的巡查。围墙和警戒隔离区一般由护卫队执勤守护。护卫队员应坚守岗位，尽职尽责。按规定着装，佩带警戒具和其他执勤用品；了解情况，熟悉所在位置、编号、警戒设施、附近地形及特别要求；明确警戒区域和控制重点；做到及时发现并消除安全隐患。

2. 重要警戒设施的值班守护。单独管理室、探访室、监控室、民警值班室、车间、警戒设施，由值班民警守护。

3. 对戒毒人员有可能进出的门诊室、药房、护理操作间、换药室、病房、输液室、检验室等重点关注，加强管理。

其他重点部位如重要物资仓库、变电室（所）、锅炉房等部位，应安排民警或工人值班，不允许依靠戒毒人员管理。

（二）场所内巡查

1. 重点部位巡查。护卫队民警对重点部位如巡逻道、消防通道、警戒隔离带、地下通道、排水沟等部位及戒毒人员主要的活动场所（习艺场所、图书楼、宿舍楼、礼堂、操场、食堂等）进行不间断的巡查。巡查时既要全面，又要有重点。巡查宜采用乱线巡查的方式，即每次巡查不是沿着一条确定的路线进行。这样，不会使戒毒人员摸清巡查规律，难以伺机作案。

2. 重点部位的检查。即对各种警戒及防护设施进行检查，发现异常，立即向警戒部门报告。管理部门负责组织警力对重点部位进行定期和不定期的清查。

（三）实时监控

强制隔离戒毒场所应在戒毒人员宿舍、走廊和室外活动场所，餐厅和活动场所，围墙及其周边环境，习艺场所，单独管理室，财务室、档案室及指挥室等重点部位安装监控设备，实行全天候、不间断地实时连续监控。

（四）现场安全管理

1. 戒毒人员生活现场的控制。通过对戒毒人员出入宿舍的登记检查、点名、查铺和巡逻，对戒毒人员生活现场进行安全防控；通过人身、物品检查和安全检查，防止戒毒人员把危险物品、违禁物品、控制物品带入宿舍。值班民警应对戒毒人员的生活现场实行严格管理。戒毒人员就寝前的点名、就寝后的查铺必须由民警亲自实施。值班民警必须严格执行交接班的有关规定。强制隔离戒毒场所管理部门应对在戒人员生活现场值班的民警的管理活动随时巡查监督。

2. 戒毒人员习艺现场的控制。一是出工、收工管理与控制。戒毒人员出工，必须由民警亲自带领。负责现场管理的民警，要亲自整队，清点人数，检查戒毒人员的着装及随身物品，布置具体习艺事宜。收工时，民警要回收、清点和登记工具，清点人数、检查戒毒人员随身物品，将戒毒人员带回宿舍。二是习艺区域控制和定置管理。戒毒人员习艺现场执行戒毒人员定岗定位和定活动区域的管理制度，即根据现场习艺活动的需要，划分各单位戒毒人员的活动区域，固定地段、固定场地以实行封闭式区域控制；固定戒毒人员习艺岗位，即大队根据作业的需要，对每一个戒毒人员的习艺岗位予以固定，设置活动路线和活动范围，劳动时要求戒毒人员必须坚守岗位，不准随意离开指定岗位活动。三是生产工具及危险物品的管理与控制。对戒毒人员生产现场的生产工具，要实行严格控制，做到统一保管、统一发放、统一回收，严禁戒毒人员私藏工具，严禁戒毒人员将生产工具带入宿舍。戒毒人员习艺现场的易燃、易爆、剧毒物品以及强腐蚀类化学品要分类存放，加封加锁指定民警或者工人管理。四是对外来人员和车辆的检查与控制。因工作需要必须进入现场的外来人员及车辆，要按规定办理手续，并由责任民警带领方可进入生产区；外来车辆驶出管教区前，必须接受严格的检查。

讨论案例

讨论案例15

按照司法部的要求，某强制隔离戒毒场所对物防、技防设施进行改造完善，在围墙上安装视频监控、报警器等装置构成监控报警系统。实现大门、围墙、探访室、单独管理室、民警值班室、习艺现场、学习现场、宿舍走廊等重点部位的视频监控全覆盖。所内民警值班室、戒毒人员学习习艺现场等民警带班执勤部位安装了无线报警装置。监控指挥中心、护卫队、大门值班室可以同时接收报警信号，规范了报警程序，实现了联动报警，确保报警类型明确，报警位置准确，报警渠道畅通，反应处置快速。

【讨论目的】通过讨论，学生能掌握重要部位的防控措施，理解视频全覆盖的功能。

【讨论提示】视频全覆盖在强制隔离戒毒场所发挥了哪些重要的功能，如何发挥视频全覆盖的功能。

讨论案例16

某省戒毒局到某强制隔离戒毒所进行安全突查时，发现该所重点部位防控中存在巡查、检查不到位的隐患。安装巡更系统，有助于解决巡查检查不到位的问题。在线式电子巡更是在一定的范围内进行综合布线，将巡更器设置在一定的巡更点上，巡更人员携带信息钮或信息卡，在规定的时间、按照规定的路线、到达规定地点进行巡查和检查。如果巡更人员没有按照规定执行，总控管理电脑会发出报警信号，总控值班人员可以及时发现，做出提醒；如巡更人员发生意外，没有读卡时，监控中心可以快速核查，处理突发事件。

强制隔离戒毒场所使用在线式电子巡更系统，能提高巡逻民警巡查检查的质量，达到及时发现安全隐患、减少安全事故的目的。

【讨论目的】通过讨论，学生能掌握巡更系统的功能，巡更的方法和要求。

【讨论提示】分析使用巡更系统对重点部位巡查检查的具体方法和注意事项。

 学习任务十四 **重点时段防控**

一、重点时段的确定

重点时段是指强制隔离戒毒场所安全管理中警力相对薄弱，易出现隐患和漏洞的时间范围。在强制隔离戒毒场所安全工作实践中，重点时段主要包括：起床，就餐、就寝、就医，出收工，交接班，节假日及重大庆典等特殊时期及异常气候。

二、重点时段的防控要求

1. 起床。对大队大门及整个戒毒人员活动区域进行监控（包括厕所、洗漱间、各习艺车间大门），防止戒毒人员超越活动区域，处理戒毒人员起床过程中发生的各种情况；加强对危险品存放处及重点人员的监控；检查全体戒毒人员标志服，防止戒毒人员穿着无标志衣服，成为脱逃等行为的便利条件；留置病患者集中管理，值班民警每1小时检查一次；定时对宿舍进行巡视；按要求对重点人员进行检查。

2. 就餐、就寝、就医。就餐期间，两名值班民警在岗，维持就餐秩序，并对就餐情况进行巡视监控。就寝时进行查房，特别对重点控制戒毒人员进行重点检查；戒毒人员就寝期间，定时巡视；对反常情况进行分析，并严加控制；严格值班医师负责制；对夜间9～10点、凌晨等心血管疾病易发、猝死的发生率较高的重点时段加强巡查，及时发现问题进行积极处置，并对危重病戒毒人员实施24小时监管。戒毒人员就医过程中，民警应亲自带领，并严密注视戒毒人员活动；外诊时至少2名以上民警陪同，防止戒毒人员逃跑。

3. 出收工。出收工是易发事故时段，具体防控措施如下：

（1）出工时的防控措施。戒毒人员按互帮小组整队，报数，出大队门；出门时带队民警进行查验身，检查是否带有违禁品、危险品（如打火机、香烟等）进入习艺车间，并进行登记（时间、地点、人数、事由）；带队民警前堵后截，如需乘车仍按互帮小组实行四固定；行进途中戒毒人员班组长、民管委员各司其职；进入劳动现场时再次点名。

（2）收工时的防控措施。清点劳动工具，回收并统一存放习艺车间专用工具柜内，如发现损失、丢失情况，立即处理；按互帮小组整队、报数、离开习艺车间；离开习艺车间前进行查验身，主要检查物品包括：现金、香烟、绳索、刃具、尖锐物品等违禁物品，并登记；带队民警前堵后截；戒毒人员班组长、民管委员各司其职；进入大队进行再次查验身、点名、报数。

4. 交接班。值班民警交接班时间，由于下班民警急于离开岗位和上班民警未掌握最新的情况变化，容易出现监控盲区，给戒毒人员脱逃或进行其他违法活动提供可乘之机。

防控措施：①严格对执行情况进行督查和检查，不得误岗和出现空岗；②制作规范的值班记录，详细记录值班期间发生的重要事项及其处置情况，并做到"六个保证"：保证警力、保证坐班、保证有大队领导带班、保证落实 1 小时巡查制度、保证发现问题后措施有力、保证交接班手续完善；③严格执行交接班制度，并做到"六交"：交人数、交钥匙、交警械具和应急装备、交安全设施状况、交戒毒人员思想表现、交有关工作进展情况；④严禁值班民警在值班期间进行与工作无关的一切活动；⑤注意交接班期间的异常情况，时刻警惕，确保民警自身安全和不发生管教安全事故。

5. 节假日等休息日。节假日、双休日是易发安全事故的重点时段，安全防控措施如下：①所领导制定部署节假日安保方案；②节前应进行安全隐患排查和安全检查，排查重点防控对象，清查各种危险品、违禁品；③落实领导带班和双人双岗值班制度，确保警力配备合理；④组织各种文体娱乐活动，充实和丰富戒毒人员节假日生活；⑤加强护卫巡逻，确保 24 小时不脱管、不失控；⑥确保领导值班室、总值班室、管教值班室和大队值班室四级联动，严格落实报告制度，保证发生突发事件时通讯畅通，警力充足，反应快速，处置得当，行动迅速。

6. 特殊时期。特殊时期包括国家举办重大庆典、重大赛事或政治敏感时期等。强制隔离戒毒场所应高度重视这些特殊时期的安全稳定工作，加强各个环节的安全防控工作，稳定戒毒人员情绪，确保特殊时期强制隔离戒毒场所的安全稳定。具体防控措施如下：①严密部署安全保卫工作方案，树立"安全重如泰山，稳定压倒一切"责任意识；②进行安全大排查、大检查，强化对重点人员、重点部位和重点环节的管理，清查各种危险品、违禁品，特别应注意对 9 类特殊人员进行重点排查与控制；③确保 24 小时不脱管、不失控；④做好戒毒人员教育和心理辅导工作，将危险因素降到最低；⑤加强人防、物防、技防工作，确保场所的安全与稳定。

7. 异常气候。出现台风、暴雨、大雪、大雾、沙尘暴、高温、寒冷等异常气候时，是对强制隔离戒毒场所在异常恶劣气候情形下综合应对能力的考验。异常气候条件下，民警忙于解决恶劣环境带来的困难，警力显得尤为紧张，此时往往容易产生隐患漏洞。防控措施如下：①制定风、雨、雷、电、雪、沙尘暴、雾霾等恶劣天气期间，自然灾害以及大面积、长时间停水停电期间应采取的措施和预案；②与地质、气象等部门建立联系制度及对地质、气象等灾害的监测制度、报告制度；③异常气候条件下强制隔离戒毒场所或大队应加强对围墙、排水沟、库房等重要和特殊场所的巡逻巡查措施，防止戒毒人员乘机逃脱；④确保异常气候时间段警戒设施完好，充分发挥物防、技防的作用；⑤夏季高温天气时加强晚上的查铺措施，对烦躁不安无法入眠的戒毒人员重点防控；⑥寒潮等异常气候出现时加强对强制隔离戒毒场所疾病"易感人群"的防护措施，控制传染性疾病在所内大面积传播。

讨论案例

讨论案例 17

凌晨 2 时，值班民警小曹接到戒毒人员张某的报告，睡他上铺的戒毒人员洪某用刀片割破血管，鲜血滴了他一身，棉被上也有大片血迹。

【讨论目的】通过讨论，学生能掌握重点时段的防控措施。

【讨论提示】分析该情境中在夜间安全防控中存在的隐患漏洞，你作为值班民警应采取什么措施才能避免此类事件的发生？

讨论案例 18

杨某，因吸食海洛因被公安机关强制戒毒 2 年，2012 年初被送至某强制隔离戒毒所接受强制隔离戒毒。某日凌晨 4 时，和杨某同屋的戒毒人员听到杨发出很急促的呼吸声，他们去叫杨，杨却没有任何反应。之后，值班民警叫来了所里的医生，经过 35 分钟的抢救，杨某还是死亡了。随后，检察机关介入调查此事。根据检察机关的调查，初步判断杨某并不是因为受到虐待或殴打致死，应当是自然死亡。为了消除死者家属的疑虑，戒毒所委托法医学鉴定部门为杨某进行尸检。

【讨论目的】通过讨论，学生能掌握重点时段的防控方法。

【讨论提示】该案例中，你认为应当如何做好夜间的安全防控工作？

学习任务十五　**重点环节防控**

一、重点环节的确定

重点环节是指强制隔离戒毒场所管理环节中易产生戒毒人员脱逃、自杀等事故隐患的管理环节。实践中，重点环节主要包括：新收治戒毒人员入所、戒毒人员调遣、会见、就医（特别是外诊）等。

二、重点环节的防控要求

（一）收治环节的防控

严格按照《禁毒法》和国务院《戒毒条例》规定的条件、程序做好戒毒人员的收治工作，对戒毒人员进行身体检查和入所安全检查，及时了解和掌握戒毒人员的基本情况，做好戒毒人员身心健康状况、戒毒反应、依赖程度和行为表现等方面的测评，作出毒品依赖情况的初步判断，从而采取有效的管理和教育。

1. 核对戒毒人员的身份，收治强制隔离戒毒人员必须具备县级以上公安机关《强制隔离戒毒决定书》（一式二份）以及戒毒人员社会关系表。

2. 收治强制隔离戒毒人员必须经过医院体检和 HIV 快速检测，填写强制隔离戒毒人员入所健康状况检查表。戒毒人员身体有伤的，强制隔离戒毒所应当予以记录，由移送的公安机关工作人员和戒毒人员本人签字确认；对女性戒毒人员应当进行妊娠检测。对体检合格和基本合格的予以收治，体检不合格的不予收治。凡有下列情形之一的，不予收治：

（1）对怀孕或者正在哺乳自己不满 1 岁婴儿的妇女；

（2）不满 16 周岁的未成年吸毒成瘾人员；

（3）精神病人、严重病患者（患有各种严重疾病的，需要出台强制隔离戒毒人员严重疾病认定标准）；

（4）丧失生活自理能力的；

（5）其他不适宜强制隔离戒毒的。

3. 对身体和携带物品进行检查。戒毒人员入所时，应当对其进行检查，收缴现金和违禁品。对涉案的其他物品应当移交强制隔离戒毒所决定机关处理；对生活必需品以外的其他物品，由其指定的近亲属领回或者由强制隔离戒毒所代为保管。检查时应当有 2 名以上人民警察在场。

戒毒人员入所后，应及时填写《强制隔离戒毒人员入所登记表》等各类表簿册，建立强制隔离戒毒人员档案。

4. 根据新入所人员特点，采取有针对性的管理和教育矫治工作。新收治戒毒人员往往不适应戒治环境，心理落差大，情绪不稳定，容易导致管教安全事故的发生。防控措施如下：加强对戒毒人员的心理调适与教育疏导，缓解戒毒人员心理压力；组织入所教育培训，使戒毒人员从思想上认识毒品的危害性，遵守所规所纪；加强对戒毒人员的管理与控制，特别是防止打骂、欺压、侮辱等危害行为，创造比较宽松的戒毒环境；加强对新入所人员的安全排查与防控；关注戒毒人员的体质、症状和脱毒后的反应，进行安全管理。

（二）调遣环节的防控

学员调遣工作是场所安全稳定工作的重要组成部分，应当确保调遣全过程安全无事故。戒毒人员调遣工作应当服从、服务于场所安全稳定工作和教育挽救、戒毒治疗工作的需要，坚持周密组织、安全有序和合理调配、异地管理的原则。学员调遣过程中的防控措施如下：

1. 制定调遣方案。由调入单位和省局根据实际情况制定调遣方案，明确调遣任务、组织指挥机构、具体实施办法、应急措施等，省际调动由省局制定调遣方案。调出单位接到省局调遣命令后，根据《戒毒人员调遣花名册》，整理戒毒人员档案及财物。

2. 办理交接手续。调出单位和调入单位相关人员交接调遣戒毒人员档案和财物，现场办理交接手续。调出单位将调遣戒毒人员列队带出，调入单位按照《调遣花名册》认真核对戒毒人员姓名及人数。确认无误后接收戒毒人员。调出单位负责出所前的警戒护卫，调入单位负责调遣途中的警戒护卫。

3. 调遣途中的安全控制。调遣过程中，应保证所有戒毒人员全在视野和控制范围内，不留死角和盲区；调遣途中要加强包夹监控，防止戒毒人员情急之中吞食异物逃避强制隔离戒毒；转车选择小型车站，从而易于进行封闭控制，整个场地全封闭，全面警戒；与沿途停靠站点的公安等部门保持联络，防范突发事件；做好车上温控、通风换气、伙食供应等工作，使戒毒人员情绪稳定。

4. 调遣途中突发情况的应急处置。调遣过程中如有突发事件发生，应向就近的强制隔离戒毒所请求增援，必要时应迅速取得当地公安局的协助。

（1）调遣途中有戒毒人员企图脱逃的，民警应及时为其调整座位，检查戒具，并责成民警专人严格看管；戒毒人员有强行脱逃或故意闹事、自伤自残情形的，民警应及时为其加戴戒具，带到指定地点严格控制。

（2）患病戒毒人员由随车医生及时诊治，病情无法控制的，调遣指挥部应当机立断，派车派人就近治疗。

（3）因车况、路况、天气、自然灾害、社会人员围观围堵等原因，调遣车队必须停车的，调遣指挥部应立即采取措施，加强车内管控，加强外围警戒，并果断处置，保证车队尽快恢复正常行驶。

5. 调遣中安全要求。

（1）调遣民警应保持高度警惕，妥善处理问题。

（2）调遣途中每半小时检查一次警戒具和安全设施，不得违反制度使用警戒具，不得丢失警戒具。

（3）途中停车要命令戒毒人员低头，双手抱头，保持肃静，并予以严格管控，包围警戒，防止发生异常情况。

（4）保守工作秘密，严禁泄露有关调遣信息，调遣全程严禁搭载无关人员。

（三）探访环节的防控

《司法行政机关强制隔离戒毒工作规定》第22条第1款规定："戒毒人员的亲属和所在单位或者就读学校的工作人员，可以按照强制隔离戒毒场所探访规定探访戒毒人员。"探访环节，应采取以下防控措施：

1. 严格探访人员的身份审核。强制隔离戒毒所应当检查探访人员的身份证件，对身份不明或者无法核实的不允许探访。对正被采取保护性约束措施或者正处于单独管理期间的戒毒人员，不予安排探访。

探访在强制隔离戒毒所探访室进行，实行全封闭隔离式电话探访。

2. 严格探访物品的检查。探访人员原则上不得给探访对象带任何物品，戒毒人员所需的学习、生活必需品一律在所内超市购买。有特殊情况（如治疗疑难杂症的特种药品、营养品、医疗器械）的，需经生活卫生科2名以上专职人员查验，确认无违禁品，报分管所领导批准，并经门卫登记后，方可入所。交给戒毒人员现金的，应当存入戒毒人员所内个人账户；发现探访人员利用探访传递毒品的，应当移交公安机关依法处理；发现探访人员利用探访传递其他违禁品的，应当依照有关规定处理。

探访人将危险品、违禁品以及不符合规定的物品、现金私下送交戒毒人员，一经发现，值班民警可中止探访，并按有关规定处理。来所探访人员不得携带手机、照相机、摄像机、录音机等进入探访室，这些物品在探访时应交强制隔离戒毒所暂为保管，探访结束时发还。戒毒人员交由家属带回的物品，也应由值班民警严格检查，方可带出强制隔离戒毒场所。

3. 严格探访过程的监督管理。探访应由探访室负责探访的民警通知戒毒人员所在大队，由大队民警带戒毒人员到探访室进行探访，大队管理民警应加强对探访现场的管理。

发现下列情况，应当中止探访：探访人不符合探访范围的；探访人或戒毒人员违反探访规定经劝阻无效的；探访人将危险品、违禁品以及不符合规定的物品、现金私下送交戒毒人员的；探访时使用隐语或暗语的；谈论案件内容或传递案情的；谈论国家、强制隔离戒毒场所工作秘密的；谈论不利于其戒毒的言论的；未经场所和戒毒人员同意，对探访进行录音、录像和拍照的；其他违反法律、法规、规章以及妨碍场所管理秩序的行为；其他需要中止探访的。对中止探访的，应做好记录，及时报告管理科。

探访室、大队民警，应分别做好对戒毒人员探访相关情况的登记或记录，内容包括：戒毒人员姓名，探访人姓名、人数、与戒毒人员关系、探访谈话主要内容，探访留存物品、上账现金情况等。对重点戒毒人员的探访更应严密监控。

4. 网络探访管理。国内、境内人员符合网络探访条件的，可以进行网络探访，但要求民警现场监督网络会话。

（四）探视管理防控

1. 严把资格审查关。符合下列条件的，可以探视：

（1）入所半年以上；

（2）在所戒治表现一贯良好；

（3）无负案；

（4）被探视的配偶、直系亲属无吸毒、贩毒行为；

（5）已生理脱毒的；

（6）配偶、直系亲属病危、死亡或有其他特殊情况，确需本人亲自处理的。

2. 严审保证材料。强制隔离戒毒人员应提交申请书和保证书；其配偶、直系亲属出具担保书；同时附有关证明材料（如当地公安机关的证明材料）。

3. 谈话教育和安全纪律要求。

4. 归所安全检测。包括对人身和物品安全检查和毒品检测。尿检呈阳性的，查明原因，按规定给予延长强制隔离戒毒期限和取消探视的处罚。

5. 逾期不归的，强制隔离戒毒所应配合当地公安机关追找，并采取强制措施将其追回，按规定给予处罚。

（五）单独管理防控

1. 严格审查审批手续。按照司法部戒毒局《强制隔离戒毒人员管理工作办法》的规定，强制隔离戒毒人员有下列情形之一的，应当进行单独管理：

（1）涉嫌违法犯罪需要移送公安、检察机关审查处理的；

（2）在所内涉嫌违法犯罪需要隔离审查的；

（3）有行凶或预谋行凶行为的；

（4）煽动闹事和聚众斗殴的；

（5）以患有艾滋病为由攻击他人，可能造成艾滋病病毒传播的；

（6）有其他现实危险行为的。

《司法行政机关强制隔离戒毒工作规定》第 28 条规定，对有下列情形之一的，强制隔离戒毒所应当对其实行单独管理：

（1）严重扰乱所内秩序；

（2）私藏或者吸食、注射毒品；

（3）预谋或者实施脱逃；

（4）行凶；

（5）自杀、自伤、自残等行为；

（6）涉嫌犯罪应当移送司法机关处理的戒毒人员。

单独管理应当经强制隔离戒毒所负责人批准。在紧急情况下，可以先行采取单独管理措施，并在 24 小时内补办审批手续。

对单独管理的戒毒人员，应当安排人民警察专门管理。一次单独管理的时间不得超过 5 日，单独管理不得连续使用。

2. 严格落实查验制度。根据单独管理要求，被安排单独管理的戒毒人员，只允许其携带毛巾、香皂、牙刷、牙膏、被褥、衣服、餐具、脸盆等必要的洗漱用品。对戒毒人员单独管理时，值班民警应对戒毒人员进行全面的安全检查，包括违禁品、危险品检查及伤情检查，并认真做好记录。不适合安排单独管理的，应采取其他措施。

3. 严格落实安全隐患排查制度。安全隐患排查是确保单独管理环节安全的基本要求和重要保障。其排查的内容和方法，主要包括以下几方面：

定期或不定期现场排查警戒设施、防护设施、监控设施、照明设施及门窗防护设施是否存在隐患或故障。专管民警应对安全管理设施做不少于 3 次的安全检查。

专管民警应定时或不定时巡查检查、实时监控或现场观察单独管理戒毒人员的行为举止是否存在反常、异常现象，并针对性地进行思想教育，帮助戒毒人员思想转化。

4. 严格落实戒毒人员日常管理规范。

（1）戒毒人员在单独管理期间，戒毒人员使用的餐饮、洗漱等用具，一律为塑料制品，不得使用筷子、瓷器及玻璃和金属制品的餐饮、洗漱等用具；餐饮具、洗漱用品、被褥由民警集中管理，集中清洗，用时统一发放，用完统一收回；单独管理戒毒人员每天洗漱一次，洗漱时，由值班民警逐个安排，一般不得集中洗漱。

（2）戒毒人员在单独管理期间，食物定量定标准供应，并保证开水供应。就餐、饮水地点应在单独管理室内，由值班民警统一配送，不得食用其他戒毒人员食物，也不得集中就餐。

（3）戒毒人员在单独管理期间，每天应保持 8 小时睡眠，每天安排 2 次室外活动，每次半小时，由值班人员带领。

（4）戒毒人员在单独管理期间，应严格遵守纪律，不准高声喧哗，寻衅滋事；不准故意损坏公共财物；不准同其他戒毒人员交谈；未经批准不准与外来人员谈话；主动要求与民警谈话时，应事先报告。

（5）戒毒人员在单独管理期间，不予安排探访、帮教活动。

5. 严格落实谈话教育制度。戒毒人员在单独管理期间，应加强教育，促其反省。民警对单独管理戒毒人员的教育谈话记录，应存入该戒毒人员的个别矫治档案。

6. 严格落实心理干预制度。在戒毒人员单独管理期间，场所心理矫治部门，一般应对单独管理戒毒人员进行心理测试、心理咨询和危险性评估，并运用心理矫治技术、手段，进行心理干预与个别矫治。遇有下列情形之一的，应当主动介入，进行心理干预：①有自杀、自伤、自残行为或倾向的；②有破坏、报复、行凶、袭警等行为或倾向的；③有心理障碍、精神异常、情绪极度亢奋或极度压抑的；④拒绝进食、拒绝谈话、不服从管理无理取闹的；⑤其他高危戒毒人员。

对单独管理戒毒人员进行心理测试、心理咨询、危险性评估的记录和报告，应存入该戒毒人员的个别矫治档案；必要时，由场所获得心理咨询师的民警，定期对戒毒人员进行心理干预，配合大队民警做好戒毒人员单独管理期间的心理疏导和针对性个别矫治工作，化解矛盾冲突，消除危险因素，维护场所安全稳定。

7. 单独管理中发现问题的处理。专管民警发现单独管理戒毒人员情绪不稳定，表现反常，或其他重大情况，应及时汇报监控指挥中心或分管领导；对不接受教育、无理取闹、不按照要求进行反省、室外活动或有严重自杀倾向及其他危险行为的戒毒人员，应及时请示所分管领导批准，加带警戒具，以有效惩戒和防止自杀、破坏、袭警等安全事故的发生。

戒毒人员在单独管理期间绝食的处理措施：专管民警发现戒毒人员绝食时，应在报告的同时，通知所属大队加强教育转化工作。大队民警应认真分析，并查明绝食的动机或原因，采取针对性的规劝教育措施，逐步消除与民警的对立情绪，说服其进食；专管民警应密切关注和监控绝食态势的发展状况，并积极配合大队民警做好规劝教育工作。如果规劝教育没有取得突破性效果，戒毒人员仍然连续几日拒绝进食时，专管民警应请示分管所领导批准，在继续开展教育的同时，采取强制喂食措施；强制喂食应由民警医生实施。同时，应对该戒毒人员的身体健康状况，进行实时的监测、检查和必要的治疗，防止发生意外。

戒毒人员在单独管理期间突发疾病的处理措施：专管民警发现戒毒人员突发疾病时，原则上由民警医生在单独管理现场诊疗；确需外诊或住院治疗的，应经分管所领导批准。戒毒人员在住院治疗期间的安全管理，由所属大队负责。

戒毒人员在单独管理期间出现自杀倾向或行为的处理措施：专管民警发现戒毒人员有自杀倾向或行为时，应首先采取必要的控制措施，控制事态的发展。其次，要进一步查明自杀的原因，加强对有自杀倾向或行为戒毒人员的心理疏导与教育。再次，心理矫治部门介入，及时进行心理干预，开展针对性的心理矫治。

（六）就医环节的防控

戒毒人员就医，特别是到所外就医或外诊是戒毒人员脱逃隐患比较大的环节，对戒毒人员就医过程应严格控制，防止戒毒人员脱逃或凶杀案件发生。防控措施如下：

1. 严格审批。对戒毒人员提出就医的要求应认真分析甄别，对确需外诊的戒毒人员应要求其出具所外就医申请书、保证书，并有担保人（要求无吸毒史、有担保能力且能履行担保义务），担保人应出具担保书，签订帮教协议。如有戒毒人员急、重、病危等严重情况需先行外出看病，来不及办理所外就诊手续的，强制隔离戒毒所应书面请示省局同意，先办理请假手续外出诊治，并在一个月内办理所外就医手续。

符合所外就医条件的，经管理科初审，所奖惩委员会审查，分管领导批准，所务会研究同意后，方可办理所外就医。

2. 警力配备。每名戒毒人员外诊都要配备 2 名带领民警，警戒科派 1 名警戒护卫人员，派 1 名医护人员负责安排就诊事宜。

3. 安全管理。外出就诊前，对戒毒人员应进行搜身，检查戒毒人员标志服，加戴手铐；戒毒人员外诊需至少 2 名以上民警押送；看病往返途中，注意观察其动态，加强监控，防止戒毒人员实施脱逃、行凶等行为；就医过程中民警应全程监控，并坚持双人制度，注意观察其动态，识别戒毒人员可疑言行，对其脱逃等危险行为能够及早控制；住院治疗期间，确保民警双人两班进行现场管理。

《禁毒法》第 44 条第 2 款规定："强制隔离戒毒场所对有严重残疾或者疾病的戒毒人员，应当给予必要的看护和治疗；对患传染病的戒毒人员，应当依法采取必要的隔离、治疗措施；对可能发生自伤、自残等情形的戒毒人员，可以采取相应的保护性约束措施。"

4. 跟踪管理。所外就医的戒毒人员由担保人负责日常监督、管理、教育，管理科进行定期监督检查；大队每半月电话了解所外就医人员的治疗及思想情况，并详细记录；戒毒人员定期（本省籍戒毒人员每月一次、外省籍戒毒人员每两月一次）电话向大队汇报治疗及思想情况，大队做好详细记录；场所每半年进行一次考察；所外就医期间，戒毒人员下落不明的，强制隔离戒毒所组织追抓，当地公安机关协助；戒毒人员死亡的，取得当地公安机关的死亡证明材料后予以销号，通知驻所检察部门，书面报省局备案。

5. 制定并完善各项应急预案，提高突发事件处置能力，强化演练猝死应急流程。

○ 讨论案例

讨论案例 19

某省强制隔离戒毒所新入所 18 人，除李某外其余均为第二次强制隔离戒毒，个别的还有因贩毒判刑的，是典型的多进宫戒毒人员。18 人当中 9 人是外省籍，外省籍吸毒人员在大队中有增多趋势，是一个新动向。

总体上来讲，部分戒毒人员特别是第一次戒毒的戒毒人员，心没有定下来，怀有一定的害怕、恐惧心理，心理上不踏实，各个方面都表现出不适应；部分多进宫的戒毒人员对学习、训练抱有无所谓、走过场的态度，应付了事。认为时间到了自然就出去了，思想认识不够。自私自利的思想较重，想的是自己怎么样才能尽快地舒服起来，矫治观念不强。

【讨论目的】通过讨论，学生能掌握新入所戒毒人员安全防控的方法。

【讨论提示】根据所学内容，请你提出新入所戒毒人员安全防控的措施。

讨论案例 20

2013 年 9 月 14 日，四川省某强制隔离戒毒所九大队一名刚入所不久（2013年 9 月 12 日晚入所）的戒毒人员在某市人民医院检查时强行脱逃被带外诊民警付某、唐某和李某当场抓获。

2013 年 9 月 14 日，九大队接到所部医院通知，戒毒人员洛某身体差，建议当天安排外诊。当天下午，大队派民警唐某、李某、付某带其外诊。在去该市人民医院的途中，洛某表现出口吐白沫、人事不省的状态。到达医院后，在医生给洛某置管的过程中，洛某以痛为由拼命挣扎，并想咬为其置管的医生和护士，在民警的控制下没有成功。所有项目检查完毕，在返回准备上车的途中，洛某突然从轮椅上纵身跃起，迅速向医院护栏处跑去。陈某见状，马上大喊一声"站住"，付某、唐某和陈某迅速追奔过去。在3人的围追之下，洛某心生恐惧，惊慌失措，在翻过护栏后，掉在护栏外的1米多深的沟里，被当场抓获。

事后，该所立即针对外诊工作加强了防范，设计外诊专用服装，在两裤腿间加一根连接带，减少戒毒人员利用外诊机会脱逃的可能。

【讨论目的】通过讨论，学生能掌握戒毒人员外诊环节的防控措施。

【讨论提示】分析材料中该所在外诊环节有效处置脱逃事件的成功经验。

 考核与评价

【考核题目】

1. 戒毒人员常某经常违反纪律，多次受到班组长的批评，常某怀恨在心，扬言要对班组长进行报复，并私自将一根小铁棒带入宿舍。为了防止常某实施行凶报复行为，应采取什么措施加以控制？

2. 某日，某强制隔离戒毒所某大队新收治20名戒毒人员入所，这些戒毒人员入所时带了一些物品，包括：内衣、现金、打火机、绳索、小剪子、小刀、收音机、手机、小镜子、洗漱用品。如果你是集训大队民警，如何检查与处理，防控违禁品流入？

3. 一日出工列队时，戒毒人员齐某与郑某发生争执，带队民警应如何解决二人争执问题，并分析出工时段的安全防控存在哪些漏洞？

【评价内容】

1. 评价学生对行凶危险分子的防控措施是否具体到位。

2. 评价学生是否根据新入所戒毒人员违禁品防控要求进行检查和处理。

3. 评价学生对出收工安全检查与管理措施是否正确、得当。

 拓展训练

观摩或参与强制隔离戒毒场所对戒毒人员违禁品检查，了解强制隔离戒毒场所重点部位防控措施。

学习单元五 强制隔离戒毒场所突发事件应急处置

 知识储备

强制隔离戒毒场所突发事件是指在强制隔离戒毒场所内突然发生的，扰乱或破坏管教秩序的具有一定规模、危害后果严重并需要紧急处置的各种灾害、事故及犯罪活动的总称。

和其他突发事件一样，强制隔离戒毒场所突发事件具有发生的突然性、后果的危害性、事态的扩张性和处置的紧迫性。但在具体表现上又有新的内涵。其一，由于收治对象的特殊性，场所突发事件，尤其是管教安全类突发事件大多数由戒毒人员经长期预谋、策划，然后伺机爆发，其发生的突然性与社会上突发事件相比有过之而无不及。其二，因特殊的社会地位，加之制造突发事件的戒毒人员报复性强烈、手段残暴，一旦爆发势必会给强制隔离戒毒场所这一特定范围，甚至社会造成难以估量的后果。其三，收治对象比较消极，区域集中，一旦发生突发事件，一些戒毒人员会借机兴风作浪或趁火打劫。因此，突发事件一旦监控处置不及时，就会使事态恶性蔓延，造成更大的和新的危害。其四，由于强制隔离戒毒场所工作性质的要求，对于各种突发性事件的处置迫在眉睫、刻不容缓，必须争分夺秒，力争将事态尽早尽快控制并迅速处理，以免造成更加严重的后

果。根据强制隔离戒毒场所突发公共事件的发生过程、性质和机理，可将突发事件分为管教安全突发事件、生产安全突发事件、公共卫生突发事件和因自然灾害导致的突发事件。近年来突发事件呈现以下特点：①脱逃事故突出，且群体性脱逃、暴力袭警脱逃事故所占比例大；②自伤、自残倾向增加，多数复吸者由于怕家庭不接纳、社会不认可等原因常常产生绝望及抵触情绪，进而采取过激行为逃避强制隔离戒毒。

一、强制隔离戒毒场所突发事件处置应急体系

强制隔离戒毒场所突发事件处置的应急体系由组织体系、运作机制、法治基础和应急保障系统四部分构成。

突发事件应急组织体系是指突发事件处置中领导、指挥群体以及处置力量的组成结构。应急处置的管理机构是指统筹协调和指挥处置对安全造成重大影响的突发安全事件，研究制定应对突发安全事件的重大决策，制定总体应急预案等重大应急规划，总结分析突发事件应对工作的组织实体。在突发事件应急处置实践中，由场所的相关科室、大队民警和警戒护卫队构成应急响应力量，执行疏散、警戒、宣传、抓捕、解救等不同的应急行动。强制隔离戒毒场所应急指挥中心是指强制隔离戒毒场所系统为及时有效指挥而建立的功能齐备、网络健全、平战转换的突发事件应急指挥平台，在应急管理机构的协调和指挥下，负责处置严重和特别严重突发事件。现场指挥部，有时也称前线指挥部，是应急处置的实战部门。强制隔离戒毒场所突发事件应急现场指挥官一般由所领导担任，负责全面行使现场指挥权，如对总指挥行动决策的执行，应急人员安排，与上级保持联络等。行动部门负责事件现场的战术行动，并保证所有的应急战术行动按照行动计划来完成。策划部门主要负责有关应急信息的收集、评价、发布和使用，对应急现场资源的使用和需求进行分析以及准备现场行动计划。实践中，行动部门负责人由场所突发事件现场指挥部副指挥长和成员担任。下设警戒组、现场取证组、宣传报道组、行动突击组和机动组。后勤部门主要负责提供设施、服务和物资，并向现场指挥官报告。实践中，后勤部门负责人由一名突发事件现场指挥部副指挥长担任。下设交通通讯组、医疗装备组。财政、行政部门主要负责跟踪、评估事件处置费用、资金事项。所有部门负责人最终对应急总指挥部负责。

我国虽然没有专门针对强制隔离戒毒场所突发事件处置的法律法规，但在强制隔离戒毒的规章中有相关的规定，如《司法行政机关强制隔离戒毒工作规定》第18条第2款规定："强制隔离戒毒所应当制定突发事件应急预案，并定期演练。"第30条规定："遇有戒毒人员脱逃、暴力袭击他人等危险行为，强制隔离戒

毒所人民警察可以依法使用警械予以制止……"第31条规定："戒毒人员脱逃的，强制隔离戒毒所应当立即通知当地公安机关，并配合公安机关追回脱逃人员……"目前我国应急法律体系已初步形成，其中针对社会公共突发事件应急处置的法律法规，对强制隔离戒毒场所突发事件处置具有指导和监督意义，如《中华人民共和国突发事件应对法》。同时，强制隔离戒毒场所突发事件的成功处置离不开财力、医疗、交通、通讯、科技等资源的应急保障。

　　强制隔离戒毒场所突发事件分级响应机制。根据突发事件造成的人员伤亡、财产损失或者可能造成的社会影响程度，突发事件一般分为：特别重大突发事件（Ⅰ级响应）、重大突发事件（Ⅱ级响应）、较大突发事件（Ⅲ级响应）、一般性突发事件（Ⅳ级响应）。

　　1. 特别重大突发事件（Ⅰ级）。它主要包括戒毒人员20人以上的脱逃事件；5人以上的自杀事件；造成2人以上死亡或3人以上重伤的行凶杀人事件；劫持5人以上人质的事件；30人以上集体骚乱、绝食、斗殴、暴所事件；围攻强制隔离戒毒场所及破坏财物持续时间较长、参与人数较多，财产损失较大的事件；调遣戒毒人员中发生3人以上的脱逃事件；针对强制隔离戒毒场所制造的危害范围较大、涉及人员较多、财产损失较大的恐怖事件；因自然灾害、生产事故和中毒等引起5人以上死亡事件；其他对强制隔离戒毒场所安全稳定造成特别重大影响的突发事件。

　　2. 重大突发事件（Ⅱ级）。它主要包括戒毒人员5~19人脱逃事件；2~4人自杀事件；造成1人死亡或2人重伤的行凶杀人事件；劫持1~4人的事件；10~29人集体骚乱、绝食、斗殴、暴所事件；调遣戒毒人员中发生的脱逃2人以下事件；因自然灾害、生产事故和中毒等引起3~4人死亡事件；围攻强制隔离戒毒场所及破坏财物事件；针对强制隔离戒毒场所制造的恐怖事件；其他对强制隔离戒毒场所安全稳定造成重大影响的突发事件。

　　3. 较大突发事件（Ⅲ级）。它主要包括戒毒人员5人以下脱逃事件；戒毒人员自杀、行凶杀人事件；9人以下集体骚乱、绝食、斗殴、暴所事件；因自然灾害、生产事故和中毒引起1~2人死亡事件；其他对强制隔离戒毒场所安全稳定造成较大影响的突发事件。

　　4. 一般性突发事件（Ⅳ级）。它主要包括强制隔离戒毒场所一般案件，对管教安全产生一般危害、造成较小影响的事件。一般由场所或大队直接指挥处置。针对一般性突发事件，场所要启动Ⅳ级响应程序。

　　强制隔离戒毒场所发生突发事件后，场所应争取在第一时间内作出反应，值班所领导应在最短时间内赶到现场，组织力量对事件的性质、类别、危险程度、影响范围等进行评估，应急指挥机构应立即开始运作，先期处置，控制事态发展，同时立即向上级报告。

二、强制隔离戒毒场所突发事件应急预案

强制隔离戒毒场所突发事件应急预案，又称强制隔离戒毒场所突发事件应急计划，是针对场所可能发生的突发事件，为保证迅速、有序、有效地开展应急与救援行动、减少伤亡、降低损失而预先制定的有关计划或方案。按预案适用范围和功能，可分为综合预案、专项预案和现场预案。基层民警应掌握现场预案。

现场预案，也称现场处置方案，是在专项预案的基础上，根据具体情况而编制的针对特定场所，通常是风险较大或重要防护区域等场所制定的预案。例如，强制隔离戒毒场所安全生产事故专项预案中，编制的生产过程中的某作业区的应急预案等。现场预案围绕现场具体救援活动而制定，具有更强的针对性和更具体的可操作性。

（一）应急预案的框架及内容

1. 总则。说明编制预案的目的、工作原则、编制依据和适用范围等内容。

2. 组织指挥体系及职责。明确各组织机构的职责、权利和义务，以突发事件应急响应全过程为主线，明确事件发生、报警、响应、结束、善后处理处置等环节的主管部门与协作部门；以应急准备及保障机构为支线，明确各参与部门的职责等内容。

3. 预警和预防机制。包括信息监测与报告，预警预防行动，预警支持系统和预警级别及发布（建议分为四级预警）等内容。

4. 应急响应。包括分级响应程序（原则上按一般、较大、重大、特别重大四级启动程序），信息共享和处理，指挥和协调，紧急处置，应急人员的安全防护，群众的安全防护，社会力量动员与参与，事件调查分析、检测与后果评估，新闻报道，应急结束等11个要素。

5. 后期处置。包括善后处置、社会救助、保险、事故调查报告和经验教训总结及改进建议等内容。

6. 保障措施。包括通讯与信息保障，应急支援与装备保障，技术储备与保障，宣传、培训、演习和监督检查等内容。

7. 附则。包括有关术语、定义，预案管理与更新，国际沟通与协作，奖励与责任，制定与解释部门，预案实施或生效时间等内容。

8. 附录。包括相关的应急预案处置。

（二）应急预案的编制

突发事件应急预案的编制过程可分为五个步骤：成立预案编制小组，危险分析和应急能力评估，编制应急预案，应急预案的评审与发布以及应急预案的实施。

（三）应急预案的演练

应急培训和演习是在加强基础、突出重点、边练边战、逐步提高原则的指导下，旨在锻炼和提高队伍在突发事故情况下的快速反应、及时排除危险、营救伤员，正确指导和帮助相关人员防护或撤离，开展现场急救和伤员转送等应急救援技能和应急反应综合素质，以便有效降低危害，减少损失。

应急培训的范围应包括：政府主管部门的培训、社区居民的培训、民警的培训、专业应急救援队伍（护卫队）的培训。

应急演习的基本步骤包括：

1. 演习准备阶段。主要内容包括：成立演习策划小组、确定演习日期、确定演习任务与范围、编写演习方案、情景设计、确定演习现场规则、确定应急演习的目标。

2. 演习实施阶段。应急演习实施阶段是指从宣布初始事件起到演习结束的整个过程。演习过程中参演应急组织和人员应尽可能按实际紧急事件发生时的响应要求进行演示，由参演应急组织和人员根据自己的理解，拿出最佳解决办法，对情景事件作出响应行动。策划小组或演习活动负责人的作用主要是宣布演习开始和结束，以及解决演习过程中的矛盾。并向演习人员传递消息，提醒演习人员采取必要行动以正确展示演习目标，终止演习人员不安全的行为。

3. 演习总结阶段。应急演习结束后应对演习的效果做出评价，并提交演练报告，详细说明演练过程中发现的问题，包括不足项、整改项和改进项。演习总结可以通过访谈、汇报、协商、自我评价、公开会议和通报等形式完成。

三、强制隔离戒毒场所突发事件应急响应的基本程序

1. 报警。强制隔离戒毒场所发生突发事件，事发现场民警应立即报告所应急指挥中心，指挥中心人员应立即报告当天值班所领导。

遇到以下情形之一时须迅速报警：①戒毒人员发生打架斗殴或人身安全可能发生危险的；②发生突发事件，无法处置可能造成事故的；③发生戒毒人员闹事、脱逃等紧急危险的；④发生打群架或劫持人质相威胁的；⑤戒毒人员袭击民警或民警自身安全可能发生危险的；⑥其他需要报警，请求指挥中心紧急支援的。

2. 报告与先期处置。值班所领导接到报警，能自行处置的，可先行处置；不能自行处置的，按规定向上级报告，同时，进行必要的先期处置和现场控制，并启动相应的应急预案。

必须严格落实请示报告制度，只有在危机发生的第一时间做到请示报告，才能保证信息畅通和指挥顺畅，也为正确处理突发事件争取最宝贵的时间。

3. 启动预案。根据不同突发事件应急预案进行处置。政治事件、涉外事件由省戒毒管理局直接指挥处置。

4. 集结警（兵）力。指挥中心根据警情的性质、事态规模、紧急程度，第一时间集结足够警力进行处置，由值班首长布置任务。

5. 封控现场。突发事件的发生必然引起恐慌甚至骚乱，特别是在人员高度密集、精神高度紧张的强制隔离戒毒场所，稍不留意就会一波未平一波又起，出现忙于应付的局面，甚至引起其他安全事件。因此警力到达现场后，首先要封锁现场和控制事态发展。

6. 应急处置结束。终止应急处置行动，宣布应急结束。

7. 提交处理报告。应急处置结束后，强制隔离戒毒场所应当向上级机关提交突发事件处理报告。

8. 新闻发布。需公开对外报道的强制隔离戒毒场所突发事件，应经上级主管部门审核。按照及时主动、准确把握、正确引导、讲究方式、注重效果、遵守纪律、严格把关的原则，根据有关规定，建立场所突发事件新闻发布制度，组织、规范新闻媒体采访报道工作。

9. 后期处置。对强制隔离戒毒场所突发事件进行调查处理。应急结束以后，强制隔离戒毒场所应积极采取措施，在尽可能短的时间内，努力消除突发事件带来的不良影响，做好善后工作。强制隔离戒毒场所突发事件后期处置工作包括：现场清理、伤亡赔偿、原因调查和奖惩及责任追究。

学习任务十六　戒毒人员脱逃事件应急处置

一、认知戒毒人员脱逃事件

戒毒人员脱逃是指强制隔离戒毒人员违反有关法律法规，擅自离开执行场所的行为。有效防范和处置强制隔离戒毒人员脱逃，降低负面影响，维护场所安全，是戒毒所民警必备的素质和能力。在戒毒人员脱逃事件中，群体性脱逃和袭警脱逃所占比例较大。脱逃人员及组织者多为复吸人员；大多数事故都发生在深夜及节假日等在岗警力少、值班人员易疲劳等时段；脱逃人员对毒品的渴求十分强烈，多数吸毒者由于不能抵御对毒品的生理与心理依赖，往往不惜铤而走险，绞尽脑汁，想尽办法脱逃。

二、防范与处置

（一）防范要点

1. 完善警戒设施。场所围墙内侧 5 米、外侧 10 米为警戒隔离带，并在围墙内侧安装隔离网，在大门安装指纹门禁、人像识别和智能门禁系统，对照明、监控、安检、报警等场所内设施进行合理布局。

2. 加强通道管理。加强围墙大门人行通道、车辆通道以及探访室通道、下水道等部位的管理。配齐配强门卫值班警力，明确职责，提高履职能力。

3. 加强内部摸排。发挥信息员的作用，建立高效的所内信息员网络，加强所情搜集和研判，落实对重点戒毒人员和言行异常人员的管控、教育、疏导措施，确保看好、管牢重点对象，消除戒毒人员脱逃的侥幸心理。

4. 落实监管制度。强化民警直接管理制度的落实，强化戒毒人员互监互控制度的落实，强化安全检查与搜身制度的落实，严格所内车辆的管理，加强绳索、梯子等攀高物品的管理。

（二）处置程序

1. 及时报警。发现戒毒人员脱逃，现场民警要立即向所应急指挥中心报警。所应急指挥中心应立即启动预案，报告所领导，通知各单位立即清点戒毒人员人数，说明脱逃人数，同时迅速向省（区、市）戒毒局应急指挥中心报告。

2. 勘查搜索。所立即对案发现场进行勘查，分析戒毒人员可能脱逃的方向与地点，并派出搜索小分队前往搜查。

3. 通报情况。强制隔离戒毒场所应立即向所在地公安机关 110 指挥中心、检察机关通报脱逃戒毒人员的基本情况、可能的去向、可能携带的凶器、伪装用品等情况和再犯罪预判情况等。

4. 发布信息。省局要立即向全省各强制隔离戒毒场所通报情况，发布协同配合围捕脱逃戒毒人员的指令。

5. 联动追找。强制隔离戒毒场所要会同所在地公安机关，迅速到达各自的设卡点，实施堵截守候，对过往的车辆和人员严格检查。走访周围群众，搜集线索。

6. 锁定目标。与公安机关共同分析案情，确定围追堵截的重点和范围，必要时协调公安机关技侦、刑侦部门，依法利用科技手段锁定目标具体位置。

7. 实施抓捕。组织警力设置包围圈，实施拉网式搜索。发现脱逃戒毒人员后立即追找。对负隅顽抗者展开政策攻心，在无效的情况下视情况组织突袭或强攻。

8. 善后处理。事后应保护好现场，制作现场勘查笔录并通知检察机关到场。戒毒人员被抓获后，立即组织审讯，整理相关材料，写出专题报告。强制隔离戒毒场所还要以此为典型案例对戒毒人员进行警示教育。

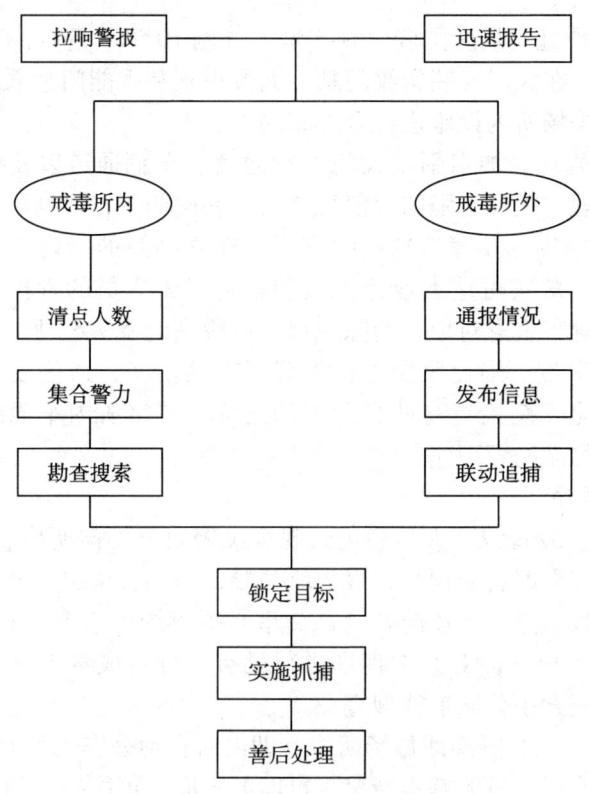

处理脱逃突发事件流程图

（三）处置要诀

脱逃案发速报告，启动预案拉警报；

快速出击调警力，卡点布控要周到；

围追堵截筑防线，巧用技侦锁目标；

联防联控威力大，天网恢恢无处逃。

○ 讨论案例

讨论案例 21

某强制隔离戒毒所四大队戒毒人员余某在所部医院治疗，2009 年 3 月 11 日被带到外面会诊。会诊回来已经将近晚上六点。因为他是个艾滋病人，别人都很怕抬他的担架，不知道放在哪里好，后来就把担架放在他的病房里了。到了后半夜的两点左右，他用担架把窗户撬开，然后把床单结成一根绳子，再把一床被子放在另一床被子下做成人样，然后就吊下楼去了。当时也有值班民警在门口，但民警没有走进去看，以为人睡在里面。到了凌晨四点多，天已经蒙蒙亮了，值班民警发现里面没有人，然后出来一看发现窗户外面吊了一根绳子，下面刚好是手术室一个内室空调的外机。他的病房是二楼最西面一间。强制隔离戒毒所立即组织民警去追，3 天后在浙江某县抓住了他。

【讨论目的】通过讨论，学生能掌握戒毒人员脱逃的处置方法。

【讨论提示】分析本案例中民警在管理中存在哪些隐患漏洞，应采取哪些整改措施才能避免此类事件的发生。

讨论案例 22

某年 5 月 13 日中午 13 时许，某强制隔离戒毒所民警食堂负责人李某组织腌菜制作时，安排戒毒人员安某在其办公室旁边的水管处洗菜，戒毒人员张某在民警办公楼前的空地整理刚运到的白菜。期间民警李某曾下楼进行查看，看到张某在劳动后又返回办公室。15 时 1 名工人发现张某不在劳动现场，立即向民警李某报告，李某自行在场所内寻找未果后，于 15 时 40 分向所领导报告。经调取监控录像，发现张某事先藏匿在场所大门内侧的一棵松树后面，14 时 8 分左右，趁民警通勤客车进入大门后电动门未关闭的间隙，从通勤车一侧窜出大门后脱逃。

【讨论目的】通过讨论，学生能掌握强制隔离戒毒人员脱逃的追找方法。

【讨论提示】分析本案例中民警管理中存在的隐患漏洞，应采取哪些整改措施避免此类事件的发生。

学习任务十七　戒毒人员自杀事件应急处置

一、认知戒毒人员自杀事件

戒毒人员自杀是指戒毒人员丧失继续生活的信心，采取各种手段结束自己生命的行为。戒毒人员自杀，不仅影响场所安全稳定，而且也容易成为社会关注的焦点，尤其是有些戒毒人员亲属以此为由严重干扰场所正常执法工作，影响场所执法形象。有效防范和及时处置戒毒人员自杀，是强制隔离戒毒所人民警察履行职责必须具备的基本能力。

二、防范与处置

（一）防范要点

1. 观察反常现象。戒毒人员企图自杀时通常有以下反常现象：在言语方面，有"我想死"、"活着没意思"、"我受不了"、"我完了"等表露；在情绪方面，有绝望、厌世、内疚、忧伤、沮丧、烦躁、冲动、思维混乱等异常反应；在行为方面，有准备工具、持续失眠、无故哭泣、食欲不振、赠送爱物、书写遗书、与人诀别等行为。民警在日常管理中要采取直接观察或听取其他戒毒人员汇报等方法，特别是利用探访、亲情电话、来往信件检查等手段，掌握戒毒人员的反常情况。

2. 排查自杀诱因。导致戒毒人员自杀的诱因主要有：被家庭抛弃或家庭发生重大变故；患病久治不愈，对生活丧失信心；身负余罪；长期未得到减期，自感前途无望；不适应矫治环境，拒不接受戒毒事实，难以完成角色转变；敌视党和政府，对民警的执法怀有偏见，存在严重对立情绪；性格内向，忧郁寡欢，有心理障碍，或患有精神疾病；恐惧、内疚、自责、懊悔等负罪心理沉重；受其他戒毒人员欺压；等等。对这些可能导致自杀的诱因，民警要逐一进行排查，力求准确无误。

3. 强化管控措施。严禁有自杀倾向的戒毒人员从事单独岗位劳动或单独行动；严格落实包夹制度；加大清查搜身力度，做好对重点部位和戒毒人员可利用物品的管理，定期清理洗漱间、厕所、储藏室、更衣室、楼梯间；加强绳索、刀刃具以及汽油的管理；加强对制高点、可攀爬部位的管控等。

4. 实施危机干预。对有明显自杀倾向的戒毒人员，民警要认真做好个别教育工作，查明原因，及时开展心理咨询和心理疏导，结合亲属规劝、社会志愿者帮教等方式,缓解其心理压力,化解危机;对患有精神疾病的戒毒人员,要及时进行诊断治疗,并采取相应防范措施。此外,要逐步活跃所区文化,丰富戒毒人员的文娱生活,调节其不良情绪,缓解其心理和精神压力。

5. 注重思想教育。切实做好个别谈话教育工作,充分发挥教育疏导的转化作用;既帮助解决思想问题,也帮助解决实际困难;利用亲属力量,共同做好帮教工作。

6. 提高信息员质量。要切实抓好所内"信息员"的物色、选择、数量、质量和布局,重视"选、训、管、用",提高所情动态分析质量,及时解决戒毒人员倾向性、苗头性问题,从物质手段、时间和空间上最大限度地清除和减少自杀的可能。

（二）处置程序

1. 劝说制止。发现戒毒人员企图自杀,民警应在第一时间作出反应,耐心劝说,规劝其放弃自杀念头。同时,将其他戒毒人员带离现场,防止少数戒毒人员借机哄闹滋事。

2. 迅速报警。在劝说、制止的同时,民警应立即向所应急指挥中心报警,所应急指挥中心应立即报告所领导,通知相关部门并组织警力赴现场增援。

3. 及时抢救。如戒毒人员已实施自杀,则根据其不同的自杀方式采取相应的抢救措施。对自缢的,应迅速将其从高处放下,小心解开绳套,采用人呼吸等救护措施;对用锐器割腕、颈的,应劝说其放下锐器,若劝说未果,应寻机夺下,对受伤部位还要进行简易包扎;对企图跳楼的,要劝其放弃自杀念头,并做好地面防护和救护准备;对吞食异物自杀的,要立即送往医院救治。

4. 保护现场。如戒毒人员自杀既遂,已显示死亡特征的,要立即通知医疗部门进行鉴定,对自杀现场采取保护措施。设置隔离带,通知并等候检察机关或相关职能部门进行现场勘查。

5. 善后处理。对自杀未遂的戒毒人员,在积极救治的同时,要查明原因,进行有针对性的心理疏导,并予以相应处理;对自杀死亡的戒毒人员,要按照规定由检察机关对死亡原因做出鉴定,并通知戒毒人员亲属,积极争取他们的配合,必要时要争取地方党政部门的支持,妥善处理善后事宜,避免因此而引发其他事端。同时,要对整个事件进行深入细致的调查分析,详细记录发现过程、处置方法、解决情况、有关部门的结论等情况,认真排查整改管理制度执行方面存在的问题,落实防范措施,防止类似事件再次发生。对其他戒毒人员尤其是与自杀戒毒人员较为亲近或同宿舍人员,进行心理干预,防止个别戒毒人员因负面心理而反应过度。

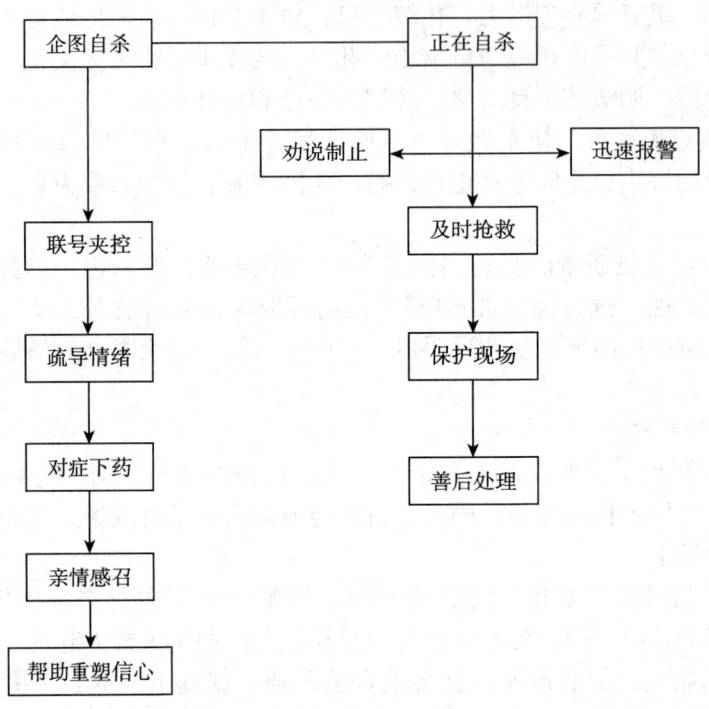

处置自杀事件流程图

（三）处置要诀

自杀征兆必反常，搞清原因最重要；

联号夹控紧跟上，疏导劝阻施良方；

亲情感召力量强，现场处置方法当；

及时抢救防死伤，善后处理消影响。

○ 讨论案例

讨论案例23

某年2月18日20时，某强制隔离戒毒所二大队戒毒人员黄某独自一人溜到该大队五楼天台晒衣场，用裤子拴在贴条防护网上自缢。20时37分，戒毒人员李某发现后，立即报告值班民警，20时58分，该所将黄某送到医院紧急抢救，当晚21时50分，黄某经医院抢救无效死亡。

【讨论目的】通过讨论，学生能掌握戒毒人员自杀的应急处置程序。

【讨论提示】这是一起自杀既遂案例。虽然黄某失去监控时间很短，强制隔离戒毒所方面也采取了应急抢救措施，但仍发生意外。请你谈谈本案例中基层民警在安全防范工作中还存在哪些隐患漏洞，怎样做才能避免戒毒人员自杀事件的发生？

讨论案例 24

2009 年 7 月 5 日，戒毒人员陈某申请所外就医，因不符合条件未被批准。大队民警发现陈某情绪极不稳定，并了解到其曾经有过自伤自残经历，为防意外发生，民警一面加强对陈某进行思想教育，一面安排专人对陈某进行监控。

当天中午，陈某利用午休机会，将筷子磨尖后企图自杀，被信息员及时发现并予以制止。约 1 小时后，陈某突然向二楼猛冲，值班民警张某、护卫队员闫某迅速冲上，在二楼平台处将其阻止。

下午 1 时 30 分，大队召开队务会议，商讨对策，确定对其实行单独管理，24 小时守护；并请陈某亲属到所帮教。

7 月 6 日中午，陈某趁看护人员吃饭之机，将一枚打火机吞下，值班民警立即将其送往市人民医院救治，打火机被取出，陈某脱险。

7 月 8 日，经大队民警反复耐心的开导和陈某亲属的规劝，陈某表示放弃自杀念头。从此，陈某安心戒毒，重扬生活风帆。

【讨论目的】通过讨论，学生能掌握戒毒人员自杀的处置程序。

【讨论提示】根据上述案例，开展课堂讨论。对陈某跳楼事件的处理和以后的帮教对你有何启示？对跳楼自杀事件的处理程序如何为好？

学习任务十八　戒毒人员猝死事件应急处置

一、认知戒毒人员猝死事件

戒毒人员猝死是指外表健康的戒毒人员，因体内潜在的进行性疾病，可在某些外因作用下或没有外因突然发生的非暴力死亡。最常见引起猝死的原因是心血管系统疾病。猝死的特点表现在：一是发病突然；二是死的急速，一般在 1 小时之内不明原因突然死亡。猝死事件一旦发生，存活率甚低，直接危及生命安全。有效防范与处置戒毒人员猝死，是强制隔离戒毒所民警履行职责应当具备的基本能力。

二、防范与处置

（一）防范要点

1. 定期健康检查，及时发现易于导致猝死的各种疾病，认真治疗，做好记录。这些疾病主要有：一是冠状动脉缺血，二是心肌梗塞，三是心律失常，四是主动脉瘤、脑动脉瘤。另外，高血压引起的夹层动脉瘤、梅毒性主动脉瘤以及较大的脑动脉瘤破裂，都会引起猝死。

2. 及时发现轻微症状。初次发生心悸、头昏、运动时胸痛等，即使症状比较轻，也应立即上医院检查，找医生进行诊治。

3. 培养健康的生活习惯，适量运动，降低猝死的发病率。摒弃不良习惯，要彻底戒烟，心脏病总死亡率的 21% 是由吸烟造成的。

4. 加强急救知识培训工作。定期对医务人员和大队民警开展急救知识培训，将急救知识掌握情况作为管教目标考核内容之一。医务人员要熟练掌握心肺复苏流程及急救仪器使用方法，努力提高急救效果。大队民警要了解掌握猝死的初步判断、现场急救基本知识、心肺复苏基本技能，保证在第一时间组织有效的急救。

5. 加强对重点病人管理，及时掌握健康动态。医院要加强医疗巡诊，大队要加强健康知识教育，加强横向和纵向联系，使民警掌握重点病人动态。

（二）处置程序

1. 及时发现病人，迅速作出判断。大队值班民警一旦发现戒毒人员出现意识丧失、心跳停止等情况，即应作出猝死的初步判断。

2. 立即进行急救。作出猝死初步判断后，大队民警立即进行包括心肺复苏在内的现场急救，并迅速报告医院、大队领导。

3. 迅速组织转送。大队领导立即组织人员以最快速度将病人转送所医院，同时向所值班人员报告。所值班人员立即组织下一步抢救，包括车辆、护卫人员安排等。

4. 收集证据。大队领导在组织人员参加抢救的同时，开启执法记录仪，迅速开展现场调查，收集猝死现场有关证据，包括人证、物证。及时调看监控录像，为下一步调查工作做好准备。

5. 处理善后事宜。管理科在接到报告后迅速派人到现场指挥协调抢救工作，同时协调大队做好向病人家属、驻所检察室的病情通报工作。安抚病人家属，配合所做好后事处理等事宜。

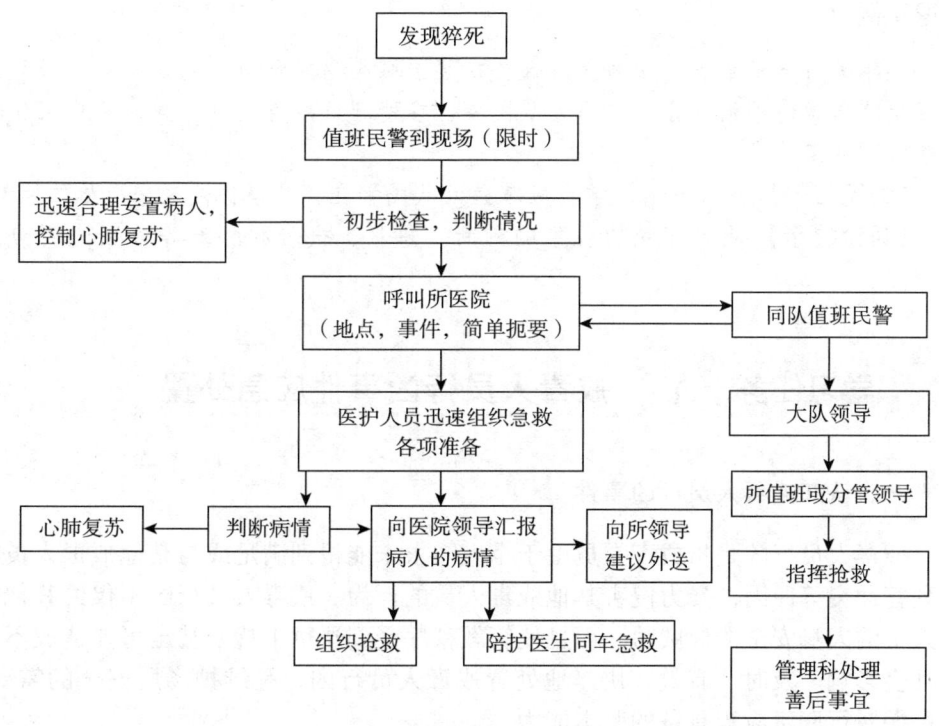

处置猝死事件流程图

（三）处置要诀

猝死发现需及时，准确判断莫误事；

报告医院和领导，心肺复苏先救治；

医护人员做准备，及时送往医院治；

收集证据莫忽视，妥善处理善后事。

○ **讨论案例**

讨论案例 25

作为大队民警，你如何进行戒毒人员猝死的判断？如何做好猝死的急救？

【讨论目的】通过讨论，学生学会猝死的初步判断和急救的基本方法。

【讨论提示】从中风、休克、心肌梗塞和昏厥四个方面进行分析讨论。

讨论案例26

某年某月某日早晨，一名吸毒人员在某强制隔离戒毒所内突然发病，被送到所卫生院急救时不治身亡。作为大队民警，在处理好戒毒人员猝死事件中应做好哪些方面的工作？

【讨论目的】通过讨论，学生应掌握大队民警在猝死事件处置中应尽的职责。

【讨论提示】从对猝死的现象的判断、急救、报告和移送等方面进行分析讨论。

 学习任务十九　戒毒人员行凶事件应急处置

一、认知戒毒人员行凶事件

戒毒人员行凶是指戒毒人员由于个人需求未能得到满足或与其他戒毒人员发生利害冲突等原因，暴力侵害其他戒毒人员的行为。戒毒人员行凶不仅给其他戒毒人员的人身安全造成威胁，而且使管教秩序受到严重干扰，甚至可能造成不良的社会影响。及时、有效、快速地处置戒毒人员行凶，是维护场所安全的需要，是民警履行职责应当具备的基本能力。

二、防范与处置

（一）防范要点

1. 强化内部摸排。加强戒毒人员思想动态分析，用好信息员，建立覆盖面广、灵敏高效的信息渠道。加强对所情的分析研判，准确掌握戒毒人员动态，及时发现和排除事故隐患，有针对性地进行防范。

2. 加强重点管控。加强对戒毒人员中危险分子的排查，落实好包夹监控。严格执行劳动工具、生活设施、医用物品、易燃易爆物品的使用和管理规定，落实好清所搜身制度，防止戒毒人员将上述物品用作行凶工具。加大对戒毒人员的心理健康教育力度，对有心理危机或者严重心理障碍的，要及时予以心理危机干预和治疗；对有精神疾病症状的，要及时进行专门医治。

3. 积极调处矛盾。民警要耐心细致、及时有效地调处戒毒人员之间在学习、劳动、生活中产生的矛盾和纠纷，对所反映的问题要充分重视、积极解决，教育引导戒毒人员提高自我防范意识，对他人的无理纠缠、恐吓威胁、谩骂殴打或预谋行凶行为要及时报告。

4. 坚持文明管理。严格公正执法，切实维护戒毒人员合法权益。加强戒毒人员的人生观、价值观、法制观、人际交往等方面的教育，增强法律意识和环境适应、自我调节能力。

（二）处置程序

1. 喝令制止。发生戒毒人员行凶时，现场民警要喝令制止，同时立即报警，请求支援。

2. 控制事态。及时将现场无关人员疏散到安全地带，同时注重保护现场，与增援警力一起对行凶戒毒人员进行包围、控制。

3. 规劝警告。对行凶者进行有针对性的规劝，疏导攻心，瓦解其意志，迫使其放弃继续行凶企图。规劝无效时，对行凶人进行警告，以武力震慑逼其就范。

4. 伺机制服。如受害人已死亡，可依法使用警械、武器立即制服凶手；若受害人生命正遭受威胁，则应采取迂回进攻等手段予以制服，解救受害人。

5. 伤员救治。对受伤人员实施现场救护或立即送往医院救治，最大限度抢救受伤人员生命。

6. 善后处理。事态平息后，对行凶现场进行勘查，为依法、及时、有效惩处行凶戒毒人员提供证据。要对全体戒毒人员进行教育引导，严肃纪律，消除不良影响，稳定场所秩序。

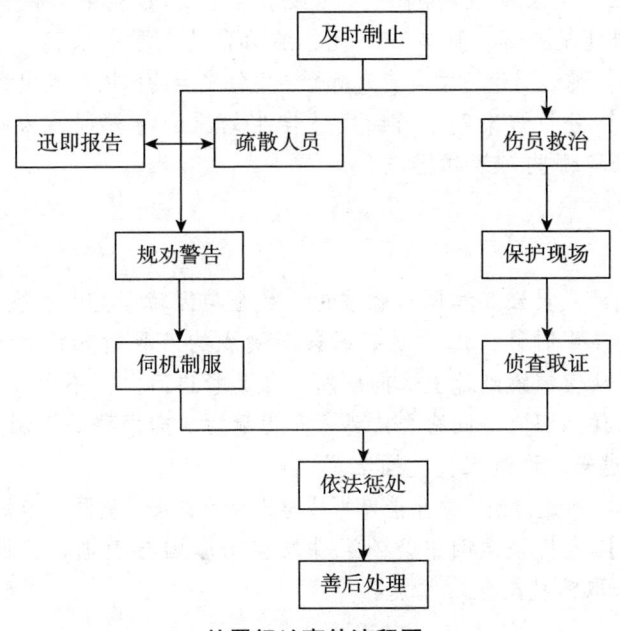

处置行凶事件流程图

（三）处置要诀

行凶伤人影响坏，疏散人员控事态；
报告求援行动快，规劝警告晓利害；
迅猛出招制凶歹，救治伤员减伤害；
立案侦查取证据，依法惩处稳准快。

讨论案例

讨论案例27

某日，某大队值班民警打开宿舍大门后，未见戒毒人员王某和刘某，立即查找，随即在靠近大队大门处的谈话室里发现王某靠墙俯卧在地，脖子上勒有有线电视连接线，已死亡。民警随后又在大队的阅览室发现刘某躺在阅览桌边的地上，发现亦已死亡，右后脑有瘀肿。

经某市法医中心鉴定，王某系机械性窒息死亡。刘某系颅脑外伤死亡。调查后，确认这是一起王某伤害刘某致死后又畏罪自杀案件。王某自强制隔离戒毒以来存有明显的人格障碍，经常无故殴打其他戒毒人员，已被列为危险人员加以控制。王某多次与刘某发生冲突，矛盾升级。刘某扬言要在解除强制隔离戒毒后雇凶杀掉王某，王某也发誓要先将刘某杀死。某夜，王某在值夜岗时，趁刘某不备，用钝器猛击刘某头部，致其重伤死，随后自己畏罪自杀。

【讨论目的】通过讨论，学生能分析行凶案件发生的原因及提出相应的防范措施。

【讨论提示】分析该案例中行凶案件发生的原因与教训，为防止类似案件发生，你认为应采取哪些对策和措施？

讨论案例28

某日晚，戒毒人员江某和同宿舍戒毒人员金某因琐事发生争执后产生杀害金某的念头。次日凌晨4时许，江某用钢锯条磨制成的刀具对熟睡的金某颈部猛戳两刀。金某惊醒后从上铺跳到地上逃向厕所，江某紧追而上，不顾金某苦苦哀求，又对其胸部、腹部猛捅四刀。同宿舍戒毒人员惊醒后随即报警并欲制止，江某大喊大叫："你们不要过来，谁过来我就捅谁。"

【讨论目的】通过讨论，学生能掌握戒毒人员行凶案件的防范与处置措施。

【讨论提示】分析该案例中行凶案件发生的原因与教训，为防止类似案件发生，你认为应采取哪些对策和措施？

学习任务二十　　骚乱、聚众斗殴事件应急处置

一、认知骚乱、聚众斗殴事件

骚乱事件，是指非法聚众并使用暴力手段，严重破坏局部地区社会稳定并造成一定财产损失和人员伤亡的事件。骚乱事件按起因可分为：由民族矛盾引发的骚乱；由宗教信仰问题引发的骚乱；由政治、经济原因引发的骚乱；由治安原因引发的骚乱；由比赛、竞赛事项引发的骚乱；等等。按性质可分为：政治性骚乱、治安性骚乱。骚乱具有诱因众多，聚合容易；结构松散，成分复杂；指向随意，危害严重等特点。

聚众斗殴，是指为了报复他人、争霸一方或者其他不正当目的，纠集众人成帮结伙地互相进行殴斗，破坏强制隔离戒毒场所管理秩序的行为。

二、防范与处置

（一）防范要点

1. 公正执法。推进所务公开，严格考核奖惩，规范执法程序，提高执法透明度。依法、公正及时处理民警与戒毒人员之间，戒毒人员与戒毒人员之间的各类矛盾和问题。

2. 文明管理。依法保障戒毒人员的合法权益，积极改善其生活条件，及时解决他们的合理诉求，大力加强卫生防疫和疾病治疗。

3. 拆散团伙。将涉黑涉恶团伙、同案、有血亲姻亲关系以及民族、宗教、地域关系复杂的戒毒人员分开管理。

4. 分区管控。细化现场管理单元，强化对戒毒人员学习、生产、生活现场的直接管控，杜绝无序流动，严防串联纠合。

5. 重点监控。密切关注涉及戒毒人员自身利益的热点问题，加强教育疏导，稳定其思想情绪。对有哄闹场所苗头的戒毒人员重点监控，落实防范措施。

（二）处置程序

1. 发生集体骚乱、聚众斗殴事件时，发案单位应立即向应急指挥部汇报，指挥部发布处置指令，全所各应急小组紧急集合，启动应急预案。

2. 事故调查处理组、政治攻势组、心理疏导组、警戒护卫组、医疗救护组、后勤保障组、预备机动组负责人立即组织人员到达现场。

3. 事故调查处理组、警戒护卫组立即控制并封锁现场，疏散人群。政治攻势组进行喊话，讲政策，主动停止违法违纪行为，对参与闹事的首要分子采取强制措施，进行制服与隔离。

4. 医疗救护组、心理疏导组实施救治伤员和现场教育、稳定情绪工作。在事件处置过程中如有人员受伤，经现场处理后要迅速送医院救治。同时，由心理疏导组负责对有关人员进行正面引导、教育，稳定思想情绪。

5. 事故调查处理组会同大队应急小组收集证据，查清事实，分清主次，对事件的策划者、煽动者、组织者依法予以严惩。

6. 集体骚乱、聚众斗殴事件处置完毕后，应急指挥部组织应急小组和事故单位进行小结，总结应急处置的经验，吸取教训，追究事件责任，进一步做好安全防范工作。

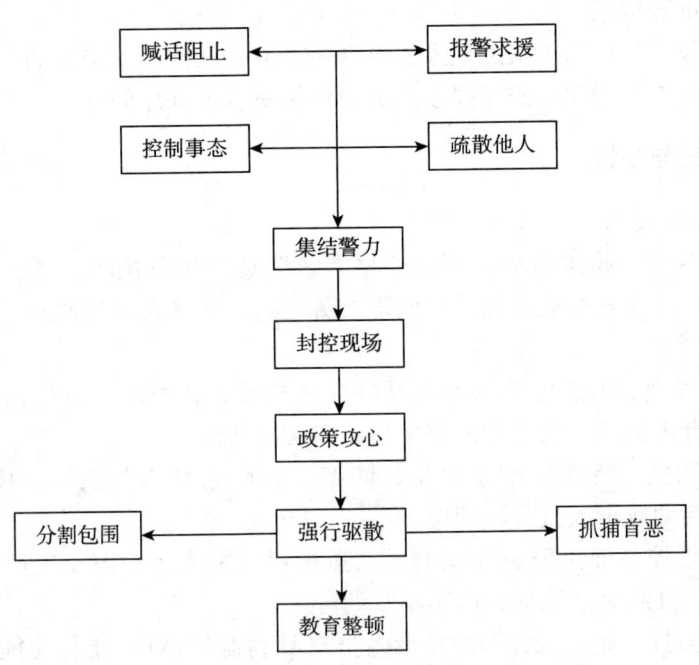

处置骚乱、聚众斗殴事件流程图

（三）处置要诀

哄闹场所早预见，控制事态防蔓延；

报警增援封现场，速查情况明根源；

分化瓦解擒首犯，分割遏制要果断；

事态严重强驱散，教育整顿除隐患。

讨论案例

讨论案例 29 某强制隔离戒毒所发生一起戒毒人员持械群殴案件

某日，某强制隔离戒毒所某大队副教导员张某在检查卫生后，对被子叠放不规范的十余名戒毒人员分别给予批评，并安排卫生组长李某通知受批评的戒毒人员。当李某通知到正在生产车间劳动的戒毒人员刘某时，刘某情绪激动，当众辱骂民警张某，大声谩骂戒毒人员李某。经过调查，大队决定对刘某进行处理。不久，刘某在车间劳动时看见李某经过其身边，趁其不备，突然冲到缝纫机旁，将固定大剪刀的链条拽断。持剪刀向李某背后刺去，造成李某皮外伤。继而刘某手持剪刀追刺联号戒毒人员沈某，李某、沈某 2 人分别抓起板凳殴打刘某，刘某的同乡戒毒人员赵某故意拉偏架，引发 4 人之间打斗。在民警张某的指挥下，现场民警孙某、陈某、王某、宋某，利用自卫喷雾器对打斗人员进行喷射，并迅即夺下剪刀、板凳，果断制服 4 名打斗戒毒人员。

【讨论目的】 通过讨论，学生能掌握戒毒人员持械群殴事件的处置方法。

【讨论提示】 分析该案例中戒毒人员群殴事件的处置有哪些成功之处，该大队在管理中存在哪些问题。

讨论案例 30

2009 年 5 月 12 日下午 3 点半，某省某强制隔离戒毒所警戒科突然接到七大队"报警电话"，称该大队习艺生产车间二楼发生强制戒毒人员"群体打架斗殴"事件，请求警戒科立即给予警力支援。

警戒科值班民警接到电话后，立即向警戒科科长和所部总值班人员报告。警戒科科长接到报告后，一面向分管所领导报告，一面按照应急处置预案，立即通知护卫队民警集合待命。

护卫队民警接到命令后，以最快的速度赶到七大队二楼习艺生产车间，与七大队习艺生产车间的值班民警和闻讯赶来的大队领导及其他民警一道，合力控制现场，隔离冲突双方，安置"受伤人员"，事态很快得到平息。

【讨论目的】 通过讨论，学生学会强制隔离戒毒场所戒毒人员"群体打架斗殴"事件的应急处置方法。

【讨论提示】 模拟该案例，分小组进行训练，总结处置戒毒人员"群体打架斗殴"事件的成功经验。

学习任务二十一　戒毒人员袭警事件应急处置

一、认知戒毒人员袭警事件

戒毒人员袭警是指戒毒人员由于不满强制隔离戒毒场所严格管理或者个人需求未得到满足等原因，以暴力手段攻击民警以宣泄不满和怨恨的行为。戒毒人员袭警不仅直接造成人民警察人身伤亡，而且严重扰乱强制隔离戒毒场所管理秩序。防范与处置袭警事件，已经成为场所安全工作的重要内容，是强制隔离戒毒场所人民警察履行职责、保护自身安全应当具备的基本能力。

二、防范与处置

（一）防范要点

1. 公正文明执法。坚持既严格公正廉洁执法，又理性平和文明执法，做到宽严有度，切实保护戒毒人员合法权益，及时妥善处理戒毒人员诉求。

2. 化解矛盾危机。在日常管理教育过程中及时化解和疏导戒毒人员的抵触心理和对立情绪，建立民警与戒毒人员之间矛盾的排查化解机制。

3. 提高警体技能。坚持以实战为导向，在民警中深入开展岗位练兵等活动，切实增强民警岗位技能，尤其是擒拿格斗、自我保护等技能。

4. 严格管理措施。严格落实各项场所安全制度，重点落实劳动工具管理和清所搜身制度，杜绝戒毒人员制作、藏匿、携带凶器。落实重点危险源管理要求，加强对锐钝器、易燃易爆物品和剧毒化学物品的管理。严格执行民警双人以上带值班等制度，严格控制戒毒人员在所内单独活动，不给戒毒人员可乘之机。

5. 配齐警用装备。按照司法部关于人民警察警用装备配备标准，配齐带值班民警防暴防护装备，在民警值班室、公共区域安装防护、报警装置，并逐步配备民警人身定位和移动报警系统，提升安全防范系数和处置效果。

（二）处置程序

1. 立即制止。发生戒毒人员袭警，当事民警应当保持镇静，果敢应对，立即大声喝止戒毒人员放下凶器，停止攻击行为；同时，通过报警设备、装置或以呼喊等方式向其他民警报警。

2. 迅速报告。其他民警接报或发现警情后，应当在第一时间向所应急指挥中心报告，简要说明事情性质、事发地点，请求增援。同时，立即赶赴现场疏散其他戒毒人员，防止事态扩大和增加伤亡。

3. 伺机制服。当事民警和增援民警应当根据现场环境、位置和力量对比等因素，寻找机会制服袭警人员。如不能立即制止而形成僵持，应与其周旋。在说服制止无效、情况危急时，组织所警戒护卫队强行制服。如民警被行凶戒毒人员劫持，应按照"戒毒人员劫持人质事件的防范与处置"要领处置。

4. 善后处理。及时救治事件中受伤人员，减少伤亡，降低损失，开展调查等工作。开展管理漏洞、安全隐患排查整改。做好其他戒毒人员教育工作，消除由此产生的思想情绪波动，稳定场所管理秩序。

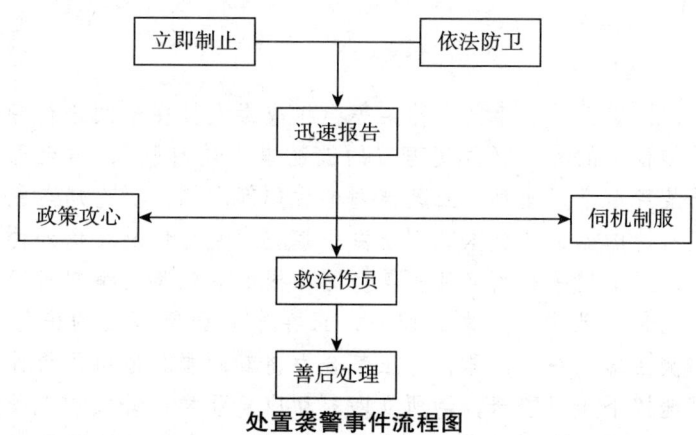

处置袭警事件流程图

（三）处置要诀

遇到袭警莫慌张，依法防卫要正当；
擒拿格斗显身手，一招制敌展锋芒：
防卫装备派用场，防袭有力免死伤；
救治伤员要迅速，搜集证据不能忘。

○ 讨论案例

讨论案例 31

某年某月 13 日 19 时 37 分，某强制隔离戒毒所三大队戒毒人员张某在楼道向值班民警谎报教室有人打架，民警郭某迅速赶到教室门口后，被躲藏在门后的戒毒人员张某用事先准备好的床单将其头蒙住并按倒在地。此时，带班大队领导白某听到教室传来叫喊声，闻讯赶到教室，被参与此次预谋脱逃的戒毒人员尚某从身后拦腰抱住，随后 3 名戒毒人员企图用床单捆绑白某，白某大声断喝并奋力挣脱，此时，民警郭某也摆脱了几名戒毒人员的围攻，2 名民警互相掩护着退出了教室。这时，隐藏在楼道的主谋戒毒人员陈某冲上来用胳膊搂住民警白某的脖子，企图再次把他拖到教室，白某奋力反搏，甩脱衣服后与郭某突出围堵，冲出了宿舍区，及时把铁门锁好，并迅速向上级报告。

【讨论目的】 通过讨论，学生能认识到加强民警自我防范意识与提高自身防范能力的重要性。

【讨论提示】 分析本案例，你认为民警应提高哪些方面的自我防范能力，才能避免袭警事件的发生？

讨论案例32

某日上午，民警王某、李某、徐某等组织戒毒人员在车间进行劳动。戒毒人员张某手持操作台上的剪刀（固定剪刀的铁链事先被掰脱），窜至正在车间中部值勤的民警王某身后举刀便刺。王某被刺中后颈部左侧，仍忍痛与张某搏斗，用左手挡抓张某所持凶器，又被张某划伤左手掌。为避免伤及在场外协技术人员和其他戒毒人员，王某用手死死抓住张某。穷凶极恶的张某又举起剪刀向王某的左面颊部、右下巴部、头顶部猛刺，此时，正在车间西侧巡查的民警李某迅速赶到，将张某踹倒在地，夺下凶器，与王某合力将其制服。值班民警徐某听到车间内嘈杂声后迅速按下了报警器，场所立即启动应急预案，警戒护卫民警及时到达事发现场，控制局面。稳定秩序，并将受伤的王某送往医疗室救治。

【讨论目的】 通过讨论，学生认识人民警察加强自我防范意识、提高自我防范能力的重要性。

【讨论提示】 分析本案例中处置戒毒人员袭警的成功之处，有哪些不足之处需要改进。

学习任务二十二　戒毒人员劫持人质事件应急处置

一、认知戒毒人员劫持人质事件

戒毒人员劫持人质是指戒毒人员以暴力手段控制一人或多人的人身自由，并以伤害、折磨被控制者相要挟，强迫强制隔离戒毒场所或被控制者本人满足其某种要求的行为。当前，暴力型戒毒人员不断增多，极少数人反社会意识强，做事不计后果，甚至以劫持人质的方式抗拒管教，实现脱逃等目的。有效防范和处置戒毒人员劫持人质，对维护场所安全稳定具有重要作用。

二、防范与处置

（一）防范要点

1. 加强所情研判。建立和完善所情研判预警机制，充分发挥信息员的作用，及时深入掌握戒毒人员思想动态和所情信息，落实针对性防范措施。

2. 突出重点人员管控。对戒毒人员的危险性进行评估，对排查出的各类重点人员严格落实管控措施。同时，加强外来人员管理，严格身份审核、物品检查，并落实全程陪同等制度。

3. 加强危险物品管理。加强劳动工具、易燃易爆等重点危险品的管理。加强对劳动、生活现场等重点区域的管理，清除死角，严格落实清所搜身、安检等安全制度，以防危险物品被戒毒人员利用。

4. 提高自我防范能力。加强警体技能训练，配齐防暴防护装备，增强民警的自卫克敌技能。要科学配置带值班警力，做到技能互补、双人联动。

（二）处置程序

1. 迅即报警。发生戒毒人员劫持人质后，当班民警应大声喝止，令其停止犯罪行为，并立即通过电话、手持对讲机、触发式报警器等向场所应急指挥中心报警，请求增援。必要时，可向驻地公安应急指挥中心报警。

2. 控制现场。将保护人质的安全放在首位，快速将其他戒毒人员带离现场，防止其围观哄闹。增援民警按梯次配置对现场进行包围控制，所警戒护卫队在事发地周边设置包围圈，并占领制高点，对劫持者形成震慑。同时，向省（区、市）局应急指挥中心报告，向驻所检察机关和公安机关通报有关情况，选择有利地形布置狙击手，做好武力处置准备工作。

3. 谈判瓦解。增援警力未到时，应当视具体情况与当事戒毒人员周旋，稳定劫持者情绪，了解其劫持人质的真实意图，通过谈判瓦解、政策宣讲、心理疏导等措施，平缓其激动情绪，劝说其不要伤害人质并释放人质。

4. 果断处置。在当事戒毒人员出现言语急躁、情绪波动、思维混乱，极有可能伤害人质时，应当根据现场情况，组织所警戒护卫队强行将其制服，解救人质。如果劫持者已经实施伤害行为、被劫持者生命安全受到严重威胁时，可由公安民警依法使用武力将劫持者制服或击毙。

5. 救治伤员。及时救治事件中受伤人员，最大程度降低事件的危害。

6. 善后处理。做好侦查、调查和被劫持人员心理疏导等工作。同时，开展教育整顿，稳定戒毒人员思想情绪，组织安全隐患排查整改，堵塞管理漏洞，维护场所管理秩序。

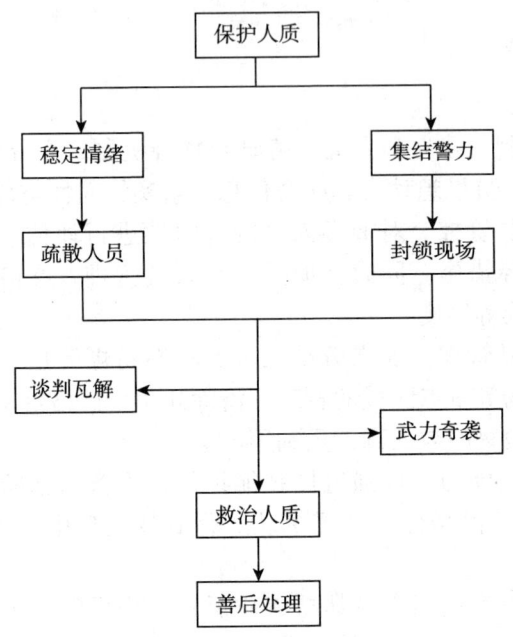

处置劫持人质事件流程图

（三）处置要诀

发生劫持莫慌张，保护人质防伤亡；

稳定情绪防激化，营救方案要周详；

解救人质方法当，谈判攻心巧劝降；

规劝不成武力上，心理疏导抚创伤。

○ 讨论案例

讨论案例 33　某强制隔离戒毒所戒毒人员劫持外协技术人员事件

某日上午，某强制隔离戒毒所大队长王某带领值班民警张某、徐某组织戒毒人员在车间进行服装加工劳动。民警钱某带领 1 名外协技术人员赵某到车间检查加工质量，当走至戒毒人员马某（戒期 2 年）的工位时，马某突然站起，用事先已经掰脱铁链固定的剪刀抵住赵某喉咙，企图将其挟持至车间的小库房内。钱某见状后，立即扑向马某，与马某进行搏斗。王某立即指令张某向所应急指挥中心报告，并带领徐某增援钱某。经过搏斗，马某被制服，钱某、赵某受重伤，王某、徐某、马某和数名围观戒毒人员受轻伤。

【讨论目的】通过讨论，学生能掌握戒毒人员劫持人质事件的处置程序。

【讨论提示】分析本案例中劫持外协人员事件的原因与教训，为防止类似案件发生，你认为应采取哪些对策和措施？

讨论案例 34

某强制隔离戒毒人员袁某利用女民警对其进行心理咨询之机，用水果刀将女民警劫持。经两个多小时的多方营救，最终将袁某制服，安全解救了人质。

【讨论目的】通过讨论，学生能掌握劫持人质的处置方法。

【讨论提示】还原本情境中的处置过程。

 学习任务二十三　戒毒人员暴所事件应急处置

一、认知戒毒人员暴所事件

戒毒人员暴所是指多名戒毒人员以脱逃为目的，暴力冲击强制隔离戒毒场所的行为。戒毒人员暴所严重威胁场所的安全稳定。加强对暴所预防和处置，是强制隔离戒毒所民警做好维护场所安全稳定工作时所面临的重大课题。

二、防范与处置

（一）防范要点

1. 防止拉帮结派。采取分开管理和安插信息员等方法，防止涉黑涉恶团伙、同案、有血亲姻亲关系以及民族、宗教、地域关系较近的戒毒人员纠结成团伙。

2. 摸排管控重点对象。定期摸排，将需要重点控制的涉恶涉黑类等高危戒毒人员集中管控。

3. 密切关注所情动向。利用信息员以及监控技术手段，深入收集分析所情，及时化解矛盾，依法、公正、及时处理戒毒人员提出的合理要求，保障其合法权益。

4. 严控违禁危险物品。强化对戒毒人员探访物品、邮汇包裹、入所物品检查和外来人员进所检查，杜绝违禁、危险物品流入所内；加强各类生产、生活所需的重要物资管理，严格领用和回收管理程序，严格生产工具定置管理和链式化管理、计算机辅助管理等措施，全面落实生活用具全塑化的要求，严格落实安检搜身制度。

5. 严格所规所纪。开展经常性教育整顿活动，及时打击破坏管教秩序的行为，创造良好的戒治环境。

（二）处置程序

1. 迅速报警。现场民警应立即向所应急指挥中心报警，并喝令暴所戒毒人员停止犯罪行为；现场开展教育，缓解暴所戒毒人员情绪；疏散撤离其他戒毒人员，防止暴所事态的恶化。

2. 封锁现场。接到报警后，场所应急指挥中心迅速启动预案，封锁暴所现场、大门以及探访室等要害部位，占据有利地形、形成包围阵势，武力控制，严密警戒。加强所内外巡逻，防止事态扩大。

3. 政策攻心。在武力震慑同时，会同驻所检察官对参与暴所戒毒人员进行喊话，宣讲法律政策，实施心理攻势，分化暴所戒毒人员，瓦解其反抗意志，孤立首要分子，迫其放弃反抗。

4. 强行突击。选择有利时机、有利地形，强行突入现场，捕获首犯。对已脱逃人员按相关预案实施抓捕。

5. 救治伤员。医护人员进入现场对受伤人员实施现场救护，并将伤势严重者送往医院救治。

6. 依法查处。依法进行现场勘查，及时提取违法犯罪证据，依法惩处违法犯罪分子。

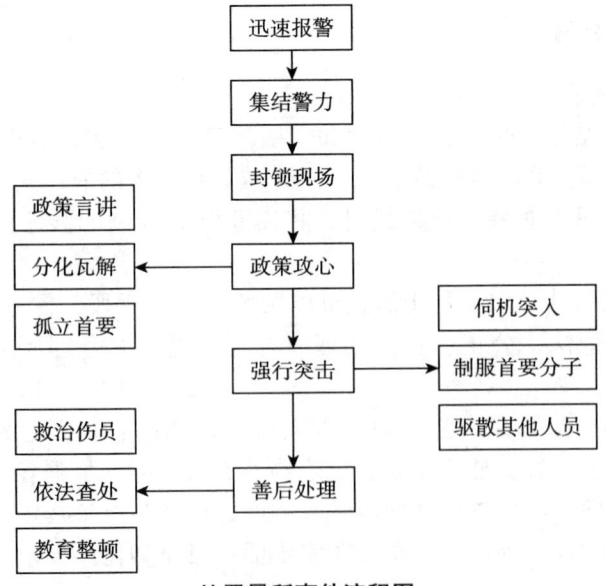

处置暴所事件流程图

7. 教育整顿。总结教训，彻查潜在的诱发因素或重新激化矛盾的不稳定因素，消除管理隐患；对全体戒毒人员进行教育，正面引导，消除影响，稳定秩序。

（三）处置要诀

发生暴所先报警，封锁控制抢在前；

靠前指挥判危情，协同作战是关键；

政策攻心破防线，分化瓦解巧离间；

果断打击擒首恶，平息事态控局面。

讨论案例

讨论案例 35

戒毒人员王某、李某、张某、赵某和钱某均系同一大队某省籍人员，5 人因经常违规而受到处罚，遂产生强烈对抗情绪和脱逃想法，经常在劳动车间、大队门口草坪等地策划暴所方案，仔细观察民警活动规律，约定某日晚上集中就餐时以敲饭盆为信号一起对现场民警发起攻击，并设计胁迫民警开门等一系列方案。事发当日晚，王某在食堂就餐时大声喊道："伙食太差，日子没法过了"等话语。分散在其他区域就餐的李某等群起响应，一些戒毒人员趁乱大声喧哗，整个食堂乱成一团。现场民警朱某前来阻止时，被王某用自制凶器控制住，并抢走随身佩戴的警务装备。张某、赵某见状，煽动周围数十名戒毒人员冲到食堂警务室，殴打值班民警，砸坏监控设备及办公设施，扒下警服，抢走挂在墙上的警棍、食堂操作间劳动刀具。随后，赵某等人穿着抢夺来的警服，胁迫民警朱某骗开二道岗内侧大门，其他戒毒人员一拥而上打伤门卫民警袁某，强行撞开二道岗外侧大门。由于事发突然且晚上值班备勤的民警人数较少，所应急指挥中心直至戒毒人员撞开二道门时才启动应急预案，但他们已经脱逃。

【讨论目的】通过讨论，学生能掌握暴所事件应急处置方法。

【讨论提示】分析该强制隔离戒毒所管理中存在的隐患漏洞，如果你是当班民警，应如何处置？

讨论案例 36

某强制隔离戒毒所处置戒毒人员暴所事件实战演习纪实。"铃——"2009 年 12 月 29 日上午 10 时，某强制隔离戒毒所所长办公桌上铃声大作。所长刚刚拿起话筒，一个急促的声音传出："报告，我是二大队。我大队劳动现场有 23 名戒毒人员手持劳动工具暴所……"听到报告，所长迅速向所总值班室下达命令："我所二大队发生暴所事件。全所进入一级戒备！"立时，该所警报拉响，一场"平暴"战斗开始。

该所封闭了各要害通道，禁止外来车辆进入；各大队封闭戒毒人员劳动和生活现场。不到5分钟，所应急指挥中心成员按照所长指令要求，组织调集警戒科、护卫队赶到事发现场。百余警力将现场团团包围，两名狙击手控制了临近的制高点。

现场看到，这里是一个封闭小院，东靠场所大墙，中隔百余米洼地。这时，已经有两名"戒毒人员"爬上院里屋顶，其他暴所的"戒毒人员"聚集在院门叫喊："给我们准备好车辆！放我们出去！"暴所的"戒毒人员"还将一名戒毒人员作为人质，并扬言，1小时内不满足要求就杀死人质，放火烧毁车间。

民警对"戒毒人员"进行政策攻心，这些人却不听劝阻。为控制事态，总指挥果断命令："按一号方案行动！""砰——"狙击手鸣枪示警后，伺机"击伤"劫持人质的两名"戒毒人员"。与此同时，护卫队民警向院内投掷烟雾弹，紧跟着冲入院内抢出被劫持人质，制服暴所"戒毒人员"，大多数"戒毒人员"举手就擒，可仍有5个"戒毒人员"企图负隅顽抗，几名护卫队民警与他们展开格斗，三下五除二便将其拿下。

从案发到成功"平暴"，前后只用了半个小时。当总指挥宣布"警备解除，场所秩序恢复正常"时，现场响起热烈的掌声。一场"处置戒毒人员暴所事件实战演习"结束了。

【讨论目的】通过讨论，学生应掌握戒毒人员暴所事件应急处置机制。

【讨论提示】上述暴所事件演习有哪些成功之处？如果从完善的角度出发，你认为本次演习有哪些地方需要改进？

学习任务二十四　所内群体吸毒事件应急处置

一、认知所内群体吸毒事件

所内群体吸毒事件是指强制隔离戒毒场所内部分戒毒人员为避免或缓解戒断反应而集体吸食非法携入毒品的突发事件。所内群体吸毒事件一方面损害了戒毒人员的身心健康，另一方面更是严重危害强制隔离戒毒场所正常的戒治秩序，必须予以及时处置。

二、防范与处置

（一）防范要点

1. 进行戒毒教育。入所民警应逐步引导戒毒人员从点滴的行为习惯做起，树立良好的道德行为规范，树立戒毒信心，重塑世界观、人生观、价值观。戒毒管理过程中抓好戒毒人员的法制教育、行为养成教育、戒毒康复教育、传统文化教育工作，以共同教育为主，以个别教育、社会帮教为辅，以整体带动个体，以个体促进整体教育矫治质量的提高。

2. 构建"温馨家园"。强制隔离戒毒所应改善戒毒人员生活环境，民警应自觉、主动、全面地做到真诚关心每名戒毒人员，根据其不同的特点，采取灵活多样的方法，教育和挽救戒毒人员，形成良好的戒毒矫治氛围。坚持以人为本对戒毒人员进行科学戒毒、综合矫治和关怀救助。

3. 阻断毒品来源。通过细致彻底的安全检查，创造"无毒"环境，使戒毒人员失去复吸的机会。

4. 给予亲情关怀。亲情的作用不可替代，应主动联系戒毒人员的亲人、朋友，包括全社会都来关心戒毒人员，以亲情教育、亲情帮教为载体对戒毒人员进行关怀和教育，帮助他们成功摆脱毒瘾的控制，回归正常生活。

（二）处置程序

1. 迅速报告，启动预案。发生群体吸毒事件时，发案单位应立即向应急指挥部汇报，指挥部启动应急预案，发布处置指令，各应急小组紧急奔赴现场。

2. 及时隔离，维护秩序。发案单位现场管理民警应立即集中并隔离相关人员，各大队立即进行摸排，维护好各大队秩序，保护好现场。

3. 展开调查。事件调查处理组应立即赶赴现场，进行调查，组织指导大队对事件的处置，组织开展全所安全检查。

4. 抢救病危人员。医疗救护组应及时抢救因吸毒造成生命危险的人员。

5. 警戒护卫组对全所戒毒人员进行抽样尿检，尿检率不得少于15%，了解所内吸毒事件涉及的范围。

6. 排查毒品来源。事件调查处理组与事发单位应当及时提审吸毒人员，查明毒品流入途径，查清参与吸毒的人员，报告群体吸毒事件的前因后果。

7. 责任追究。所内群体吸毒事件处置完毕，应急指挥部组织应急小组和事件发生单位进行小结，总结处置经验，吸取教训，追究相关人员责任，进一步做好毒品等违禁品的查、禁、防、堵，促进安全防范工作。

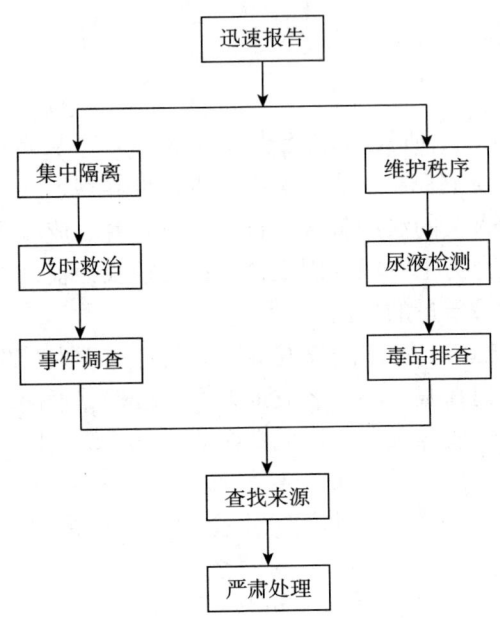

处置群体吸毒事件流程图

（三）处置要诀

群体吸毒非小事，启动预案须及时；

快速隔离维秩序，组织人员先处置；

及时抢救病危人，全面开展尿样检；

查明毒品来源处，责任追究严所纪。

讨论案例

讨论案例37

戒毒人员罗某、陈某住在某强制隔离戒毒所四大队 A 幢 204 室，戒毒人员孔某系大队值班员，方某为大队民管委副主任。

罗某的妻子王某也是吸毒人员，夫妻共同吸毒已有 3 年 4 个月。罗某因出差到浙江省，在旅店吸毒被警察抓获，后被决定强制隔离戒毒，罗某未交代妻子王某共同吸毒的事实。

2008 年春节前，罗某打电话给妻子王某，说很想妻子来探访，顺便带点"货"来，自己在里面很难受。妻子王某同意了，说春节前一定来。

年初五，王某来所探访，民警伍某负责探访现场管理。

探访结束时，罗某请求民警伍某，说自己缺少保暖衣物，妻子带来了衣物，恳求民警同意带入。

伍某请示了领导，领导同意带入，但要严格安全检查。

民警伍某一看破衣物不干净，觉得检查脏手，说了句有没有违禁品。想想妻子总不会带毒品来，所以就看了一下，没认真检查便交给罗某带回了。

年初五夜，大队教导员值班，教导员平时管理严格，值班戒毒人员不敢麻痹，罗某感到没有"享受一下的机会"，便睡了。

年初六夜是民警伍某值班，由于民警伍某参加工作时间不长，戒毒人员知道伍某睡后就不查夜，所以罗某感到机会来了。

午夜时分，罗某见同组戒毒人员都睡了，就叫醒朋友陈某一起"追龙"（吸毒的一种方法）。

0 时 10 分，大队值班员孔某查铺时发现了罗某与陈某吸毒，就凑上去吸了几口。0 时 15 分，大队民管会副主任方某起来上厕所，被孔某叫进来一起吸食。0 时 19 分，警戒护卫大队巡逻人员从监控中发现四大队 A 幢 204 室情况异常。

问：该事件应如何处置？

【讨论目的】通过讨论，学生学会所内群体吸毒事件的防范与处置程序。

【讨论提示】分析该案例中群体吸毒事件发生的原因与教训，应采取哪些防范措施避免此类事件的发生？

讨论案例 38

2009 年 1 月 26 日戒毒人员袁某在入所检查时没有将私藏在棉花絮里的 2 克海洛因及一支注射用针筒、针头交出，利用民警安全检查时的疏漏，将 2 克海洛因及一支注射用针筒、针头带入所内。21 时 55 分，戒毒人员袁某、钟某、王某在入所后注射毒品时被执勤民警王某抓获。经尿样检查，袁某、钟某、王某均呈阳性。

【讨论目的】通过讨论，学生学会所内群体吸毒事件的防范与处置程序。

【讨论提示】分析该案例中群体吸毒事件发生的原因与教训，应采取哪些防范措施避免此类事件的发生？

学习任务二十五　艾滋病职业暴露应急处置

一、认知艾滋病职业暴露

艾滋病职业暴露是指实验室、医护、预防保健人员以及有关的管教工作人员，在从事艾滋病防治工作及相关工作的过程中意外被艾滋病病毒感染或艾滋病患者的血液、体液、实验室培养物污染了破损的皮肤或胃肠道黏膜等，或被含有艾滋病患者的血液、体液污染了的针头及其他锐器刺破皮肤，而具有被艾滋病病毒感染的可能性的情况。由于艾滋病的潜伏期很长，HIV 感染者从外表无法辨别，却具有传染性。

二、防范与处置

（一）防范要点

1. 民警。强制隔离戒毒场所民警在安全检查、搜身等过程中有时会发生皮肤黏膜破损、被对方针刺、刀割伤等，同时又有接触到对方 HIV 感染的血液的情况，因此也有发生职业暴露的危险。为此，强制隔离戒毒场所民警应该具有艾滋病基本知识、自我防护意识和技能，具体做法有：

（1）了解艾滋病传播途径与预防措施，持正确态度，在日常工作中既不能过度恐惧，以为一碰就传染艾滋病，也不能无所谓，不注意。

（2）工作中应注意采取一些可以保护自己不被对方刺伤，或避免直接接触工作对象血液的方法。尤其在接触对象是吸毒者、非法卖血者等可能是 HIV 感染者时，要特别做好自我防护工作，例如戴手套，小心搜身或检查对方衣物等。

2. 医务人员。医疗人员在治疗护理时往往会接触戒毒人员的血液、体液等，如果不注意防护，职业暴露难以避免。

（1）凡是有可能接触病人血液、感染性体液时应戴口罩、手套，穿隔离衣，必要时还要戴一次性眼罩，避免污染的体液溅到眼睛里。

（2）如果有手部皮肤破损情况时，应尽量避免接触血液、体液或黏膜，如果无法回避接触时应将有破损的皮肤用创可贴等保护好后再戴双层手套进行操作。

（3）不要用戴着手套的手触摸暴露的皮肤、口唇、眼睛、耳朵和头发等。

（4）治疗中尽量使用一次性用品，包括注射器、移液器、试管、手套、隔离衣等。

（5）用后的污物必须进行及时统一的消毒处理，以防止医源性感染的发生。

3. 护理人员。护理人员日常侵入性治疗及护理操作（如注射、抽血等）较多，因此要特别注意做好预防 HIV 职业暴露及医源性感染工作。

（1）实施护理时需穿隔离衣，戴一次性手套。因为手是接触 HIV 感染的第一屏障。护理病人之后及护理另一个病人之前必须洗手。

（2）操作前应向病人做好解释，取得合作，对不合作的病人或污染危险性较大的操作应由技术熟练的二人配合，操作可尽量集中安排，并严格按照规范操作程序进行。

（3）当进行侵入性治疗及护理操作时，如手术、穿刺、注射等，要注意使用锐利针具不要误伤自己。使用注射器时，要保证针头安牢在针管上，采血后不要将注射器针套套回去。有条件的单位最好使用真空采血管及相应蝶形针具等，以保护抽血者不直接接触血液标本。用过的利器必须放到特殊的容器中。

（4）如果手套被血液或体液污染，则必须及时更换手套或洗净手套，防止通过污染的手套将病毒传给其他病人。

（5）用后的针具应置于坚硬的厚塑料容器内，统一消毒毁形处理。

（二）处置程序

1. 紧急局部处理。

（1）用肥皂和水清洗沾污的皮肤，用生理盐水处理黏膜。

（2）如有伤口，应轻轻挤压，尽可能挤出损伤处的血液，用肥皂水或清水冲洗。

（3）受伤部位的消毒：伤口应用消毒液（如 70% 酒精，0.2%～0.5% 过氧乙酸，0.5% 碘伏等）浸泡消毒，并包扎伤口。被暴露的黏膜，应用生理盐水冲洗干净。

2. 安全事故报告、检测和保密。

（1）发生重大事故，事故发生单位应及时与有关艾滋病病毒职业暴露安全药品储备库负责人联系，当地有关专家根据情况共同进行风险评估，确定用药的必要性、预防药物的用药程序，并将处理情况向主管行政部门报告。

由本省省级艾滋病病毒检测中心抽血检测被暴露者的抗艾滋病病毒抗体（包括做快速试验），该血清留样备用。如暴露者以前已有艾滋病病毒抗体的化验结果，则应加以记录。暴露后一年内要定期检测抗体，即分别在暴露后 6 周、12 周、6 个月、12 个月检测。

（2）小型事故可在紧急处理后立即将事故情况和处理措施报告主管领导和有关专家，以及时发现处理中的疏漏之处，使处理尽量完善妥当。不进行暴露后的预防用药者，也要定期检测 HIV 抗体，检测时间同前。

（3）无论事故大小，对事故涉及的职业暴露者在整个处理过程中，均应注意做好保密工作。每一个得到信息的机构和个人均应严守秘密。

3. 登记。应建立"艾滋病职业暴露人员个案登记表"，对事故情况进行登记和保存。详细记录事故发生的时间、地点及经过；暴露方式；损伤部位、程度；处理方法及经过。艾滋病职业暴露人员个案登记表报至省疾病控制中心。

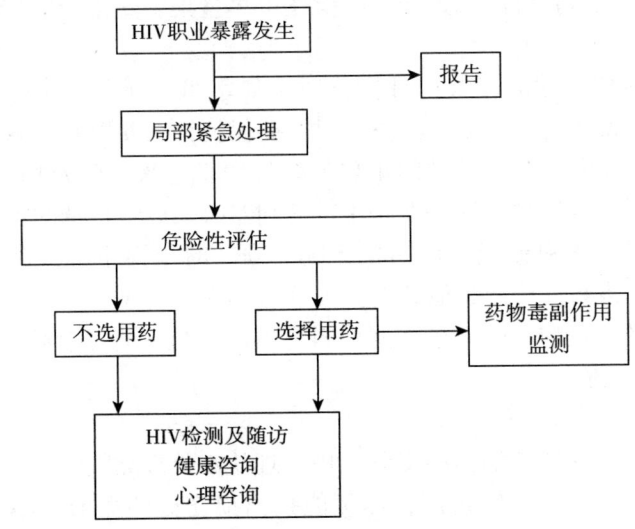

处置艾滋病职业暴露流程图

（三）处置要诀

职业暴露要重视，局部处理须及时；
危险评估不可少，HIV 检测要按时；
药物使用须谨慎，处置过程要隔离；
个案登记应坚持，保守秘密要牢记。

○ 讨论案例

讨论案例39

某市派出所张警官接到报案，一男子死在街上，立即赶到案发现场。果然有一名中年男子仰面躺在柳树下，张警官马上对该男子进行检查，发现其约30多岁，死亡多时，左右手及双脚有密密麻麻的针眼，估计是吸毒者。张警官在死者口袋里搜寻身份证，当他的右手刚伸进死者西服口袋时，突然感到手掌一阵钻心疼痛，他马上抽出右手，右手掌已被深深的扎出一个小眼，鲜血很快从小眼里冒出来。张警官忍痛小心地从死者的口袋里取出一支针头已经压弯的注射器，针管里还残留了一些凝固的血液。他把手上血擦干后，继续处理现场和死者身份确认工作。后证实死者是下岗工人，吸毒多年，是 HIV 感染者。此时离被刺伤已达 5 小时！张警官立即到卫生防疫站进行了消毒处理，并对注射器里残留物进行了 HIV 检测，结果显示 HIV 抗体阳性。

医务人员立即让张警官服用了两种抗 HIV 药物，并对张警官的情况进行详细记录。以后在被刺伤后的 3 个月和 6 个月，张警官分别接受了两次 HIV 抗体检测，均未呈阴性，医生宣布张警官没有感染 HIV！

【讨论目的】通过讨论，学生学会艾滋病职业暴露的预防与处理程序。

【讨论提示】根据案例，如果你是一名警务人员，如何做好艾滋病职业暴露的防护？

讨论案例 40

你作为强制隔离戒毒所民警，在对戒毒人员搜身和处理自伤自残事件时，如何做好艾滋病职业暴露预防？

【讨论目的】通过讨论，学生树立艾滋病职业暴露自我防护意识，掌握防护措施。

【讨论提示】从艾滋病职业暴露防护的角度分析民警对入所戒毒人员搜身和处理自伤自残事件中应注意的问题。

学习任务二十六　不法分子冲击事件应急处置

一、认知不法分子冲击事件

不法分子冲击强制隔离戒毒场所是指强制隔离戒毒场所周边单位或个人、解除强制隔离戒毒人员及其家属、在戒人员家属等由于利益诉求得不到满足等原因，聚集到场所哄吵闹事，甚至破坏场所设施的行为。这些行为严重干扰强制隔离戒毒场所正常工作秩序，社会影响极为恶劣，迫切要求广大民警增强防范和处置能力。

二、防范与处置

（一）防范要点

1. 密切周边关系。场所要加强与周边单位和个人的联系，主动协调关系，开展警民共建，争取社会各界的理解和支持。

2. 及时化解矛盾。对历史遗留的土地、矿山等使用权的争议或道路、水电等使用的纠纷，应通过协商解决；如暂时未达成一致意见，不能急于解决，避免矛盾激化。对解除强制隔离戒毒人员及其家属或在戒人员家属提出的要求，应阐明政策、依法解决，将矛盾化解在萌芽状态。

3. 加强协调配合。场所要加强与当地相关部门的沟通交流，及时通报情况，全面掌握可能存在不法分子冲击场所的苗头性问题。要加强与地方政府及公安、信访部门、驻所检察机关的联防联控，有针对性地开展演练。

（二）处置程序

1. 迅速报警。一旦发现有不法分子聚众闹事、冲击场所，应迅速向场所应急指挥中心报警，并向不法分子提出警告。

2. 集结警力。场所应急指挥中心接到报警后应迅速出动警戒护卫队，并通报驻所检察机关和当地政府、公安机关。

3. 设置屏障。在通报情况的同时，场所应立即组织民警抢占有利地形，在易受不法分子冲击的场所大门、办公楼等部位设置防守屏障，加强警戒，并对不法分子实施包围。要做好现场录音、录像、拍照等取证工作。同时，加强所内戒毒人员的管理控制，防止里应外合导致事态恶化。

4. 政策教育。场所领导要到一线指挥，与不法分子面对面进行对话，准确判断事件的性质，摸清不法分子冲击的动机、目的，配合政府工作人员、公安民警加强政治攻势。对戒毒人员家属提出的伤残、死亡等异议，由驻所检察官或第三方出面解释，进行喊话和疏导规劝，要求其通过合法途径解决问题，将不法分子逐个分化瓦解，引导围观群众散去，避免事件升级或引发新的矛盾。

5. 平息事态。配合公安机关依法处置，按照慎用武器警械和强制措施的原则，必要时实施武力震慑，迅速制服首要分子，驱散闹事者。事态平息后，利用执法情况通报会和戒毒人员家属座谈会等形式，大力宣传党的戒毒工作方针政策，通报事件情况，消除不良影响。

（三）处置要诀

冲击场所是大事，迅速报警抢先机；

设置屏障防冲击，收集证据要牢记；

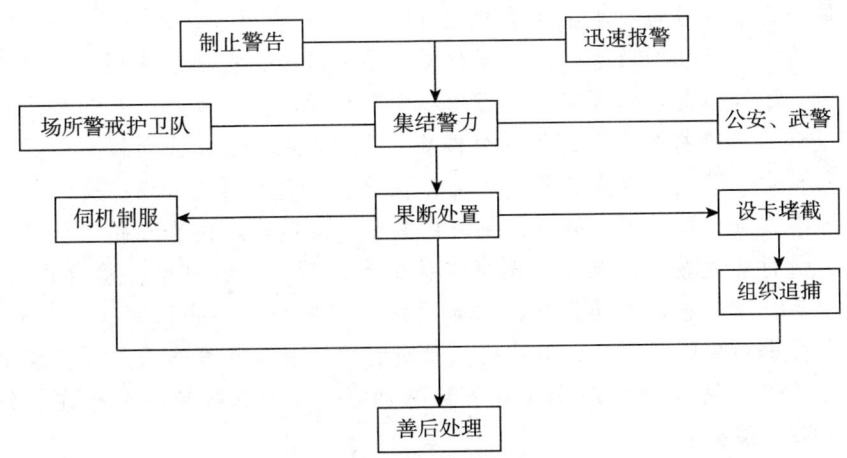

处置不法分子冲击场所流程图

政策教育免升级，依法处置不过激；
各个击破去瓦解，善后处理得平息。

 讨论案例

讨论案例41 模拟案例：解除戒毒人员聚众冲击某强制隔离戒毒所

某日上午 8 时许，一名解除戒毒人员李某以强制隔离戒毒期间患病未得到有效治愈为由，与其家属来所提出"天价赔偿方案"。遭拒绝后，李某恼羞成怒，纠集亲属 30 余人冲击该所，堵住场所大门，并起哄、煽动周围百姓聚集围观，挑动不明真相的群众向民警投掷砖头、石块。并强行闯入该所办公楼，损坏部分门窗、办公设备、车辆等，一些人还乘机抢夺财物，该所随即联系当地公安机关出动 50多名民警赶赴现场，疏导劝散围观群众。抓捕了李某在内的十余名参与打砸、哄抢的犯罪嫌疑人，追回部分财物。

【讨论目的】通过讨论，学生能掌握不法分子冲击场所的防范与处置程序。

【讨论提示】分析该案例中解除戒毒人员聚众冲击该所事件发生的原因与教训，为防止类似案件发生，你认为应采取哪些对策和措施？

讨论案例42 戒毒人员家属聚众冲击某强制隔离戒毒所

某日，戒毒人员李某正常死亡，其家属认为是受民警体罚虐待致死，来所"讨要说法"，门卫经请示所领导同意后，将其带至信访室，所领导及驻所检察官赶到信访室进行接访。李某家属提出了无理的赔偿要求，并冲砸信访办公室，通知早已等在场所外的数十名同伙强行闯入办公区域，在信访室门口拉横幅、喊口号，引起了过路群众的围观。随着围观人员越聚越多，闹事人员趁机大肆散布谣言，叫嚣"民警打死人了，到办公楼要钱"，企图冲进办公大楼。所领导立即启动应急预案、警戒护卫人员紧急出动，在管教区门前排成人墙，全力维护现场秩序。闹事人员大肆哄闹，辱骂，挑衅民警和护卫队员。民警和护卫队员始终保持克制，进行劝说教育。但部分闹事人员变本加厉，疯狂打砸，蓄意扩大事态。事件发生后，遂向省戒毒局报告，同时通报公安机关。公安民警火速赶到现场，会同场所民警劝离围观群众，对冲击人员进行喊话教育。闹事人员对民警的喊话教育置之不理，现场指挥员果断下令抓捕为首分子。少数带头分子在企图外逃时，被公安民警抓获。

【讨论目的】通过讨论，学生能掌握不法分子聚众冲击事件的处置方法。

【讨论提示】本案例中，强制隔离戒毒所在处置不法分子聚众冲击事件的过程中有无不到位的地方？处置的成功做法具体体现在哪方面？

学习任务二十七　火灾事故应急处置

一、认知火灾事故

强制隔离戒毒场所火灾事故是指由于场所在管理上违反消防安全工作规定等原因导致燃烧灾害，造成一定人员或者财产损失的事故。场所的劳务加工场所人员高度密集，有些原辅材料可燃易燃，一旦疏于防范，极易酿成火灾事故，造成人员伤亡和财产损失。提高防范与处置火灾事故的能力，是民警处置生产安全类事故最基本的技能，对维护场所的安全稳定具有重要作用。

二、防范与处置

（一）防范要点

1. 控制源头。建立习艺劳动项目的安全评估准入制度，禁止承揽易燃易爆等高风险的项目。对新建、改建、扩建项目注重从源头消除火灾隐患。

2. 规范现场。按照规定设置安全出口、安全通道，配置应急照明设施。习艺劳动现场合理布局，规范仓储，禁止占用安全通道。

3. 完善设施。加强对习艺劳动现场消防、电气等设施的安全检查，按照规定配备消防器材，电气线路、设施符合消防规范，防爆电气设施、线路符合防爆规定，在必要地点设置避雷设施并确保有效防雷。

4. 消防教育。开展消防安全培训，组织消防演练，确保全员掌握消防基本知识和消防应急处置基本要领。

5. 严格管理。落实区域安全防火责任，油库、气库等重点部位实行专人管理制度。习艺劳动场所禁止吸烟，严禁火种进入，严格落实消防安全措施和监管责任。加强习艺劳动现场热源工具管理，待余热散尽后再收存。收工前组织对用电设备等进行全面检查，切断电源并检查确认安全后方可离开。

（二）处置程序

1. 判断报告。发现火情，立即对火情进行判断，火情较小并可控制时，应迅速扑灭；火情较大时，应迅速向场所应急指挥中心报告；严重火灾同时向119报警，详细报告火灾现场位置、受困人员、燃烧物等情况。场所应急指挥中心接到报告后，立即向场所有关领导报告，严重火灾要报告省（区、市）局。

2. 疏散人员。立即疏散现场人员，疏散时注意维持秩序，防止混乱拥挤。将人员集中安置在安全区域，做好现场警戒工作。

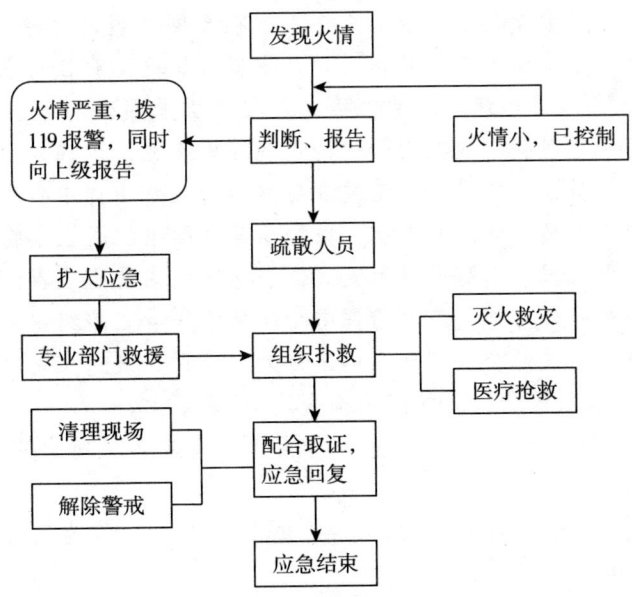

处置火灾事故流程图

3. 组织扑救。根据现场火情，立即按照预案切断电源，组织消防小组进行灭火；火情无法控制时，立即安排人员在通往火灾现场路口引导消防车进入现场，配合专业部门进行救火。同时，打通安全出口、安全通道，营救处于危险部位的人员，将伤者转送安全区域进行现场救治。应急指挥中心要迅速调集医护人员和救护车辆赶到现场，并协调社会医院做好伤员的紧急救治。

4. 配合取证。火灾扑灭后，配合消防部门、上级部门进行现场取证，收集有关事故信息。

（三）处置要诀

发现火情速判断，紧急报告寻救援；

现场立即关电源，疏散撤离不慌乱；

初期火灾快扑救，莫失良机抓关键；

救护措施要妥善，次生灾害需避免。

讨论案例

讨论案例43　某强制隔离戒毒所服装车间发生火灾事故

某日下午，某强制隔离戒毒所服装车间带班民警张某组织数百名戒毒人员进行服装加工劳动，民警李某带领数名戒毒人员在车间外装卸材料。17时10分左右，戒毒人员李某违章使用电热丝切料时，不慎将靠近作业台的汽油桶点燃。李某立即提着汽油桶向门外跑，汽油抛洒，加之地面服装碎料较多，火势迅速蔓延，且李某向门外跑时将堆放在大门旁的包装箱板撞倒，造成大门被堵。正在车间办公室找戒毒人员谈话的民警张某发现后立即向应急指挥中心报告并向119报警，同时组织戒毒人员打破窗户逃生。民警李某立即组织用板车将封堵大门的包装箱板撞开，用灭火器、消防砂进行灭火，引导车间内受阻戒毒人员撤出，将受伤戒毒人员抬到车间外空地。应急指挥中心接到报告后立即组织救援，将伤员紧急送往地方医院救治，配合消防部门迅速将大火扑灭。该起火灾事故共造成1人死亡，1人重伤，3人轻伤，直接经济损失达70余万元。

【讨论目的】通过讨论，学生能掌握强制隔离戒毒场所火灾事故的防范与处置。

【讨论提示】分析该案例中火灾发生的原因与教训，作为民警，你认为如何预防火灾事故的发生？

讨论案例44　某强制隔离戒毒所发生火灾救护次生伤害事故

某日，某强制隔离戒毒所箱包习艺车间打磨设备长时间运行产生大量热量，收工停机后将堆放在设备上的一批箱包半成品引燃，车间浓烟滚滚，引发火灾事故。值勤民警发现后，立即组织扑救，因缺乏安全防护措施，造成1名民警重伤，直接经济损失达100多万元。

【讨论目的】通过讨论，学生能掌握火灾事故防范与应急处置程序。

【讨论提示】本案例中暴露出该车间在收工管理中存在哪些漏洞？如果你是该车间带班民警，应该如何组织戒毒人员收工？如果你在现场指挥，应该如何开展救护工作？

 学习任务二十八　公共卫生事件应急处置

一、认知公共卫生事件

强制隔离戒毒场所公共卫生事件是指场所内突然发生的、造成或可能造成民警和戒毒人员以及社会公众健康严重损害的重大传染病疫情（含重大动物疫情）、群体性不明原因疾病、重大食物或职业中毒以及其他严重影响公众健康的事件。增强强制隔离戒毒场所民警防范与处置突发公共卫生事件的能力，对于强制隔离戒毒场所最大限度地减少公共卫生事件对民警和戒毒人员以及公众健康造成的危害，维护强制隔离戒毒场所和社会安全稳定具有重要作用。

二、防范与处置

（一）防范要点

1. 提高警惕，强化监测。建立健全登记、报告制度，严格执行戒毒人员食堂蔬菜农药残留检验、食物留样化验制度。对已经发生的传染性疾病，加强日常监控，对戒毒人员中出现的异常生理反应做出正确的判断，及时报告，形成点面结合的疫情监控网。

2. 落实措施，强化防控。建立食品安全准入制、定期消毒制、饮食分餐制、传染病普查制等预防措施，密切关注强制隔离戒毒场所外发生的大规模传染病，及时采取阻断措施。设立传染源隔离区、传染病专门病房。对患有高危传染病的戒毒人员，要采取专人专控，防止引发群体性心理恐慌，影响场所安全。

3. 寻求指导，强化协调。将强制隔离戒毒场所疫情防控工作列入属地总体卫生防疫规划之中，强制隔离戒毒场所医疗部门应积极寻求业务指导，经常组织医务人员参加属地卫生行政主管部门举办的突发公共卫生事件应急处置相关知识、业务技能的培训。

4. 做好物储，强化管理。加强应急基础设施和装备建设，加大对医疗设备、通信设施、交通工具、卫生防护用具的投入和应急药品等物资的储备，保证在关键时刻能够充分发挥应急救助效能。同时，加强对所需硬件设施的管理和维护。

（二）处置程序

1. 疫情上报。强制隔离戒毒场所发生突发公共卫生事件，要按规定向所属地突发公共卫生事件主管部门和省（区、市）局上报，不得瞒报、漏报和缓报。报告内容包括：疫情发生的详细地址、累计人数、主要的临床表现和初步诊断结果。

2. 现场处置。开辟清洁区，进行首次疫区消毒。积极配合属地卫生行政部门开展现场流行病学调查，同时密切追踪接触者，并隔离观察。

3. 等级评估。积极配合所属地突发公共卫生事件应急处理中心，根据突发事件性质、危害程度、涉及范围，确定突发事件为特别重大、重大或较大突发事件。

4. 应急响应。强制隔离戒毒场所根据等级作出响应，隔离疑似病人，积极救治确诊病人。加强监测和健康教育，严防戒毒人员产生恐慌情绪。控制外来人员，防止疫情扩散，确保场所安全稳定。

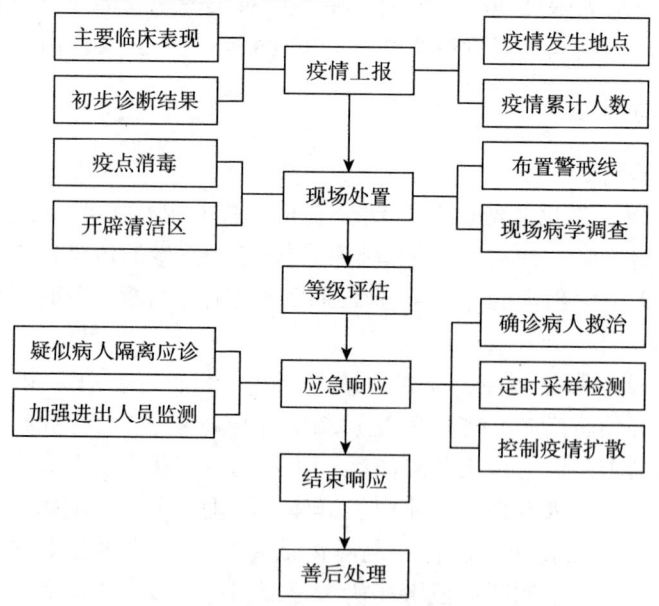

处置公共卫生事件流程图

5. 结束响应。末例病例治愈出院一定期限内没有复发病例出现，由所属地的突发公共卫生事件主管部门宣布本次响应结束。响应结束后，场所应按规定配合所在地卫生行政部门落实突发事件处置情况评估。

6. 善后处理。根据调查分析结果，追究相关责任，落实整改措施。

（三）处置要诀

疫情上报要迅速，现场控制要有力；

调查核实定等级，隔离措施须周密；

科学救治抢先机，全面消毒防大疫；

消除恐慌稳秩序，结束响应看末例。

讨论案例

讨论案例45　某强制隔离戒毒所发生戒毒人员大肠杆菌感染事件

某日，某强制隔离戒毒所某大队数十名戒毒人员出现腹痛、腹泻等现象。次日，该大队病患逐渐增多，其他大队也有戒毒人员出现腹痛、腹泻等现象，共发病近百例，这些戒毒人员出现的共同临床特征是腹痛、腹泻，大便水样状、粘液血便，每天均达5次以上，同时伴有高烧，体温达39度以上的有数十人，其中个别戒毒人员持续高烧在40度以上，病情较为严重。经专家诊断和病因分析调查，这是一起致病性大肠杆菌感染事件，因场所自供水受污染引起。主要原因有：自供水源附近20米内有厕所、垃圾堆，适逢下雨，导致污物流入蓄水池；戒毒人员的卫生意识和自我保护意识差，有喝生水现象；医院缺乏敏感性，对初期发生腹泻的45名戒毒人员未能及时查明病因并采取有效措施。

【讨论目的】通过讨论，学生能掌握强制隔离戒毒所在处置公共卫生突发事件中基层民警应尽的职责。

【讨论提示】分析该案例中存在的隐患漏洞及产生的原因，你认为对这起重大疫情事件应如何处置？

讨论案例46

2009年9月27日，某市强制隔离戒毒所组织进行了假拟场所戒毒人员出现"甲流"疫情应急处置演练。

上午10时，随着应急演练总指挥、副所长张某一声令下，监控室拉响警报，某市强制隔离戒毒所突发公共卫生事件应急处置演练正式开始，整个演练分医疗救护组、现场管理组、外围处置组和后勤保障组，下设现场救护梯队、后勤梯队、抢救室及病区梯队、现场警戒小组、宣传教育小组。参演民警来自管理科、生卫科、卫生队、警护队、行政科、办公室等六科室以及全体在班民警。

　　演练从场所门诊医生报告发现10名戒毒人员出现高烧不退的"甲流"疫情开始，经过核实诊断，报告强制隔离戒毒所应急指挥部，启动应急预案。随之，现场救护梯队进入，经过疫情报告、设置隔离区、宣传教育、外围控制；医护人员对戒毒病人的隔离观察、集体会诊、个人防护、诊疗操作；疾病预防控制机构的现场流行病学调查、疫情报告、密切接触戒毒人员的筛查、追踪与管理、采样消毒、消杀防疫，并进行无害化处理等过程。

　　【讨论目的】通过讨论，学生能掌握强制隔离戒毒所疫情事件的处置程序和方法。

　　【讨论提示】总结本次演练过程的成功之处，你认为还有哪些需要改进的地方？

学习任务二十九　　自然灾害事件应急处置

一、认知自然灾害事件

　　强制隔离戒毒场所自然灾害主要是指对强制隔离戒毒场所产生影响、因环境气候造成的地震、洪水、台风、泥石流、山体滑坡等严重自然灾害。强制隔离戒毒所人员密度高，一旦发生自然灾害而处置不力，则可能导致群死群伤。因此，提升强制隔离戒毒所民警防范与处置自然灾害能力，对降低灾害损失、维护强制隔离戒毒场所安全稳定具有重要作用。

二、防范与处置

（一）防范要点

1. 加强预评估。建立对自然灾害的预评估机制，全面摸排场所地理自然状况，评估可能面临的自然灾害。场所在建设选址过程中，对地理环境进行系统分析，选择地质条件较好的地段。

2. 加强设施维护和物资储备。及时检查、维护相关设施，提高抵御灾害的能力。加强应急物资储备。

3. 加强监测预警。建立灾害监测和信息收集机制，对突发自然灾害及时进行监测，分析洪水、山体滑坡、泥石流等灾害可能对场所产生的危害。与地方气象、水利、防灾减灾等部门建立信息沟通机制，及时掌握气象和灾害发展动态。建立灾害预警机制，及时发布预警信息。

（二）处置要领

1. 评估、报告。灾情发生后，要立即分析可能产生的后果和潜在的风险，制订初步应急处置方案，将最新情况迅速上报，根据需要向有关部门报警。

2. 转移人员。迅速组织将人员转移到安全地带。转移过程中加强警戒，防止戒毒人员乘机脱逃或闹事。

3. 抢险救援。立即集结抢险救灾人员，到指定地点抢险救灾，解救受困人员，对险情部位采取防范措施，抢险过程中要加强对抢险救灾人员的防护，避免发生意外。抢险过程中，应服从上级部门的统一安排和部署。

4. 监测通报。安排专门人员收集气象信息，加强对灾情发展情况的监测，及时向有关人员、部门报告，通报。在配合上级部门、专业部门救援行动过程中，及时提供所需资料信息。

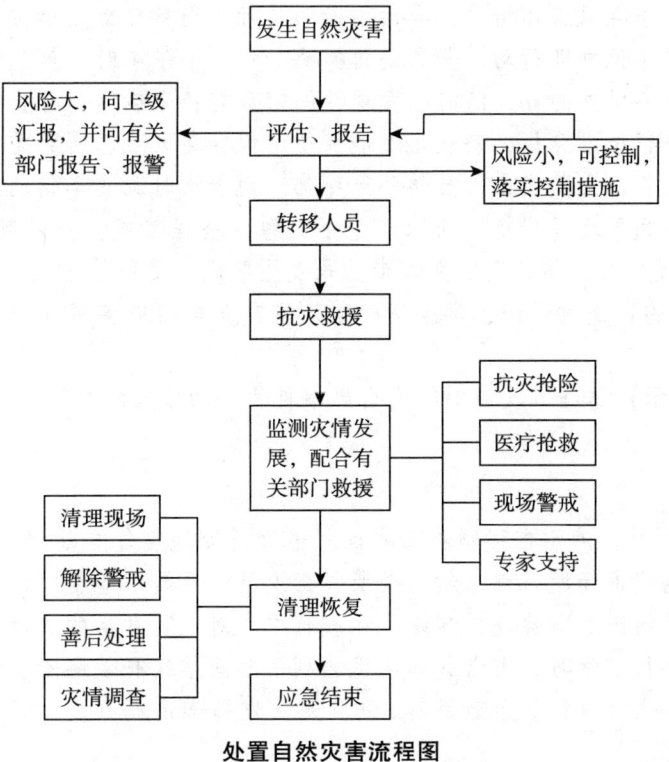

处置自然灾害流程图

5. 清理恢复。灾害解除后，组织人员对现场进行全面检查，对有关设施进行专业检查、检测，确认安全后组织人员进行清理、恢复现场。

（三）处置要诀

灾害预测要超前，评判应对须果断；

撤离转移要警戒，监测灾情须全面；

抢险救灾要妥善，次生灾害须防范；

灾后检查要把关，恢复使用须安全。

◎ 讨论案例

讨论案例47　某强制隔离戒毒所成功应对特大台风事件

某日，特大台风即将登陆我国，地处沿海的某强制隔离戒毒所处于台风登陆区域。最新气象信息显示，登陆后台风中心继续向西北方向移动，近中心最大风力在12级以上。该所接到上级抗击台风指示后，立即召开党委会、中层干部会议专题研究抗击台风工作措施，会后由所领导带队到有关重点单位一线进行专项督查。各基层单位立即行动，紧急安排撤离工作。下午4时，第三检查组在检查位于所部1.5公里外的五大队时，发现两间宿舍有轻微裂缝，检查组立即安排建筑专业人员进行技术分析，确认虽然能够使用但存在风险。所党委接检查组情况汇报后，决定将该大队戒毒人员转移到所部。由于临时调集车辆已来不及，决定步行转移，所领导现场指挥，所部应急小组警力全程警戒，当时风力已达八级。40分钟后，戒毒人员转移到安全地带，未发生脱逃、受伤等事故。

【讨论目的】通过讨论，学生明确在处置突发自然灾害事件中基层民警应尽的职责。

【讨论提示】总结本次应对特大台风事件的成功处置的经验。

讨论案例48

2013年4月，泸州市强制隔离戒毒所根据近期地震等自然灾害频发的情况，结合强制隔离戒毒场所特点，组织全所戒毒人员，开展了地震知识和避险疏散方法教育，同时组织了避险疏散演练。在教育中，对地震发生的成因、特点、造成的影响后果进行了学习，重点就如何迅速利用坚固结构有效避险、紧急疏散，向强制隔离戒毒人员进行了示范讲解。还针对突发地震情况，按防灾程序和方案进行了三次演练。

【讨论目的】通过讨论，学生应知道基层民警在场所自然灾害事件中的职责。

【讨论提示】作为基层民警，在预防和处置地震灾害事件中应做好哪些方面的工作？

 学习任务三十　舆情危机的应对

一、认知舆情危机

强制隔离戒毒场所舆情危机是相对于强制隔离戒毒场所突发事件而言的，是指面对强制隔离戒毒场所突发事件，特别是负面事件，公众通过媒介表达集体或个人的态度、意见和情绪，当这些态度、意见和情绪汇聚起来后，产生巨大的舆论讨伐效果，给强制隔离戒毒场所或强制隔离戒毒场所人民警察带来巨大危机感的现象。在迈入信息化、网络化社会的今天，人人都是记者，加之强制隔离戒毒场所相对封闭的环境，一旦发生实体危机，极易在以报纸、广播、电视等传统媒体为主的"主流舆论场"和以互联网传播为主的"民间舆论场"产生舆论大爆发，给强制隔离戒毒场所执法公信力和强制隔离戒毒场所警察形象带来极大的破坏影响。

二、舆情危机的应对

（一）启动预案

强制隔离戒毒场所舆情危机应急预案的启动源自于两种情形，一是自己发现的。主要是强制隔离戒毒场所或相关舆情监测机构在网络媒体上发现的针对强制隔离戒毒场所的负面报道或评论；二是评估预测的。主要是强制隔离戒毒场所已发生脱逃、自杀或生产事故等内源性实体危机，强制隔离戒毒场所预估会发生强制隔离戒毒场所舆情危机。无论哪种情形，强制隔离戒毒场所均应启动强制隔离戒毒场所舆情危机应急预案或应对措施。

（二）舆情研判

强制隔离戒毒场所舆情危机指挥小组要通过各种渠道收集大众、网络媒体对强制隔离戒毒场所危机事件的评价和议论，分析舆情关注的焦点，分析舆情发展走势。及时跟踪舆情发生发展的潜伏期、扩散期、爆发期、衰退期的变化，主动灵活地把握舆情应急措施。以一起强制隔离戒毒场所脱逃事件为例，舆情关注的焦点大致要经过以下历程：事件是怎样发生的（如戒毒人员如何获取脱逃工具？

如何躲避监管的?)——事件发生后强制隔离戒毒场所方是如何处置的(在脱逃事件中公众最关心何时抓获戒毒人员?)——事件发生的直接原因是什么(此涉及事件定性问题,警察玩忽职守?还是设施陈旧?责任人是谁?如何处置?)——事件发生的深层次原因是什么(是偶发性还是必然性事件?是少数情况还是普遍情况?)。

（三）及时应对网上舆情

如今社会化媒体异军突起,微博、微信等社会化媒体成为人们第一时间获取最新消息的阵地。网络舆论的草根化和多元化、多极化和匿名化的交织作用,使网络舆论更加具有不确定性、易爆发性和偏激性。在公布消息时要将网络媒体放在第一位,要开设官方微博,在一些热门网络论坛、社区注册官方账号。对有不良信息特别是造谣、诬蔑、中伤的信息,及时予以删除、封堵;对有反映情况的信息和善意的批评,认真倾听,虚心接受,及时制定有针对性的整改措施,并及时向媒体公布或在互联网上回帖;对公众关切质疑的焦点问题要正面回应,不可消极回避,积极展示强制隔离戒毒场所"依法、公正、严格、文明"的正面形象。

（四）主动对接引导舆论

司法部《关于进一步加强司法行政系统新闻宣传工作的意见》中针对司法行政机关突发事件的宣传报道提出"及时主动,准确把握,正确引导舆论,控制舆情,注重社会效果"的要求。

为此,强制隔离戒毒场所应当建立新闻发言人制度。适时向媒体和公众通报强制隔离戒毒场所的举措,积极引导社会舆论,取得广大群众的理解和支持,提升强制隔离戒毒场所发言的主动地位。强制隔离戒毒场所新闻发言人发布信息时,应注意坚持主动说话,统一口径;注意用语,掌握技巧;态度诚恳,灵活机敏等原则和技巧。强制隔离戒毒场所固然要学会应对媒体,但是,应首先要学会与媒体进行合作。既然不可能改变已经突然发生的事实,但是,可以通过与媒体卓有成效的沟通,改变媒体和公众对已经发生事实的看法。

（五）配套措施要及时跟进

在强制隔离戒毒场所及时公布事件处置进度、回应网民关切的同时,还要制定严密的配套措施,消除突发事件给公众生产生活带来的影响。如对强制隔离戒毒场所脱逃事件起因及责任回应的同时,要加紧事件原因的调查,及时处罚相关责任人以及强制隔离戒毒场所防范整改措施。危机过后,还应当认真回顾危机的处置过程,及时总结经验教训,不断完善相关制度。从中发现存在的问题,找出应急处置时的薄弱环节,有针对性地开展形象修复工作,以正面舆论宣传来冲淡危机影响，包括正面宣传强制隔离戒毒场所好人好事，新推出的自查自纠措施，及时通报查处民警违法违纪的情况等，改变公众和媒体对强制隔离戒毒场所的印象，增加其对强制隔离戒毒场所的信心，积极塑造强制隔离戒毒场所崭新形象。

讨论案例

讨论案例 49

你认为如何做好强制隔离戒毒场所舆情安全防控？如何做好舆情危机应对？

【讨论目的】 通过讨论，学生学会舆情安全防控和舆情危机应对的基本方法。

【讨论提示】 从加强舆情监控工作，注重网络信息安全和按照事件发展态势总结梳理媒体关注的焦点问题方面进行分析讨论。

讨论案例 50

2013 年 4 月 9 日，某北方报纸报道一篇《"冰毒"交易疑现××强制隔离戒毒场所》的文章。进而引发一次重大强制隔离戒毒场所舆情危机事件，相关话题舆情热度开始出现爆发性增长。4 月 9 日的相关网络新闻就超过 590 篇，相关微博超过 6000 条。形成了一次较为显著的舆情热点。

【讨论目的】 通过案例分析，学生应学会分析网络舆情危机的特点以及应对的措施。

【讨论提示】 与传统媒体相比，网络舆情危机发展态势有何不同？在应对措施和技巧上又有哪些不同？

 考核与评价

【考核题目】

1. 少数戒毒人员以强制隔离戒毒所内超市物品档次低、价格高为由，在超市门前，鼓动不明真相的部分戒毒人员进行起哄，企图达到趁乱脱逃的目的。你作为大队民警，该如何处置？

2. 戒毒人员陈某因与组长产生矛盾，爬到三层楼高的车间屋顶准备自杀，管理科长带领三名民警到达现场。管理科长示意三名民警退下，由其一人对陈某进行规劝。管理科长见陈某有悔改之意，就在距其 2 米处坐下，给其一支烟、一个打火机。陈某抽完一支又要一支。经过一个多小时的规劝，陈某站起身来，管理科长也准备带其下去。就在这时，陈某猛扑过来，管理科长整个身子被掀到了楼外，只有两手扒住楼沿，陈某还拼命抠开管理科长一只手。这时躲在隐蔽处的三名民警上前制服陈某，救回管理科长。管理科长在这起突发事件中的处置措施是否妥当？

3. 戒毒人员张某在某大队内煽动闹事，很快形成了较大范围戒毒人员之间的吵闹，参加人数约50余人。在场值班的民警应采取什么措施？对张某应如何处置？

4. 戒毒人员李某，因吸毒被强制隔离戒毒。入所以来，妻子、儿子从未去看过李某。李某看到别人的妻儿来探访时，心里很难受。李某自觉妻儿不能原谅自己的过错，看不到希望，遂产生了自杀的念头。

5. 2009年9月7日下午2时57分，戒毒人员余某与组长林某发生争吵后，余某自认为吃了亏，竟拿煤油倒在身上，并从上衣口袋掏出打火机，正准备点火自焚时，被大队民警张某发现，张某立即夺下他手中的打火机，并把他拉回宿舍，强制他脱下已浇上煤油的衣服，及时阻止了一起戒毒人员用煤油自焚事件。对此事件进行模拟演练。

6. 2013年10月30日，某强制隔离戒毒所指挥中心命令：一大队发生戒毒人员斗殴，造成流血事件，值班民警被血迹沾染，疑似发生职业暴露，各部门立即支援。

医院立刻启动了艾滋病职业暴露预案，医护人员迅速奔赴现场及时从专管大队医疗处理室中取出防护装备和急救药品，在事发现场对民警创口进行检查、挤压、清水持续冲洗等对症处理。详细了解当时情况，对暴露级别进行了初步评估。及时与该地区疾病控制中心艾滋病职业暴露办公室取得联系、商定后续诊治事宜。同时对受伤学员进行现场救治和伤口消毒包扎。整个演练过程紧凑有序，医疗操作技术熟练。请你谈谈艾滋病职业暴露模拟演练的成功之处。

【评价内容】

1. 评价学生对戒毒人员哄闹事件的处置措施是否准确有效。

2. 评价学生的分析判断是否准确。

3. 评价学生对煽动闹事的处置措施是否得当，对张某的处置是否正确。

4. 评价学生对自杀事件的防范措施是否切实可行。

5. 评价学生对戒毒人员自杀事件的模拟演练程序组织、执行效率、纪律作风、演习质量是否符合要求。

6. 评价学生对艾滋病职业暴露模拟演练成功经验的总结是否正确。

拓展训练

组织学生进行突发事件综合（模拟）演练。

训练一　戒毒人员脱逃事件应急处置模拟演练

【训练目的】 戒毒人员脱逃事件是强制隔离戒毒所安全工作中性质恶劣、后果最严重的突发事件之一。通过本项目的教学，学生应掌握戒毒人员脱逃事件的应急处置流程和方法。具体目标如下：

能力目标：能组织实施戒毒人员脱逃事件（Ⅳ级）应急处置。

知识目标：掌握脱逃事件处置的方法要领，熟悉应急状态下的法律要求。

素质目标：养成合法、合作、科学、镇静的应急处置品质。

【训练实施】

一、项目引入

模拟案情：2009 年 4 月 17 日下午 6 时 5 分，某强制隔离戒毒所一生产车间在值班民警交接班点名时，民警发现该车间戒毒人员汪某失踪。据在场其他戒毒人员反映，汪某在约 40 分钟前去领料室领料后一直未归。民警在查看领料室后发现汪某并没有来此室。进一步搜索后，发现在车间外一废弃围墙内发现戒毒人员的标志服、攀爬用的绳索。20 分钟后，有群众报警称在围墙外草丛中发现一伤员。指挥部迅速派人赶赴现场，发现此人正是脱逃戒毒人员汪某，遂一举擒获。

二、任务分析

这是一起戒毒人员脱逃突发事件。强制隔离戒毒所应启动相应级别预案，组织人力实施搜索和抓捕。

三、任务布置

1. 人员分工。

（1）警力安排：

指挥组：3 人，总指挥 1 人，副指挥 2 人，负责现场危机的评估、分析，启动脱逃应急预案，履行现场应急决策，实施现场应急行动。与上级应急指挥部和驻地公安保持联络。要求口令规范、决策果断、程序到位。

秩序维护组：5 人，负责现场警戒，稳定戒毒人员情绪，协助指挥组工作。要求行动迅速，心理沉稳。

信息情报组：3 人，负责现场访问，勘查脱逃现场，了解案情，调取脱逃戒毒人员个人信息，制作图片，并及时反馈指挥部。要求行动迅速，证据意识强，与指挥部及时沟通。

现场搜索组：5 人，负责对所内戒毒人员可能隐藏场所的搜索，抓获戒毒人员。要求行动快捷，搜索细致。

所外抓捕组：5 人，负责对所外戒毒人员逃跑路线的拦截、设卡和抓捕。要求行动快捷，擒敌动作规范。

医疗救护组：2 人，负责对现场受伤人员的现场急救，并将危重伤员转送驻地医院。要求行动快捷，急救技能全面，具有人文关怀精神。

后勤保障组：2 人，负责现场处置人员警械工具、车辆、通信工具的保障。要求保障及时、有效。

应急机动组：3 人，负责处置中突发情况的紧急增援。要求原地待命，服从指挥，做好行动准备。

（2）其他参演角色：

现场民警：2 人，负责现场报警，监控现场戒毒人员情绪变化情况。要求原地管理，服从指挥。

模拟戒毒人员：脱逃戒毒人员 1 人，要求着便装；车间戒毒人员 10 人，要求着校服。

2. 器材准备。戒毒人员点名册 2 份，戒毒人员校服 10 套，对讲机 3 台，电警棍 3 只，手铐 1 只，照相机 1 部，摄像机 1 部，现场急救箱 1 只，喊话器 1 只，绳索 1 根。

3. 场地安排。模拟强制隔离戒毒所。

4. 实训课时。4 个课时。

四、实训步骤

现场民警迅速向强制隔离戒毒所指挥中心报警，并将戒毒人员收工，原地集合。

强制隔离戒毒所指挥中心向应急指挥部（总指挥）报告，并指令强制隔离戒毒所封门，要求加强围墙警戒，注意异常动向。

指挥组接报后迅速赶赴现场，立即启动强制隔离戒毒所脱逃突发事件应急预案，并下达集合令。

接指挥部指令后，秩序维护组进入大队，协助现场民警各作业区收工，观察所情，稳定情绪，防止其他戒毒人员出现异常情况。

接指挥部指令后，信息情报组进入事发现场，勘验和保护现场，了解案情，并迅速调取逃跑戒毒人员信息，及时反馈给指挥部。

指挥部迅速向外发出协查通报，并组织人员在所外张贴。

接指挥部指令后，现场搜索组在强制隔离戒毒所内以事发车间为起点，呈扇形向围墙方向搜索，注意地形地物和可能隐藏的处所。

接指挥部指令后，所外抓捕组按照预案，在强制隔离戒毒所外围实施道路卡口、拦截。

接群众报警后，指挥部迅速组织突击机动组赶往现场，控制周围空间，通过喊话震慑戒毒人员，在戒毒人员拒不投降时，现场抓获。

接指挥部指令后，现场医护人员对戒毒人员伤情实施紧急处理。抓捕组将戒毒人员送单独管理室羁押。

在信息情报组现场勘查完毕后，指挥部下令集结队伍，演习结束。

五、实训要求

实训以小组为单位，一组为40人，角色可互换，至少开展2次实训。

所有实训人员（演习人员）服从指挥，态度端正，角色意识强，讲究协同作战。

实训前要求学生制作演习方案，实训后要求学生相互点评、总结，并以小组为单位撰写一份实验报告。演习方案和实验报告一并上交老师。

六、实训考评

实验评分标准：组织指挥，25分；执行效率，20分；纪律作风，20分；演习方案质量，20分；实验报告，15分。

训练二　戒毒人员劫持人质应急处置模拟演练

【训练目的】戒毒人员劫持人质是强制隔离戒毒场所安全工作中性质恶劣、影响极坏的突发事件之一。通过本项目的训练，学生应掌握戒毒人员劫持人质事件的应急处置流程和方法。具体目标如下：

能力目标：能组织实施戒毒人员劫持人质事件（Ⅳ级）应急处置。

知识目标：掌握戒毒人员劫持人质处置的方法要领，熟悉应急状态下的法律要求。

素质目标：养成合法、合作、科学、镇静的应急处置品质。

【训练实施】

一、项目引入

模拟案情：2008年3月22日下午5时许，某强制隔离戒毒所戒毒人员李某在心理矫治室接受民警崔某心理治疗时，一时情绪激动，趁民警崔某弯腰拣地面的纸时，掏出随身携带自制匕首顶住民警崔某颈部，并将心理矫治室门反锁。值班民警迅速将案情报告强制隔离戒毒所应急指挥中心。所领导立即赶赴现场，启动应急预案。通过现场喊话，谈判专家与戒毒人员对话，甚至找来戒毒人员女友来说服，但戒毒人员李某态度恶劣，提出无理条件，拒不放下匕首，还认为他的事情小题大做，扬言杀死民警后自杀。指挥部在观察戒毒人员情绪变化后，为避免人质受到进一步伤害，遂决定现场武力解救。突击组利用戒毒人员要喝水之机，抓住戒毒人员右手，另一路队员破门而入，控制戒毒人员左手，瞬间制服戒毒人员。

二、任务分析

这是一起戒毒人员劫持人质突发事件。强制隔离戒毒所应启动相应级别预案，组织人力实施搜索和抓捕。

三、任务布置

1. 人员分工。

（1）警力安排：

指挥组：3人，总指挥1人，副指挥2人，负责现场危机的评估、分析，启动人质劫持事件应急预案，实施现场应急决策，组织现场应急行动。与上级应急指挥部和驻地公安保持联络。要求口令规范、决策果断、程序到位。

秩序维护组：5人，负责现场警戒，控制犯情，稳定戒毒人员情绪，协助指挥组工作。要求行动迅速，心理沉稳。

信息情报组：3人，负责察看现场，了解情况，摸清方位，绘制现场图，调取戒毒人员个人信息，并及时反馈指挥部。要求行动迅速，证据意识强，与指挥部及时沟通。

现场宣教组：5人，负责对戒毒人员实施政策、法律宣讲，晓之利害，必要时组织亲情现场教育。要求声音洪亮，宣教能晓之以理，动之以情。

现场谈判组：2人，负责与现场戒毒人员实施对话，适情满足戒毒人员条件。要求洞察戒毒人员心理，自控能力强，及时汇报。

医疗救护组：2人，负责对现场受伤人员的现场急救，并将危重伤员转送驻地医院。要求行动快捷，急救技能全面，具有人文关怀精神。

后勤保障组：2人，负责现场处置人员警械工具、车辆、通信工具的保障。要求保障及时、有效。

应急机动组：3人，负责处置中突发情况的紧急增援。要求原地待命，服从指挥，做好行动准备。

（2）其他参演角色：

被劫持民警：1人，要求角色到位，表现镇静，态度不卑不亢。

劫持戒毒人员：1人，要求角色到位，着戒毒人员校服。

2. 器材准备。戒毒人员点名册 2 份，校服 1 套，对讲机 3 台，电警棍 3 只，手铐 1 只，照相机 1 部，摄像机 1 部，现场急救箱 1 只，喊话器 1 只，橡皮匕首 1 把。

3. 场地安排。模拟强制隔离戒毒所。

4. 实训课时。4 个课时。

四、实训步骤

现场民警迅速向强制隔离戒毒所指挥中心报警，并将其他戒毒人员收工。

指挥中心向应急指挥部（总指挥）报告，并指令强制隔离戒毒所封门，要求加强围墙警戒，注意异常动向。

指挥组接报后迅速赶赴现场，立即启动劫持人质突发事件应急预案，并下达集合令。

接指挥部指令后，秩序维护组进入所区，协助现场民警在各作业区收工，观察所情，稳定情绪，防止其他戒毒人员出现异常情况。

接指挥部指令后，现场宣教组在现场外围宣讲政策、法律，晓之利害。根据现场情况联系戒毒人员亲友来现场开展亲情教育。

接指挥部指令后，现场谈判组进入现场与戒毒人员实施对话，稳定戒毒人员情绪，观察戒毒人员心理变化，适时满足提出的条件，及时与指挥部联络。

接指挥部指令后，信息情报组迅速调取劫持戒毒人员信息，及时反馈给指挥部。

应急突击组占据有利地形，做好武力解救人质准备。在谈判、宣教等措施无效时，接指挥部指令后，实施武力解救。

接指挥部指令后，现场医护人员对现场伤员实施紧急处理。

抓捕组将戒毒人员送单独管理室羁押。

指挥部下令集结队伍，演习结束。

五、实训要求

实训以小组为单位，一组为 30 人，角色可互换，至少开展 2 次实训。

所有实训人员（演习人员）服从指挥，态度端正，角色意识强，讲究协同作战。

实训前要求学生制作演习方案，实训后要求学生相互点评、总结，并以小组为单位撰写一份实验报告。演习方案和实验报告一并上交老师。

六、实训考评

实验评分标准：组织指挥，25 分；执行效率，20 分；纪律作风，20 分；演习方案质量，20 分；实训报告，15 分。

学习单元六　强制隔离戒毒场所
安全防范工作的问责

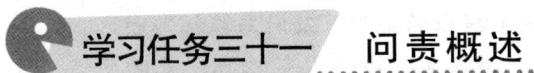

学习任务三十一　　问责概述

一、行政问责制与责任追究制

（一）行政问责制的概念

行政问责制是各种问责主体对各级政府机关及其公务员违反法定职责和义务、行政不当等行政行为按照法律规定的程序实施问责，并要求其承担责任的制度。

行政问责制的内涵应包括以下几方面的内容：

1. 行政问责的主体，是指"由谁问"。行政问责的主体，不仅应该有行政系统内部的问责主体，即行政机关的上级机关，以及审计和监察部门，而且还应该有行政系统外部的问责主体，包括人大、中国共产党、各民主党派、司法机关、新闻媒体、社会公众等，行政问责的主体应该多元化。

2. 行政问责的客体，也称问责的对象，是指"向谁问"。行政问责的客体是各级政府机关及其公务员，但主要是负有直接和间接领导责任的各级领导者。

3. 行政问责的范围，是指"问什么"。不仅要对发生的重大责任事故问责，

而且要对作出的错误决策问责；不仅要对滥用职权的行政行为问责，而且对故意推诿扯皮等行政不作为问责。总之，从管理不善、政绩平平到用人失误、决策失误、重大责任事故等都属于问责的范围之内。

4. 行政问责的程序，是指"如何问"。"问"的过程应该包括质询、弹劾、罢免等方方面面的程序要求。

5. 行政问责的后果，主要是行政机关及其公务员承担相应的责任及承担责任的具体方式。一般来说，可以把责任划分为政治、道德、行政和法律责任四种，承担责任的主要方式包括公开道歉、责令作出书面检查、通报批评、公开谴责、诫勉、引咎辞职、撤职、免职、责令辞职等。

引咎辞职是指公务员由于直接或间接的责任造成一定的损失或社会不良影响，从而主动承担责任。引咎辞职是问责制的一个方面，是用来实现行政问责制的一个途径。

（二）责任追究制的概念

责任追究制是行政机关工作人员在履行职责过程中，违反法律、法规或有关制度，给国家、单位、群众、公共利益造成损害或其他不良后果，对行政执法人进行责任追究的制度。具有以下情形之一者，予以责任追究：违反法律、法规和有关制度规定的；违反职业道德，工作作风恶劣，服务态度生硬，刁难服务对象的；在无不可抗拒因素的情况下，未能在规定的时限内办理有关业务工作的；以权谋私、假公济私、"吃拿卡要报"、乱收费、乱罚款、乱摊派等损害群众利益的；其他违纪违规的。

（三）行政问责制与责任追究制的区别

1. 责任追究制是一种过错追究，而行政问责制不仅仅是过错追究，还包括非过错追究。因此，行政问责的指向是无作为、不作为、乱作为、作为不力。也就是说，行政问责它不仅是指有错、犯法要追究，同时也包括能力低下、推诿扯皮等也要追究。

2. 责任追究制度强调的是出现重大责任事故后对于责任的追究，是一种惩罚性的机制，而行政问责制不仅要做到对责任人的惩罚，更重要的是通过这种机制的运行来做到"惩前毖后"、防患于未然，避免责任事故的发生，是一种包含事前、事中和事后监督的全方位的监督体系。

此外，引咎辞职和行政问责制的区别在于，行政问责制要求政府及其官员对公众负责，它要求政府及其官员不仅要承担法律责任、行政责任、政治责任，还要担负道德伦理责任，是一个多维的责任体系。"引咎辞职"事实上成为现代社会对于担任公共职务的官员，要求其在不构成法定罪责的情形下承担更为苛刻的道义责任的一种习惯做法。

（四）行政问责制的意义

行政问责制的建立和完善是民主政治发展到一定阶段的必然产物。应该说，它的出现反映了我国政治文明的进步。行政问责制作为政治体制改革与行政管理体制改革的契合点，它是实践"权为民所用，情为民所系，利为民所谋"的制度化举措，对于我国构建社会主义和谐社会，实现法治政府、责任政府、服务政府有着重大意义。

1. 实施行政问责制，有利于整肃吏治，优化公务员队伍，树立公务员良好形象。多年以来，有些行政官员只知享受人民赋予的权力，而不知或不愿去承担相应的义务和责任。行政问责制的推行，要求公务员必须正确运用自己的权力，不能坐在职位上无所作为或者渎职。如果有这样的行为，作为公务员就必须对自己的行为有一个说法或承担相应的责任。这就使他们在行使其权力时有一种压力感，责任心增强，进而增强公务员队伍的自律自警意识和进取精神，树立起公务员队伍的良好形象。

2. 实施行政问责制，有利于打破传统的为官之道，构建勤政、廉政、优政的行政文化理念。多年以来，一些行政官员不仅存在严重的"官本位"思想，即"以官为本"的思想，同时也有着"无过便是功"的杂念，在实际工作中存在"不求有功、但求无过"、"得过且过"的思想。实施行政问责制，不仅从体制上体现了制度监督、纪律惩罚的作用，还有利于打破行政官员"能上不能下"的做法，建立起更加直接有效的竞争淘汰机制。实施行政问责制，能进一步强化官员的责任意识，树立新的行政文化理念，为官必须做事，做事必须负责，权力与责任对等。乱作为、不作为同样都要被问责。这有利于构建新的行政政绩观，不仅要勤政、廉政，还要优政。

3. 实施行政问责制，有利于转变政府职能，提高依法行政水平，建立责任政府。在一个强调法治、民主的国家，政府必须履行好自己的职责，发挥社会管理、公共服务、市场监督、宏观调控的职能；同时要接受人民群众的监督和问责，并承担相应的责任。这就要求要明确政府及其行政官员应承担的责任，就需要提高政府及其官员的依法行政水平，提高履行职责的能力。实施行政问责制，可以从源头上对政府及其行政官员的权力、职责进行必要的约束和规定，防止其滥用权力。同时，行政问责制弥补了国家法律上的空白，不仅对行政官员的"乱作为"要问责，对"不作为"和"无作为"也要问责，从而促进行政官员工作作风的转变，提高政府的工作效率。

4. 实施行政问责制，有利于进一步完善国家法律责任制度，加速行政国际化的进程。实施行政问责制，是目前国际比较通用的做法。各国的情况不同，问责的具体规定和操作方法也有所不同。但是，在掌管公共权力的政府官员有权必有责，违规违法必追究这一点上是共同的。实施行政问责制，是建设责任政府、法治政府、民主政府的一个重要途径，有利于进一步完善我国的法律责任制度，有利于加速行政国际化的进程。

二、行政责任

（一）行政责任的概念

行政责任，即行政法律责任，是指行政法律主体违反行政法律规范而依法所应承担的法律后果。包括两层含义：

1. 行政人员在一定的岗位和职务上开展行政管理活动时所应承担的角色义务，即职责；

2. 由于行政人员没有积极有效地履行职责而受到的追究，往往表现为受到否定性的批评、惩罚和制裁。

（二）承担行政责任的方式

《中华人民共和国公务员法》第 56 条规定处分分为：警告、记过、记大过、降级、撤职、开除。

三、强制隔离戒毒场所安全责任的划分

（一）所领导在安全稳定工作中应当负有的领导责任

1. 贯彻执行有关安全稳定工作的法律、法规、规章和制度。

2. 制定年度安全稳定工作计划，并组织实施。

3. 每月至少召开一次安全稳定工作会议，分析研究本单位安全稳定工作情况，解决问题，指导工作，强化管理。

4. 每月对各类安全事故隐患进行一次综合排查和分析，并督促整改和消除隐患。同时根据安全工作任务和形势的要求，组织有关部门进行经常性的安全检查。

5. 结合本单位工作实际，制定各类事故的应急预案并组织演练。

6. 落实安全稳定工作各项保障措施，确保人防、物防、技防硬件设施的安全性能。

7. 加强本单位民警安全稳定知识的学习，强化安全意识，开展经常性的安全防范教育和技能训练。

8. 一旦发生事故，应当立即赶赴现场进行处理，及时报告上级主管机关，并按职责权限组织或协助配合事故的调查、救援、善后等工作，最大限度降低事

故灾害程度。

（二）科室、大队领导在安全稳定工作中应当负有的领导责任

1. 负责有关法律法规和规章在本部门的贯彻执行。

2. 制定组织实施本部门的安全稳定工作，落实责任。

3. 及时召开安全稳定工作会议，研究确定重点人员、重点部位，强化措施，堵塞漏洞，狠抓防范。

4. 每周至少组织一次对各类安全事故隐患开展的排查分析，及时制定和落实整改措施，消除安全隐患。

5. 认真执行各类事故隐患的应急处置预案，积极组织或参加实战演练。

6. 开展经常性的安全防范教育和基本技能训练，带好队伍，增强安全意识，提高防范工作质量。

7. 坚守工作岗位，坚持靠前指挥，深入"三大现场"检查、督促、指导，随时随地帮助民警解决问题，纠正偏差，堵塞漏洞，把安全稳定工作做深做细做实。

8. 一旦发生安全事故，应当立即赶赴现场进行处置，及时向所领导报告，并按预案要求迅速控制局面，积极开展事故的救援、调查、善后等工作，尽最大努力减少安全事故损失。

学习任务三十二　问责程序

按照司法部相关规定，强制隔离戒毒场所内发生重大事故须追究负有直接责任的大队以上领导干部的责任。同时，除依法追究直接责任人的责任外，还要追究主管单位主要负责人、分管负责人的领导责任。

一、领导责任追究

（一）重大事故领导责任的追究原则

1. 以事实为根据；

2. 与职责、过错相适应；

3. 与社会危害程度相当。

（二）重大事故领导责任的追究事由

1. 管教安全类重大事故。

（1）戒毒人员 1 人以上脱逃或 1 人以上非正常死亡的；

（2）戒毒人员 10 人以上行凶、骚乱、群体性斗殴，造成重伤 1 人以上的；

（3）感染 5 人以上的所内艾滋病传播或者戒毒人员 3 人以上所内吸毒的；

（4）殴打、体罚、虐待戒毒人员，或者纵容、指使戒毒人员殴打、体罚、虐待其他戒毒人员致使死亡、残疾、重伤，或者造成其他严重后果的；

（5）违反规定使用警戒具，造成严重后果的；

（6）枪支、弹药被盗、丢失造成严重后果的；

（7）民警严重违法犯罪案件，造成恶劣社会影响的。

2. 生产安全类重大事故。

（1）违反规定组织戒毒人员从事与易燃、易爆、有毒、有害等危险物品有关的劳动，造成的火灾、爆炸或者中毒死亡、重伤的；

（2）违反规定组织戒毒人员超时间、超体力、超强度劳动，造成戒毒人员死亡或重伤的；

（3）发生生产安全重大事故，造成 1 人以上死亡，或者 30 万元以上直接经济损失的；

（4）违反规定使用车辆，造成 3 人以上死亡重大交通安全事故的。

3. 生活卫生类重大安全事故。

（1）未依法履行传染病防治职责，造成戒毒人员 3 人以上死亡的食物中毒、较大规模传染性疾病流行等公共卫生事件；

（2）克扣、挪用戒毒人员生活费，致使戒毒人员食物量不达标的。

发生上述重大事故之一的，给予事故责任单位主要负责人通报批评、警告或者记过处分，分管负责人警告、记过或者记大过处分；情节严重或者当年内发生 2 起以上本条所列重大事故的，给予事故责任单位主要负责人记大过、降级或者撤职处分，分管负责人降级或者撤职处分。

有下列情形之一的，从重或者加重处罚：瞒报、延报重大事故的；对检举人、控告人打击报复的；伪造、藏匿、销毁证据的；发生重大事故后，未及时采取措施，导致重大事故危害后果扩大的；阻挠、干涉重大事故调查，阻挠、干涉追究有关责任人员责任的；拒不按照上级机关的要求对事故隐患进行整改，导致重大事故发生的。

发生重大事故后，迅速采取有力措施，明显减轻危害后果的，可以从轻或者减轻处罚。

（三）重大事故的调查程序

发生重大事故后，强制隔离戒毒场所应成立调查组对重大事故进行调查，并向省戒毒管理局报告。重大事故调查结束后，调查组应当将调查结果及处理建议向省戒毒管理局报告。

调查组履行以下职责：

1. 查明重大事故原因、人员伤亡及直接经济损失等情况；

2. 查明重大事故的性质和责任；

3. 检查控制重大事故的应急措施是否得当和落实；

4. 提出重大事故处理及防止类似事故再次发生所应采取措施的建议；

5. 提出重大事故领导责任追究建议；

6. 写出重大事故调查报告。

调查组有权向重大事故发生单位及有关人员了解有关情况，接受调查的单位和个人应当配合。

调查组在调查过程中应当听取重大事故责任人的陈述和申辩。

重大事故调查工作应当在 30 日内完成。因情况复杂需要延长调查期限的，经省戒毒管理局批准可以适当延长，但延长期限不得超过 30 日。

受到处分的人员对处分决定不服的，可以依照《中华人民共和国监察法》向监察机关提出申诉。

发生重大事故，有关主要负责人、分管负责人渎职、失职，构成犯罪的，移交司法机关处理。

（四）领导责任的追究方式

追究领导责任应当根据事实、情节以及本人应承担的责任，采取以下方式进行追究：

1. 警示谈话或诫勉谈话，责令检查；

2. 通报批评；

3. 取消当年评选优秀公务员资格；

4. 扣减当月绩效奖金；

5. 引咎辞职、责令辞职、免职；

6. 给予党纪政纪处分；

7. 移送司法机关追究刑事责任。

追究领导责任需要给予党纪处分的，由组织人事部门或纪律检查部门提出建议，党委会研究决定。触犯刑律的，移送司法机关追究刑事责任。

党员受到党内警告或严重警告处分，一年内不再党内提升职务和向党外组织推荐担任高于其原任职务的党外职务。

党员受到撤销党内职务处分，两年内不得在党内担任和向党外组织推荐担任与其原任职务相当的职务。

党员受到留党察看处分的，其党内职务自然撤销。对于担任党外职务的，应当建议党外组织撤销其党外职务。恢复党员权利后两年内，不得在党内担任和向党外组织推荐担任与其原任职务相当的职务。

二、民警执法过错责任追究

（一）民警执法过错责任的概念

民警执法过错责任，是指强制隔离戒毒场所民警在执法过程中，因故意或者过失而发生违法违纪行为所应承担的责任。建立民警执法过错责任追究机制，可以强化民警执法观念，做到公正执法、文明执法，维护强制隔离戒毒场所的正常秩序。

（二）民警执法过错责任追究的事由

过错责任应当根据违法违纪事实、性质和情节，行为人的法定职责、主观过错以及违法违纪行为所产生的后果确定。而对过错责任的追究，也应当坚持以事实为根据、公正公开、法律纪律面前人人平等以及处分与教育相结合的原则。处分应当与过错责任人的过错责任相适应。根据司法部有关规定，具有下列情形之一的，应当追究过错责任：

1. 扣押或销毁戒毒人员申诉、控告、检举、奖惩材料的；
2. 本人或者指使、放任他人殴打、体罚、虐待戒毒人员或者滥用警戒具的；
3. 对戒毒人员超期单独管理、到期不及时办理解除戒毒的；
4. 本人或者亲属索要或者收受戒毒人员及其亲属财物的；
5. 克扣、挪用、贪污戒毒人员粮食、伙食费及其他财物的；
6. 向戒毒人员及其亲属兜售物品、借钱、借物或委托代购商品谋取经济利益的；
7. 本人或者亲属接受戒毒人员及其亲属的宴请、礼品或者让其代支其他费用的；
8. 在值班期间由于失职导致戒毒人员脱逃、伤亡的；
9. 由于工作失察、处理不当造成戒毒人员闹事或者其他事故的；
10. 发生戒毒人员脱逃、伤亡事故不及时上报或隐瞒不报的；
11. 忽视安全生产造成生产安全责任事故的；
12. 违反规定，擅自将管理戒毒人员的职权交予他人行驶的；
13. 未按规定管理、使用枪支、弹药、警戒具造成丢失或其他后果的；
14. 违反规定，为戒毒人员传递信件或捎带物品，私下安排戒毒人员和亲属探访，带领戒毒人员外出，为自己或他人提供劳务的；

15. 违反规定，同意对强制隔离戒毒人员准假、所外就诊、减期、提前解除强制隔离戒毒的；

16. 办理戒毒人员所外就诊、减期、延期等有徇私舞弊行为的；

17. 对戒毒人员及其亲属进行刁难或打击报复的；

18. 未经批准，擅自接待外来人员参观、采访强制隔离戒毒所，造成强制隔离戒毒工作失密、泄密的。

（三）民警执法过错责任的追究方式

1. 情节较轻的，可责令检查，给予通报批评，扣罚岗位津贴、奖金，警告处分；

2. 情节较重的，可给予记过，记大过，调离警察工作岗位处分；

3. 情节严重的，给予降级，撤职，开除处分；

4. 构成犯罪的，移交司法部门依法处理。

对过错责任人需同时给予党纪处分或给予警衔降级、取消警衔处分的，依照《中国共产党纪律处分条例（试行）》和《中华人民共和国人民警察警衔条例》等规定处理。

过错责任人对处分决定不服的，可依照《中华人民共和国行政监察法》提出申诉。

◯ 讨论案例

讨论案例51

某年某月某日，某强制隔离戒毒所20名戒毒人员暴力袭警脱逃。当天值班民警周某疏忽大意，独自一人带着6道门的钥匙进入强制隔离戒毒室，致使戒毒人员抢走钥匙后连开6道门，从戒毒区闯入办公区。办公区北侧的院墙上有一个用来送煤的洞，戒毒人员就是从这个洞逃跑的。

发生脱逃事件后，该所立即启动处置戒毒人员脱逃预案，迅速展开追找，8名戒毒人员抓获，5名戒毒人员投案自首或者由家人送回，其余7名戒毒人员在事发后7天全部抓获。

事后，对于脱逃戒毒人员根据情节，区别对待做出了处理：主动自首或由家人动员回来的，按一般戒毒人员从宽处理；参与、组织、策划袭警脱逃事件的要严肃处理，但能主动投案的也可从轻；拒不投案最后被抓的，将从严处理。当地检察院介入调查此案，4名民警涉嫌渎职被刑拘，所长姚某被立案调查。

【讨论目的】通过讨论，学生能掌握问责的事由与方式。

【讨论提示】结合该案例，谈谈如果你是当班民警，应该怎么做避免此次脱

逃事件的发生？该强制隔离戒毒所在安全防范工作中存在哪些隐患和漏洞？如果整改？

讨论案例52

2009年3月14日上午10时许，熊某因吸毒被举报，安乡县公安局某派出所接到举报后对其实施抓捕过程中，熊某用水果刀刺伤自己左上腹部，当即被安乡县公安局送往安乡县人民医院检查治疗。诊断结论为，左上腹软组织被刺伤。经行清创缝合术，在熊某本人要求下，当天下午办理了出院手续。出院医嘱：注意腰部情况；继续抓紧对症治疗；8天后拆线；不适随诊。安乡县公安局当日对熊某作出了行政拘留10日的行政处罚决定和强制隔离戒毒2年的行政决定，于当日下午6时30分许送至常德市强制隔离戒毒所执行。常德市强制隔离戒毒所在没有医生对熊某进行身体健康检查的情况下，只进行了目测检查，其他健康检查项目待查。根据安乡县人民医院诊断结论，常德市强制隔离戒毒所为其填写了《入所人员登记表》、《戒毒人员入所健康检查表》，办理了收治手续。当晚8时许，熊某因腹痛厉害，经同室戒毒人员向所值班人员报告，值班护士在没有医生检查诊治的情况下给熊某服用了氨苄西林丙磺舒胶囊和蒲地蓝消炎片等消炎止痛药，而该两种药系处方药。次日下午接到熊某病情严重的报告后即送往市医院救治，1时40分熊某死于送往医院抢救途中。经常德市人民检察院鉴定中心鉴定，结论为："被鉴定人熊某因刀刺穿腹部及胃壁，胃内溶物流入腹腔，引起广泛性弥漫性腹膜炎，致感染性休克死亡。"

【讨论目的】通过讨论，学生学会问责的分析。

【讨论提示】请你谈谈该案例中常德市强制隔离戒毒所是否承担行政赔偿责任？是否追究相关人员的执法过错责任？为什么？

 考核与评价

【考核题目】

1. 行政问责制与责任追究制有何不同？
2. 重大事故领导责任追究的事由、程序和方式有哪些？
3. 如何履行好强制隔离戒毒场所民警的职责，防止安全事故的发生？

【评价内容】

1. 评价学生对行政问责制与责任追究制概念的理解是否正确。
2. 评价学生对重大事故领导责任追究的事由、程序和方式是否掌握。

3. 评价学生对强制隔离戒毒场所民警应尽的职责是否明确。

 拓展学习

1. 学习《行政法与行政诉讼法》中涉及行政责任的相关内容。
2. 学习《人民警察法》及《公务员法》相关内容。
3. 观看政法系统警示教育片。

附录一 戒毒条例

中华人民共和国国务院令（第 597 号）

《戒毒条例》已经 2011 年 6 月 22 日国务院第 160 次常务会议通过，现予公布，自公布之日起施行。

总理 温家宝

二〇一一年六月二十六日

第一章 总 则

第一条 为了规范戒毒工作，帮助吸毒成瘾人员戒除毒瘾，维护社会秩序，根据《中华人民共和国禁毒法》，制定本条例。

第二条 县级以上人民政府应当建立政府统一领导，禁毒委员会组织、协调、指导，有关部门各负其责，社会力量广泛参与的戒毒工作体制。

戒毒工作坚持以人为本、科学戒毒、综合矫治、关怀救助的原则，采取自愿戒毒、社区戒毒、强制隔离戒毒、社区康复等多种措施，建立戒毒治疗、康复指导、救助服务兼备的工作体系。

第三条 县级以上人民政府应当按照国家有关规定将戒毒工作所需经费列入本级财政预算。

第四条 县级以上地方人民政府设立的禁毒委员会可以组织公安机关、卫生行政和药品监督管理部门开展吸毒监测、调查，并向社会公开监测、调查结果。

县级以上地方人民政府公安机关负责对涉嫌吸毒人员进行检测，对吸毒人员进行登记并依法实行动态管控，依法责令社区戒毒、决定强制隔离戒毒、责令社区康复，管理公安机关的强制隔离戒毒场所、戒毒康复场所，对社区戒毒、社区康复工作提供指导和支持。

设区的市级以上地方人民政府司法行政部门负责管理司法行政部门的强制隔离戒毒场所、戒毒康复场所，对社区戒毒、社区康复工作提供指导和支持。

县级以上地方人民政府卫生行政部门负责戒毒医疗机构的监督管理，会同公安机关、司法行政等部门制定戒毒医疗机构设置规划，对戒毒医疗服务提供指导和支持。

县级以上地方人民政府民政、人力资源社会保障、教育等部门依据各自的职责，对社区戒毒、社区康复工作提供康复和职业技能培训等指导和支持。

第五条　乡（镇）人民政府、城市街道办事处负责社区戒毒、社区康复工作。

第六条　县级、设区的市级人民政府需要设置强制隔离戒毒场所、戒毒康复场所的，应当合理布局，报省、自治区、直辖市人民政府批准，并纳入当地国民经济和社会发展规划。

强制隔离戒毒场所、戒毒康复场所的建设标准，由国务院建设部门、发展改革部门会同国务院公安部门、司法行政部门制定。

第七条　戒毒人员在入学、就业、享受社会保障等方面不受歧视。

对戒毒人员戒毒的个人信息应当依法予以保密。对戒断 3 年未复吸的人员，不再实行动态管控。

第八条　国家鼓励、扶持社会组织、企业、事业单位和个人参与戒毒科研、戒毒社会服务和戒毒社会公益事业。

对在戒毒工作中有显著成绩和突出贡献的，按照国家有关规定给予表彰、奖励。

第二章　自愿戒毒

第九条　国家鼓励吸毒成瘾人员自行戒除毒瘾。吸毒人员可以自行到戒毒医疗机构接受戒毒治疗。对自愿接受戒毒治疗的吸毒人员，公安机关对其原吸毒行为不予处罚。

第十条　戒毒医疗机构应当与自愿戒毒人员或者其监护人签订自愿戒毒协议，就戒毒方法、戒毒期限、戒毒的个人信息保密、戒毒人员应当遵守的规章制度、终止戒毒治疗的情形等作出约定，并应当载明戒毒疗效、戒毒治疗风险。

第十一条　戒毒医疗机构应当履行下列义务：

（一）对自愿戒毒人员开展艾滋病等传染病的预防、咨询教育；

（二）对自愿戒毒人员采取脱毒治疗、心理康复、行为矫治等多种治疗措施，并应当符合国务院卫生行政部门制定的戒毒治疗规范；

（三）采用科学、规范的诊疗技术和方法，使用的药物、医院制剂、医疗器械应当符合国家有关规定；

（四）依法加强药品管理，防止麻醉药品、精神药品流失滥用。

第十二条　符合参加戒毒药物维持治疗条件的戒毒人员，由本人申请，并经登记，可以参加戒毒药物维持治疗。登记参加戒毒药物维持治疗的戒毒人员的信息应当及时报公安机关备案。

戒毒药物维持治疗的管理办法，由国务院卫生行政部门会同国务院公安部门、药品监督管理部门制定。

第三章　社区戒毒

第十三条　对吸毒成瘾人员，县级、设区的市级人民政府公安机关可以责令其接受社区戒毒，并出具责令社区戒毒决定书，送达本人及其家属，通知本人户籍所在地或者现居住地乡（镇）人民政府、城市街道办事处。

第十四条　社区戒毒人员应当自收到责令社区戒毒决定书之日起 15 日内到社区戒毒执行地乡（镇）人民政府、城市街道办事处报到，无正当理由逾期不报到的，视为拒绝接受社区戒毒。

社区戒毒的期限为 3 年，自报到之日起计算。

第十五条　乡（镇）人民政府、城市街道办事处应当根据工作需要成立社区戒毒工作领导小组，配备社区戒毒专职工作人员，制定社区戒毒工作计划，落实社区戒毒措施。

第十六条　乡（镇）人民政府、城市街道办事处，应当在社区戒毒人员报到后及时与其签订社区戒毒协议，明确社区戒毒的具体措施、社区戒毒人员应当遵守的规定以及违反社区戒毒协议应承担的责任。

第十七条　社区戒毒专职工作人员、社区民警、社区医务人员、社区戒毒人员的家庭成员以及禁毒志愿者共同组成社区戒毒工作小组具体实施社区戒毒。

第十八条　乡（镇）人民政府、城市街道办事处和社区戒毒工作小组应当采取下列措施管理、帮助社区戒毒人员：

（一）戒毒知识辅导；

（二）教育、劝诫；

（三）职业技能培训，职业指导，就学、就业、就医援助；

（四）帮助戒毒人员戒除毒瘾的其他措施。

第十九条　社区戒毒人员应当遵守下列规定：

（一）履行社区戒毒协议；

（二）根据公安机关的要求，定期接受检测；

（三）离开社区戒毒执行地所在县（市、区）3 日以上的，须书面报告。

第二十条　社区戒毒人员在社区戒毒期间，逃避或者拒绝接受检测 3 次以上，擅自离开社区戒毒执行地所在县（市、区）3 次以上或者累计超过 30 日的，属于《中华人民共和国禁毒法》规定的"严重违反社区戒毒协议"。

第二十一条　社区戒毒人员拒绝接受社区戒毒，在社区戒毒期间又吸食、注射毒品，以及严重违反社区戒毒协议的，社区戒毒专职工作人员应当及时向当地公安机关报告。

第二十二条　社区戒毒人员的户籍所在地或者现居住地发生变化，需要变更社区戒毒执行地的，社区戒毒执行地乡（镇）人民政府、城市街道办事处应当将有关材料转送至变更后的乡（镇）人民政府、城市街道办事处。

社区戒毒人员应当自社区戒毒执行地变更之日起 15 日内前往变更后的乡（镇）人民政府、城市街道办事处报到，社区戒毒时间自报到之日起连续计算。

变更后的乡（镇）人民政府、城市街道办事处，应当按照本条例第 16 条的规定，与社区戒毒人员签订新的社区戒毒协议，继续执行社区戒毒。

第二十三条 社区戒毒自期满之日起解除。社区戒毒执行地公安机关应当出具解除社区戒毒通知书送达社区戒毒人员本人及其家属，并在 7 日内通知社区戒毒执行地乡（镇）人民政府、城市街道办事处。

第二十四条 社区戒毒人员被依法收监执行刑罚、采取强制性教育措施的，社区戒毒终止。

社区戒毒人员被依法拘留、逮捕的，社区戒毒中止，由羁押场所给予必要的戒毒治疗，释放后继续接受社区戒毒。

第四章　强制隔离戒毒

第二十五条 吸毒成瘾人员有《中华人民共和国禁毒法》第 38 条第 1 款所列情形之一的，由县级、设区的市级人民政府公安机关作出强制隔离戒毒的决定。

对于吸毒成瘾严重，通过社区戒毒难以戒除毒瘾的人员，县级、设区的市级人民政府公安机关可以直接作出强制隔离戒毒的决定。

吸毒成瘾人员自愿接受强制隔离戒毒的，经强制隔离戒毒场所所在地县级、设区的市级人民政府公安机关同意，可以进入强制隔离戒毒场所戒毒。强制隔离戒毒场所应当与其就戒毒治疗期限、戒毒治疗措施等作出约定。

第二十六条 对依照《中华人民共和国禁毒法》第 39 条第 1 款规定不适用强制隔离戒毒的吸毒成瘾人员，县级、设区的市级人民政府公安机关应当作出社区戒毒的决定，依照本条例第三章的规定进行社区戒毒。

第二十七条 强制隔离戒毒的期限为 2 年，自作出强制隔离戒毒决定之日起计算。

被强制隔离戒毒的人员在公安机关的强制隔离戒毒场所执行强制隔离戒毒 3 个月至 6 个月后，转至司法行政部门的强制隔离戒毒场所继续执行强制隔离戒毒。

执行前款规定不具备条件的省、自治区、直辖市，由公安机关和司法行政部门共同提出意见报省、自治区、直辖市人民政府决定具体执行方案，但在公安机关的强制隔离戒毒场所执行强制隔离戒毒的时间不得超过 12 个月。

第二十八条 强制隔离戒毒场所对强制隔离戒毒人员的身体和携带物品进行检查时发现的毒品等违禁品，应当依法处理；对生活必需品以外的其他物品，由强制隔离戒毒场所代为保管。

女性强制隔离戒毒人员的身体检查，应当由女性工作人员进行。

第二十九条　强制隔离戒毒场所设立戒毒医疗机构应当经所在地省、自治区、直辖市人民政府卫生行政部门批准。强制隔离戒毒场所应当配备设施设备及必要的管理人员，依法为强制隔离戒毒人员提供科学规范的戒毒治疗、心理治疗、身体康复训练和卫生、道德、法制教育，开展职业技能培训。

第三十条　强制隔离戒毒场所应当根据强制隔离戒毒人员的性别、年龄、患病等情况对强制隔离戒毒人员实行分别管理；对吸食不同种类毒品的，应当有针对性地采取必要的治疗措施；根据戒毒治疗的不同阶段和强制隔离戒毒人员的表现，实行逐步适应社会的分级管理。

第三十一条　强制隔离戒毒人员患严重疾病，不出所治疗可能危及生命的，经强制隔离戒毒场所主管机关批准，并报强制隔离戒毒决定机关备案，强制隔离戒毒场所可以允许其所外就医。所外就医的费用由强制隔离戒毒人员本人承担。

所外就医期间，强制隔离戒毒期限连续计算。对于健康状况不再适宜回所执行强制隔离戒毒的，强制隔离戒毒场所应当向强制隔离戒毒决定机关提出变更为社区戒毒的建议，强制隔离戒毒决定机关应当自收到建议之日起 7 日内，作出是否批准的决定。经批准变更为社区戒毒的，已执行的强制隔离戒毒期限折抵社区戒毒期限。

第三十二条　强制隔离戒毒人员脱逃的，强制隔离戒毒场所应当立即通知所在地县级人民政府公安机关，并配合公安机关追回脱逃人员。被追回的强制隔离戒毒人员应当继续执行强制隔离戒毒，脱逃期间不计入强制隔离戒毒期限。被追回的强制隔离戒毒人员不得提前解除强制隔离戒毒。

第三十三条　对强制隔离戒毒场所依照《中华人民共和国禁毒法》第 47 条第 2 款、第 3 款规定提出的提前解除强制隔离戒毒、延长戒毒期限的意见，强制隔离戒毒决定机关应当自收到意见之日起 7 日内，作出是否批准的决定。对提前解除强制隔离戒毒或者延长强制隔离戒毒期限的，批准机关应当出具提前解除强制隔离戒毒决定书或者延长强制隔离戒毒期限决定书，送达被决定人，并在送达后 24 小时以内通知被决定人的家属、所在单位以及其户籍所在地或者现居住地公安派出所。

第三十四条　解除强制隔离戒毒的，强制隔离戒毒场所应当在解除强制隔离戒毒 3 日前通知强制隔离戒毒决定机关，出具解除强制隔离戒毒证明书送达戒毒人员本人，并通知其家属、所在单位、其户籍所在地或者现居住地公安派出所将其领回。

第三十五条　强制隔离戒毒诊断评估办法由国务院公安部门、司法行政部门会同国务院卫生行政部门制定。

第三十六条　强制隔离戒毒人员被依法收监执行刑罚、采取强制性教育措施或者被依法拘留、逮捕的，由监管场所、羁押场所给予必要的戒毒治疗，强制隔离戒毒的时间连续计算；刑罚执行完毕时、解除强制性教育措施时或者释放时强制隔离戒毒尚未期满的，继续执行强制隔离戒毒。

第五章 社区康复

第三十七条 对解除强制隔离戒毒的人员，强制隔离戒毒的决定机关可以责令其接受不超过 3 年的社区康复。

社区康复在当事人户籍所在地或者现居住地乡（镇）人民政府、城市街道办事处执行，经当事人同意，也可以在戒毒康复场所中执行。

第三十八条 被责令接受社区康复的人员，应当自收到责令社区康复决定书之日起 15 日内到户籍所在地或者现居住地乡（镇）人民政府、城市街道办事处报到，签订社区康复协议。

被责令接受社区康复的人员拒绝接受社区康复或者严重违反社区康复协议，并再次吸食、注射毒品被决定强制隔离戒毒的，强制隔离戒毒不得提前解除。

第三十九条 负责社区康复工作的人员应当为社区康复人员提供必要的心理治疗和辅导、职业技能培训、职业指导以及就学、就业、就医援助。

第四十条 社区康复自期满之日起解除。社区康复执行地公安机关出具解除社区康复通知书送达社区康复人员本人及其家属，并在 7 日内通知社区康复执行地乡（镇）人民政府、城市街道办事处。

第四十一条 自愿戒毒人员、社区戒毒、社区康复的人员可以自愿与戒毒康复场所签订协议，到戒毒康复场所戒毒康复、生活和劳动。

戒毒康复场所应当配备必要的管理人员和医务人员，为戒毒人员提供戒毒康复、职业技能培训和生产劳动条件。

第四十二条 戒毒康复场所应当加强管理，严禁毒品流入，并建立戒毒康复人员自我管理、自我教育、自我服务的机制。

戒毒康复场所组织戒毒人员参加生产劳动，应当参照国家劳动用工制度的规定支付劳动报酬。

第六章 法律责任

第四十三条 公安、司法行政、卫生行政等有关部门工作人员泄露戒毒人员个人信息的，依法给予处分；构成犯罪的，依法追究刑事责任。

第四十四条 乡（镇）人民政府、城市街道办事处负责社区戒毒、社区康复工作的人员有下列行为之一的，依法给予处分：

（一）未与社区戒毒、社区康复人员签订社区戒毒、社区康复协议，不落实社区戒毒、社区康复措施的；

（二）不履行本条例第 21 条规定的报告义务的；

（三）其他不履行社区戒毒、社区康复监督职责的行为。

第四十五条　强制隔离戒毒场所的工作人员有下列行为之一的，依法给予处分；构成犯罪的，依法追究刑事责任：

（一）侮辱、虐待、体罚强制隔离戒毒人员的；

（二）收受、索要财物的；

（三）擅自使用、损毁、处理没收或者代为保管的财物的；

（四）为强制隔离戒毒人员提供麻醉药品、精神药品或者违反规定传递其他物品的；

（五）在强制隔离戒毒诊断评估工作中弄虚作假的；

（六）私放强制隔离戒毒人员的；

（七）其他徇私舞弊、玩忽职守、不履行法定职责的行为。

第七章　附　则

第四十六条　本条例自公布之日起施行。1995 年 1 月 12 日国务院发布的《强制戒毒办法》同时废止。

附录二　司法行政机关强制
隔离戒毒工作规定

《司法行政机关强制隔离戒毒工作规定》已经 2013 年 3 月 22 日司法部部务会议审议通过，现予发布，自 2013 年 6 月 1 日起施行。

部长　吴爱英
二〇一三年四月三日

第一章　总　则

第一条　为了规范司法行政机关强制隔离戒毒工作，帮助吸毒成瘾人员戒除毒瘾，维护社会秩序，根据《中华人民共和国禁毒法》、《戒毒条例》等法律法规和相关规定，制定本规定。

第二条　司法行政机关强制隔离戒毒工作应当遵循以人为本、科学戒毒、综合矫治、关怀救助的原则，教育和挽救吸毒成瘾人员。

第三条　司法行政机关强制隔离戒毒所对经公安机关作出强制隔离戒毒决定，在公安机关强制隔离戒毒场所执行 3 个月至 6 个月后，或者依据省、自治区、直辖市具体执行方案送交的强制隔离戒毒人员（以下简称"戒毒人员"），依法执行强制隔离戒毒。

第四条　从事强制隔离戒毒工作的人民警察应当严格、公正、廉洁、文明执法，尊重戒毒人员人格，保障其合法权益。

第五条　司法行政机关强制隔离戒毒工作所需经费，按照国家规定的标准纳入当地政府财政预算。

第二章　场所设置

第六条　设置司法行政机关强制隔离戒毒所，应当符合司法部的规划，经省、自治区、直辖市司法厅（局）审核，由省级人民政府批准，并报司法部备案。

具备条件的地方，应当单独设置收治女性戒毒人员的强制隔离戒毒所和收治未成年戒毒人员的强制隔离戒毒所。

第七条 强制隔离戒毒所以其所在地地名加"强制隔离戒毒所"命名，同一地域有多个强制隔离戒毒所的，可以采取其他方式命名。

专门收治女性戒毒人员的强制隔离戒毒所名称，为地名后加"女子强制隔离戒毒所"；专门收治未成年人的强制隔离戒毒所名称，为地名后加"未成年人强制隔离戒毒所"。

第八条 强制隔离戒毒所设所长一人、政治委员一人、副所长若干人，设置职能机构和戒毒大队，根据收治规模配备从事管教、医疗和后勤保障的工作人员。

第九条 强制隔离戒毒所设置医疗机构，接受卫生行政部门对医疗工作的指导和监督。

第十条 强制隔离戒毒所工作人员享受国家规定的工资福利待遇及保险。

第三章 接 收

第十一条 强制隔离戒毒所根据县级以上人民政府公安机关强制隔离戒毒决定书接收戒毒人员。

第十二条 强制隔离戒毒所接收戒毒人员时，应当核对戒毒人员身份，进行必要的健康检查，填写强制隔离戒毒人员入所健康状况检查表。

戒毒人员身体有伤的，强制隔离戒毒所应当予以记录，由移送的公安机关工作人员和戒毒人员本人签字确认。

对女性戒毒人员应当进行妊娠检测。对怀孕或者正在哺乳自己不满1周岁婴儿的妇女，不予接收。

第十三条 强制隔离戒毒所应当对接收的戒毒人员的身体和携带物品进行检查，依法处理违禁品，对生活必需品以外的其他物品进行登记并由戒毒人员本人签字，由其指定的近亲属领回或者由强制隔离戒毒所代为保管。检查时应当有两名以上人民警察在场。

女性戒毒人员的身体检查，应当由女性人民警察进行。

第十四条 强制隔离戒毒所接收戒毒人员，应当填写强制隔离戒毒人员入所登记表，查收戒毒人员在公安机关强制隔离戒毒期间的相关材料。

第十五条 戒毒人员入所后，强制隔离戒毒所应当书面通知其家属，通知书应当自戒毒人员入所之日起5日内发出。

第四章 管 理

第十六条 强制隔离戒毒所应当根据性别、年龄、患病等情况，对戒毒人员实行分别管理；根据戒毒治疗情况，对戒毒人员实行分期管理；根据戒毒人员表现，实行逐步适应社会的分级管理。

第十七条　强制隔离戒毒所人民警察对戒毒人员实行直接管理，严禁由其他人员代行管理职权。

女性戒毒人员由女性人民警察直接管理。

第十八条　强制隔离戒毒所应当建立安全管理制度，进行安全检查，及时发现和消除安全隐患。

强制隔离戒毒所应当制定突发事件应急预案，并定期演练。

第十九条　强制隔离戒毒所应当安装监控、应急报警、门禁检查和违禁品检测等安全技防系统，按照规定保存监控录像和有关信息资料。

强制隔离戒毒所应当安排专门人民警察负责强制隔离戒毒所的安全警戒工作。

第二十条　对强制隔离戒毒所以外的人员交给戒毒人员的物品和邮件，强制隔离戒毒所应当进行检查，防止夹带毒品及其他违禁品。检查时，应当有两名以上人民警察在场。

检查邮件时，应当依法保护戒毒人员的通信自由和通信秘密。

第二十一条　经强制隔离戒毒所批准，戒毒人员可以使用指定的固定电话与其亲属、监护人或者所在单位、就读学校有关人员通话。

戒毒人员在所内不得持有、使用移动通信设备。

第二十二条　戒毒人员的亲属和所在单位或者就读学校的工作人员，可以按照强制隔离戒毒所探访规定探访戒毒人员。

强制隔离戒毒所应当检查探访人员身份证件，对身份不明或者无法核实的不允许探访。

对正被采取保护性约束措施或者正处于单独管理期间的戒毒人员，不予安排探访。

第二十三条　探访应当在探访室进行。探访人员应当遵守探访规定；探访人员违反规定经劝阻无效的，可以终止其探访。

探访人员交给戒毒人员物品须经批准，并由人民警察当面检查；交给戒毒人员现金的，应当存入戒毒人员所内个人账户；发现探访人员利用探访传递毒品的，应当移交公安机关依法处理；发现探访人员利用探访传递其他违禁品的，应当依照有关规定处理。

第二十四条　戒毒人员因配偶、直系亲属病危、死亡或者家庭有其他重大变故，可以申请外出探视。申请外出探视须有医疗单位、戒毒人员户籍所在地或者现居住地公安派出所、原单位或者街道（乡、镇）的证明材料。

除前款规定外，强制隔离戒毒所可以批准戒治效果好的戒毒人员外出探视其配偶、直系亲属。

第二十五条　强制隔离戒毒所批准戒毒人员外出探视的，应当发给戒毒人员外出探视证明。戒毒人员外出探视及在途时间不得超过 10 日。对非因不可抗力逾期不

归的戒毒人员，视作脱逃处理。

　　第二十六条　戒毒人员外出探视回所后，强制隔离戒毒所应当对其进行检测。发现重新吸毒的，不得报请提前解除强制隔离戒毒。

　　第二十七条　对有下列情形之一的戒毒人员，应当根据不同情节分别给予警告、训诫、责令具结悔过：

　　（一）违反戒毒人员行为规范、不遵守强制隔离戒毒所纪律，经教育不改正的；

　　（二）欺侮、殴打、虐待其他戒毒人员的；

　　（三）隐匿违禁品的；

　　（四）交流吸毒信息、传授犯罪方法的。

　　对戒毒人员处以警告、训诫和责令具结悔过，由戒毒大队决定并执行。

　　第二十八条　对有严重扰乱所内秩序、私藏或者吸食、注射毒品、预谋或者实施脱逃、行凶、自杀、自伤、自残等行为以及涉嫌犯罪应当移送司法机关处理的戒毒人员，强制隔离戒毒所应当对其实行单独管理。

　　单独管理应当经强制隔离戒毒所负责人批准。在紧急情况下，可以先行采取单独管理措施，并在24小时内补办审批手续。

　　对单独管理的戒毒人员，应当安排人民警察专门管理。一次单独管理的时间不得超过5日。单独管理不得连续使用。

　　第二十九条　对私藏或者吸食、注射毒品的戒毒人员，不得报请提前解除强制隔离戒毒，并应当在期满前诊断评估时，作为延长强制隔离戒毒期限的依据；涉嫌犯罪的，应当依法追究刑事责任。

　　第三十条　遇有戒毒人员脱逃、暴力袭击他人等危险行为，强制隔离戒毒所人民警察可以依法使用警械予以制止。警械使用情况，应当记录在案。

　　第三十一条　戒毒人员脱逃的，强制隔离戒毒所应当立即通知当地公安机关，并配合公安机关追回脱逃人员。被追回的戒毒人员应当继续执行强制隔离戒毒，脱逃期间不计入强制隔离戒毒期限。对被追回的戒毒人员不得报请提前解除强制隔离戒毒。

　　第三十二条　戒毒人员提出申诉、检举、揭发、控告的，强制隔离戒毒所应当及时依法处理；对强制隔离戒毒决定不服提起行政复议或者行政诉讼的，强制隔离戒毒所应当将有关材料登记后及时转送有关部门。

　　第三十三条　强制隔离戒毒所工作人员因工作失职致使毒品等违禁品进入强制隔离戒毒所，违反规定允许戒毒人员携带、使用或者为其传递毒品等违禁品的，应当依法给予处分；涉嫌犯罪的，应当依法追究刑事责任。

　　进入强制隔离戒毒所的其他人员为戒毒人员传递毒品的，应当移交司法机关依法处理。

第五章　治疗康复

第三十四条　强制隔离戒毒所应当根据戒毒人员吸食、注射毒品的种类、成瘾程度和戒断症状等进行有针对性的生理治疗、心理治疗和身体康复训练。

对公安机关强制隔离戒毒所移送的戒毒人员，应当做好戒毒治疗的衔接工作。

第三十五条　对戒毒人员进行戒毒治疗，应当采用科学、规范的诊疗技术和方法，使用符合国家有关规定的药物、医疗器械。戒毒治疗使用的麻醉药品和精神药品应当按照规定申请购买并严格管理，使用时须由具有麻醉药品、精神药品处方权的医师按照有关技术规范开具处方。

禁止以戒毒人员为对象进行戒毒药物试验。

第三十六条　强制隔离戒毒所应当定期对戒毒人员进行身体检查。对患有疾病的戒毒人员，应当及时治疗。对患有传染病的戒毒人员，应当按照国家有关规定采取必要的隔离治疗措施。

第三十七条　戒毒人员患有严重疾病，不出所治疗可能危及生命的，凭所内医疗机构或者二级以上医院出具的诊断证明，经强制隔离戒毒所所在省、自治区、直辖市司法行政机关戒毒管理部门批准，报强制隔离戒毒决定机关备案，强制隔离戒毒所可以允许其所外就医，并发给所外就医证明。

第三十八条　戒毒人员所外就医期间，强制隔离戒毒期限连续计算。对于健康状况不再适宜回所执行强制隔离戒毒的，强制隔离戒毒所应当向强制隔离戒毒决定机关提出变更为社区戒毒的建议，同时报强制隔离戒毒所所在省、自治区、直辖市司法行政机关戒毒管理部门备案。

第三十九条　强制隔离戒毒所应当建立戒毒人员心理健康档案，开展心理健康教育，提供心理咨询，对戒毒人员进行心理治疗；对心理状态严重异常或者有行凶、自伤、自残等危险倾向的戒毒人员应当实施心理危机干预。

第四十条　对可能发生自伤、自残等情形的戒毒人员使用保护性约束措施应当经强制隔离戒毒所负责人批准。采取保护性约束措施应当遵守有关医疗规范。

对被采取保护性约束措施的戒毒人员，人民警察和医护人员应当密切观察；可能发生自伤、自残等情形消除后，应当及时解除保护性约束措施。

第四十一条　强制隔离戒毒所可以与社会医疗机构开展医疗合作，提高戒毒治疗水平和医疗质量。

第四十二条　强制隔离戒毒所应当通过组织体育锻炼、娱乐活动、生活技能培训等方式对戒毒人员进行身体康复训练，帮助戒毒人员恢复身体机能、增强体能。

第四十三条　强制隔离戒毒所根据戒毒的需要，可以组织有劳动能力的戒毒人员参加必要的生产劳动。

组织戒毒人员参加生产劳动的，应当支付劳动报酬。戒毒人员劳动时间每周不超过 5 天，每天不超过 6 小时。法定节假日不得安排戒毒人员参加生产劳动。

第四十四条 强制隔离戒毒所应当建立安全生产管理制度，对参加生产劳动的戒毒人员进行安全生产教育，提供必要的劳动防护用品。生产劳动场地和劳动项目应当符合安全生产管理的有关规定，不得引进易燃、易爆等危险生产项目，不得组织戒毒人员从事有碍身体康复的劳动。

第六章 教 育

第四十五条 强制隔离戒毒所应当对新接收的戒毒人员进行时间不少于 1 个月的入所教育，教育内容包括强制隔离戒毒有关法律法规、所规所纪、戒毒人员权利义务等。

第四十六条 强制隔离戒毒所应当采取课堂教学的方式，对戒毒人员集中进行卫生、法制、道德和形势政策等教育。

第四十七条 强制隔离戒毒所应当对戒毒人员开展有针对性的个别教育。戒毒大队人民警察应当熟悉分管戒毒人员的基本情况，掌握思想动态，对分管的每名戒毒人员每月至少进行一次个别谈话。戒毒人员有严重思想、情绪波动的，应当及时进行谈话疏导。

第四十八条 强制隔离戒毒所应当开展戒毒文化建设，运用影视、广播、展览、文艺演出、图书、报刊、宣传栏和所内局域网等文化载体，活跃戒毒人员文化生活，丰富教育形式。

第四十九条 强制隔离戒毒所应当加强同当地有关部门和单位的联系，通过签订帮教协议、来所开展帮教等形式，做好戒毒人员的教育工作。

强制隔离戒毒所可以邀请有关专家、学者、社会工作者、志愿人员以及戒毒成功人员协助开展教育工作。对协助教育有显著成绩和突出贡献的，应当予以表彰、奖励。

第五十条 强制隔离戒毒所应当协调人力资源社会保障部门，对戒毒人员进行职业技能培训和职业技能鉴定；职业技能鉴定合格的，颁发相应的职业资格证书。

第五十一条 强制隔离戒毒所应当在戒毒人员出所前进行回归社会教育，教育时间不少于 1 周。

强制隔离戒毒所可以安排戒毒人员到戒毒康复场所及戒毒药物维持治疗场所参观、体验，开展戒毒康复、戒毒药物维持治疗相关知识的宣传教育，为解除强制隔离戒毒后自愿进入戒毒康复场所康复或者参加戒毒药物维持治疗的戒毒人员提供便利。

第七章 生活卫生

第五十二条 强制隔离戒毒所应当按规定设置戒毒人员生活设施。戒毒人员宿舍应当坚固安全、通风明亮，配备必要的生活用品。戒毒人员的生活环境应当绿化美化。

第五十三条 强制隔离戒毒所应当保持戒毒人员生活区整洁，定期组织戒毒人员理发、洗澡、晾晒被褥，保持其个人卫生。

强制隔离戒毒所应当统一戒毒人员的着装。

第五十四条 强制隔离戒毒所应当保证戒毒人员的伙食供应不低于规定标准。戒毒人员伙食经费不得挪作他用。戒毒人员食堂应当按月公布伙食账目。

对正在进行脱毒治疗和患病的戒毒人员在伙食上应当给予适当照顾。对少数民族戒毒人员，应当尊重其饮食习惯。

第五十五条 强制隔离戒毒所应当保证戒毒人员的饮食安全。食堂管理人员和炊事人员应当取得卫生行政主管部门颁发的健康证明，每半年进行一次健康检查，健康检查不合格的应当及时予以调整。

戒毒人员食堂实行48小时食品留样制度。

第五十六条 戒毒人员可以在所内商店购买日常用品。所内商店出售商品应当价格合理，明码标价，禁止出售过期、变质商品。

强制隔离戒毒所应当对所内商店采购的商品进行检查，防止违禁品流入。

第五十七条 强制隔离戒毒所应当做好疾病预防控制工作。发生传染病疫情，应当按规定及时报告主管机关和当地疾病预防控制部门，并采取相应的防治措施。

第八章 解 除

第五十八条 强制隔离戒毒所应当按照有关规定对戒毒人员进行诊断评估。对强制隔离戒毒期限届满且经诊断评估达到规定标准的戒毒人员，应当解除强制隔离戒毒。

经诊断评估，对符合规定条件的戒毒人员，强制隔离戒毒所可以提出提前解除强制隔离戒毒的意见或者延长强制隔离戒毒期限的意见，并按规定程序报强制隔离戒毒决定机关批准。强制隔离戒毒所收到强制隔离戒毒决定机关出具的提前解除强制隔离戒毒决定书或者延长强制隔离戒毒期限决定书的，应当及时送达戒毒人员。

第五十九条 强制隔离戒毒所应当在解除强制隔离戒毒3日前通知强制隔离戒毒决定机关，同时通知戒毒人员家属、所在单位、户籍所在地或者现居住地公安派出所将其按期领回。戒毒人员出所时无人领回，自行离所的，强制隔离戒毒所应当及时通知强制隔离戒毒决定机关。

对解除强制隔离戒毒的所外就医人员，强制隔离戒毒所应当及时通知其来所办理解除强制隔离戒毒手续。

第六十条 解除强制隔离戒毒的，强制隔离戒毒所应当向戒毒人员出具解除强制隔离戒毒证明书，同时发还代管财物。

第六十一条 戒毒人员被依法收监执行刑罚或者依法拘留、逮捕的，强制隔离戒毒所应当根据有关法律文书，与相关部门办理移交手续，并通知强制隔离戒毒决定机关；戒毒人员被依法释放时强制隔离戒毒尚未期满的，继续执行强制隔离戒毒。

第六十二条 戒毒人员在强制隔离戒毒所内死亡的，强制隔离戒毒所应当立即报告所属主管机关，通知其家属、强制隔离戒毒决定机关和当地人民检察院。戒毒人员家属对死亡原因有疑义的，可以委托有关部门作出鉴定。其他善后事宜依照国家有关规定处理。

第六十三条 强制隔离戒毒所应当妥善保管戒毒人员档案。档案内容包括：强制隔离戒毒决定书、强制隔离戒毒人员入所登记表、强制隔离戒毒人员入所健康状况检查表、财物保管登记表、病历、心理健康档案、诊断评估结果、提前解除强制隔离戒毒决定书或者延长强制隔离戒毒期限决定书、解除强制隔离戒毒证明书以及在强制隔离戒毒期间产生的重要文书、视听资料。

除法律明确规定外，强制隔离戒毒所不得对外提供戒毒人员档案信息。

第九章 附 则

第六十四条 吸毒成瘾人员自愿接受强制隔离戒毒的，应当凭强制隔离戒毒所所在地公安机关的书面同意意见，向强制隔离戒毒所提出申请。强制隔离戒毒所同意接收的，应当与其就戒毒治疗期限、戒毒治疗措施、权利义务等事项签订书面协议；协议未约定的，参照本规定有关规定执行。

第六十五条 本规定自 2013 年 6 月 1 日起施行。

参考文献

1. 钱章喜、王新兰：《劳动教养与强制隔离戒毒中队工作实务》，清华大学出版社、华中科技大学出版社 2010 年版。

2. 陈鹏忠编著：《劳动教养与强制隔离戒毒场所安全防范实务》，清华大学出版社、华中科技大学出版社 2011 年版。

3. 山西省戒毒管理局编：《强制隔离戒毒工作手册》，2010 年 10 月。

4. 山西省戒毒管理局编：《强制隔离戒毒工作手册》（续编），2012 年 6 月。

5. 王金仙主编：《监狱安全防范》，中国政法大学出版社 2014 年版。

6. 全国监狱劳教人民警察执法大培训岗位大练兵活动领导小组办公室编：《防范处置突发事件实战训练》。

7. 中央司法警官学院课题组等："强制隔离戒毒工作标准化问题研究"，载《中国人民公安大学学报（社会科学版）》2011 年第 6 期。